초등부터 시작하는
큰별쌤 최태성의 스토리 한국사 사전

최태성 글·신동민 그림

메가스터디BOOKS

큰별쌤의 편지글

"삼별초는 어디 있는 초등학교예요?"
"홍경래의 난은 식물인가요?"

요즘 우리 학생들의 문해력이 심각한 수준에 이르렀다는 언론 보도를
접할 때가 많습니다. 실제로 학교 현장에서도 이런 모습은 쉽게 만날 수
있습니다. 문자 세대가 아닌 영상 세대의 모습이라 이해되는 측면도 있습니다.
또 다른 부분에서 세상을 만나고, 평가하는 영역이 분명 있을 테니까요.

이런 상황에서 문자와 문장을 알아야만 접근이 가능한 역사는
더 심각할 수밖에 없죠. 역사에서 사용되는 용어들에 대한 이해도는
더욱 떨어진다고 할까요. 이런 어려움의 출발은 역사에 한자 용어들이
많기 때문입니다. 한글 어휘 따라가기도 힘든데, 한자 용어들이 난무하니
한국사는 참 난감한, 거대한 벽처럼 느껴질 만도 합니다.

학교에서 학생들을 가르치면서 알게 된 학생들의 이런 어려움을
풀어 주기 위해 만든 책이 바로 《큰별쌤 최태성의 스토리 한국사 사전》입니다.
역사 용어를 단순히 나열한 것이 아니라 한자를 풀어서 역사 용어가 가진
의미를 쉽게 이해할 수 있도록 구성했습니다. 이 단어들을 따라가다 보면
자연스럽게 한국사 전체를 한눈에 읽는 시선도 얻게 될 것입니다.

여기에 각 용어와 시대상을 이미지로 표현하는 시각적 효과도 주었습니다.
이중 삼중으로 한국사를 쉽게 이해할 수 있도록 섬세하게 고민한 책이라
틀림없이 여러분께 많은 도움이 될 것입니다.

강연에서 우리 학생들을 많이 만나고 있어요. 이 책을 열심히 읽고
강연장으로 오세요. 제가 잘했다는 인증의 의미로 사사삭 사인 해 드릴게요.

잊지 마세요.
All is well!!!(다 잘될 겁니다.☺)

대나무 숲에서
큰별쌤이

차례

1 선사 돌멩이를 쥔 사람들의 수다가 시작되다 … 11

주먹 도끼 | 빗살무늬 토기 | 움집 | 애니미즘 | 고인돌 | 비파형 동검 | 반달 돌칼 | 민무늬 토기 | 단군왕검 | 고조선 | 위만 | "조선, 고조선, 단군 조선…… 조선이 왜 이리 많아?" | 세형동검 | 명도전 | 부여 | 고구려 | 동예와 옥저 | 삼한

2 고대 한강 타이틀 매치가 시작되다 … 39

고국천왕 | 소수림왕 | 광개토 태왕 | 장수왕 | 나제 동맹 | 살수 대첩 | 안시성 싸움 | 근초고왕 | 성왕 | "삼천 궁녀에 가려진 의자왕의 오해와 진실" | 내물왕 | 지증왕 | 법흥왕 | 진흥왕 | 나당 전쟁 | 무열왕 | "왜 신라에만 여왕이 있었을까?" | 신문왕 | 호족 | 원종과 애노의 난 | 무왕 | 문왕 | 선왕 | 진대법 | 정전 | 신라 촌락 문서 | 장보고 | 금동 연가 7년명 여래 입상 | 미륵사지 석탑 | 원효와 의상 | 선종 | 독서삼품과 | 사신도 | 돌무지무덤 | 굴식 돌방무덤 | 벽돌무덤 | "한국 고고학의 흑역사, 무령왕릉 발굴 이야기" | 돌무지덧널무덤 | 모줄임 천장

3 고려 코리아, 다시 하나가 되다···93

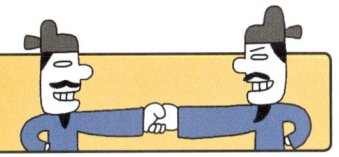

태조 왕건 | "궁예를 잊지 마오" | 광종 | 성종 | 2성 6부 | 도병마사와 식목도감 | 5도 양계 | 2군 6위 | 음서 | 공음전 | 이자겸의 난 | 서경 천도 운동 | 무신 정변 | "천민 출신 이의민, 고려 최고의 집권자가 되다" | 교정도감 | 만적 | 서희 | 별무반 | 삼별초 | 정동행성 | 권문세족 | 공민왕 | "공민왕과 노국 대장 공주의 사랑 이야기" | 화통도감 | 역분전 | 전시과 | 호적 | 시비법 | 소 수공업 | 경시서 | 벽란도 | 의창 | 향약구급방 | 균분 상속 | 국자감과 문헌공도 | 삼국사기 | 동명왕편 | 삼국유사 | 의천 | 지눌 | 풍수지리설 | 팔만대장경 | 직지심체요절 | 다각 다층탑 | 관촉사 석조 미륵보살 입상 | 주심포 | 상감 청자

4 조선 전기 우리는 한글 보유국이다···153

태조 이성계 | 정도전 | 태종 | "고려 광종과 조선 태종의 평행 이론" | 세종 | "반전의 세종" | 경국대전 | 육조 직계제 | 의정부 서사제 | 의금부 | 삼사 | 8도 | 유향소 | 과거 | 성균관 | 훈구 | 사림 | 사화 | 조광조 | 서원 | "흥청이 망청이라, 연산군" | 향약 | 붕당 | "공존과 견제의 정치 체제, 붕당" | 과전법 | 직전법 | 관수 관급제 | 공법 | 방납 | 대립 | 양천제 | 반상제 | 신량역천 | 훈민정음 | 삼강행실도 | 농사직설 | 칠정산 | 측우기 | 분청사기 | 고사관수도 | 이황과 이이 | 사대교린 | 삼포왜란 | 비변사 | 임진왜란 | 통신사 | 안용복 | 4군 6진

5 조선 후기 바꿔, 모든 걸 다 바꿔 … 213

광해군 | 중립 외교 | 인조반정 | 병자호란 | 북벌 운동 | 북학론 | 백두산정계비 | 오군영 | 속오군 | 예송 | 환국 | "카리스마 킹 숙종, 그 후" | 영조 | 정조 | "영조는 왜 사도 세자를 죽여야 했나?" | 영정법 | 대동법 | 균역법 | 모내기법 | 선대제 | 송상 | 공인 | 상평통보 | 신해통공 | 덕대 | 공명첩 | 양반전 | 소청 운동 | 노비종모법 | 실학 | 농업 중심 개혁론 | 상공업 중심 개혁론 | 곤여만국전도 | 거중기 | "정조의 단짝, 정약용" | 한글 소설 | 진경산수화 | 풍속화 | 민화 | 정감록 | 서학 | 동학 | 세도 정치 | 홍경래의 난 | 임술 농민 봉기

6 개항기 조선, 자본주의 바다에 발을 담그다 … 269

흥선 대원군 | 서원 철폐 | 호포제 | 사창제 | 경복궁 중건 | 제국주의 | 병인박해 | 제너럴셔먼호 사건 | 병인양요 | 오페르트 도굴 미수 사건 | 신미양요 | 최익현 | 강화도 조약 | 통리기무아문 | 조사 시찰단 | 박문국 | 위정척사 운동 | 조미 수호 통상 조약 | 임오군란 | 개화파 | 갑신정변 | 거문도 점령 | 교조 신원 운동 | 동학 농민 운동 | "과부의 재가를 허하라!" | 갑오개혁 | 을미개혁 | 아관 파천 | "고종의 한 수" | 독립 협회 | 환구단 | 만민 공동회 | 황국 협회 | 대한국 국제 | 광무개혁 | 한일 의정서 | 제1차 한일 협약 | "장인환과 전명운, 두 의사의 운명적 만남" | 을사늑약 | 시일야방성대곡 | 헤이그 특사 | 정미 7조약 | 정미의병 | 애국 계몽 운동 | 신민회 | 대한매일신보 | 거류지 무역 | 조청 상민 수륙 무역 장정 | 상회사 | 방곡령 | 황국 중앙 총상회 | 보안회 | 화폐 정리 사업 | 경부선 | 국채 보상 운동 | 동양 척식 주식회사 | 광혜원 | 원산 학사 | 교육 입국 조서 | 독사신론 | 신체시 | 대종교 | 천도교 | 간도 협약 | 독도 | "독도는 우리 땅! 누가 뭐래도 우리 땅!"

7 일제 강점기 대한의 독립을 위하여 … 351

무단 통치 | 토지 조사 사업 | 회사령 | 문화 통치 | 산미 증식 계획 | 회사령·관세 폐지 | 민족 말살 통치 | 남면북양 정책 | 국가 총동원법 | 독립 의군부 | 대한 광복회 | 3·1 운동 | 대한민국 임시 정부 | 연통제와 교통국 | 국민 대표 회의 | 한인 애국단 | 6·10 만세 운동 | 신간회 | 소년 운동 | 근우회 | 형평 운동 | 물산 장려 운동 | 민립 대학 설립 운동 | 문맹 퇴치 운동 | 암태도 소작 쟁의 | 원산 노동자 총파업 | 광주 학생 항일 운동 | 의열단 | 봉오동·청산리 전투 | 자유시 참변 | 조선 의용대 | 한국광복군 | 건국 강령 | 조선 건국 동맹 | "가미카제 특공대 탁경현의 〈아리랑〉" | 박은식 | 신채호 | 진단 학회 | 사회 경제 사학 | 조선어 연구회 | 원불교 | 관동 대지진

8 현대 대한민국이라 쓰고 기적이라 읽는다 … 397

8·15 광복 | 조선 건국 준비 위원회 | 모스크바 3국 외상 회의 | 미소 공동 위원회 | 정읍 발언 | 좌우 합작 운동 | 제주 4·3 사건 | 남북 협상 | 5·10 총선거 | 대한민국 | 반민족 행위 특별 조사 위원회 | 농지 개혁 | 애치슨 선언 | 6·25 전쟁 | 발췌 개헌 | 사사오입 개헌 | 진보당 사건 | 삼백 산업 | 4·19 혁명 | 장면 정부 | 5·16 군사 정변 | 경제 개발 5개년 계획 | 한일 협정 | 베트남 파병 | 새마을 운동 | 전태일 | 석유 파동 | 3선 개헌 | 유신 헌법 | YH 무역 사건 | 12·12 사태 | 5·18 민주화 운동 | 삼청 교육대 | 3저 호황 | 4·13 호헌 조치 | 6월 민주 항쟁 | 외환 위기 | 7·4 남북 공동 성명 | 남북 기본 합의서 | 6·15 남북 공동 선언 | "시민은 백성과 어떻게 다를까?"

1 선사

돌멩이를 쥔 사람들의 수다가 시작되다

지금은 21세기! 우리 역사는 이 21세기 기간 안에 삼국, 남북국, 고려, 조선, 현대가 모두 들어옵니다. 지금으로부터 21세기 전, 즉 기원전 시기에 구석기, 신석기, 청동기, 철기 시대가 자리 잡습니다. 역사 속 사람들을 만나기 전에 기억해야 할 게 있어요. 역사 앞에서 현대인들은 어깨에 힘이 들어가는 경향이 있어요. 역사 속 사람들을 우습게 생각하지 말아 주세요. 그때 그 시절, 당시 환경에 맞게 생존하기 위해서 그들도 최선을 다했거든요.

주먹 도끼

구석기 시대에 사용한 도끼 모양의 뗀석기

선사

구석기 시대의 대표적인 도구는 바로 주먹 도끼예요.
뗀석기의 한 종류이지요.
뗀석기는 말 그대로 '**돌**을 떼어 내서 만든 **도구**'입니다.
돌과 돌을 부딪쳐 떼어 낸 조각의 날카로운 면을 사용하는 거죠.
주먹 도끼는 만능이었어요.
사냥, 고기 손질 등등. 뭐든 할 수 있었죠.

혹시 '주먹 도끼=돌멩이=별거 아닌데.' 이렇게 생각하지는 않으셨나요?
주먹 도끼는 구석기 시대 사람들이 만든 최고의 히트 상품입니다.
구석기 사람들 손에 주먹 도끼가 들려 있었다면, 지금 우리 손에는?
스마트폰이 있죠. 바로 그거예요. 현대의 잇템이 스마트폰이라면
<u>구석기 시대 최고의 잇템은 주먹 도끼였던 거죠.</u>
100년 뒤 인간의 손에는 어떤 도구가 들려 있을까요?

그러니 구석기인이 미개하다는
생각은 이제 그만.
구석기인도 그 시대 환경에 맞춘
최선의 방법으로 열심히 살았다는 사실.

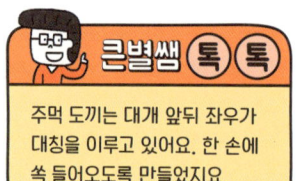

주먹 도끼는 대개 앞뒤 좌우가 대칭을 이루고 있어요. 한 손에 쏙 들어오도록 만들었지요.

빗살무늬 토기
표면에 빗살 같은 무늬가 새겨진 신석기 시대의 토기

이제, 농경을 처음 시작했다 하여 '신석기 혁명'이라는
거창한 수식어가 붙은 신석기 시대로 가 보죠.
농사를 짓게 되니 곡식을 저장할 그릇이 필요하겠네요.
그래서 만듭니다. 빗살무늬를 새긴 토기를 말이죠.

빗살무늬 토기는 기원전 1만 년 무렵, 한반도에 살았던 주민들이 물레를 사용하지 않고 손으로 빚어 만든 토기예요.

지금 봐도 감각적이지 않나요?
토기를 구울 때 갈라짐을 방지하기 위해 무늬를 새겼다는 주장도 있습니다.
만약 그렇다면, 디자인에 실용성을 결합한 것이겠네요. 오우 대박!

신석기 시대에는 간석기를 사용해요.
표면을 원하는 모양으로 갈아서 만들었으니 뗀석기보다 더 정교하고 날카로웠겠죠.

시간이 흐르면 기술은 이렇게 진보합니다.
농사를 지으면 1년 내내 농작물을 돌봐야 하죠?
그래서 구석기 시대의 이동 생활을 접고 정착 생활을 합니다.

움집
땅을 파고 그 위에 지붕을 얹어 만든 집

선사

앞에서 신석기 시대 사람들이 **정착 생활**을 했다고 했죠?
한곳에 머물러 사는 데 가장 필요한 것은 무엇이었을까요?
네, 바로 집입니다.
구석기 시대에 이동 생활을 할 때는 집이 뭐 필요했겠어요.
그냥 동굴이나 간단하게 지은 막집에서 자면 끝.

하지만 신석기 시대에는 집이 필요했어요.
그래서 생각해 낸 게 **둥근 모양**의 **반지하** 집인
움집이었답니다. 움집은 주로 강가나 바닷가에 있었어요.

큰별쌤 톡톡
대개 둥근 모양으로 땅을 파고 그 둘레에 기둥을 세운 뒤 풀이나 갈대 등을 덮어서 만들었어요.

아하! 그러고 보니 빗살무늬 토기 모양이 왜 그런지 알겠네요.
강가나 바닷가 고운 흙에 푹 꽂아 두려고 밑을 뾰족하게 만든 거죠.

신석기인들은 **가락바퀴**를 사용해
실을 만들기 시작합니다.
이렇게 만든 실을 **뼈바늘**에 꿰어
옷과 그물을 만들었지요.
그리고 패션에도 눈 떠요.
치레걸이라는 장식품도 만들었답니다.
멋진 집, 멋진 옷, 멋진 장신구. 오우! 나이스~

가락바퀴를 돌려 실이 한 곳에 감기도록 하는 것입니다.

애니미즘
영혼, 생명 주의, 학문

자연에 존재하는 모든 것에 영혼이나 생명력 같은 것이 있다고 믿는 사상

농사를 시작한 신석기인들에게 자연 현상은 아주 중요했어요.
적당한 햇빛 ☀, 적당한 비 💧 가 꼭 필요했죠.
하지만 매번 날이 좋을 수는 없는 법.
해가 강렬하게 내리쬐는 날이 계속되거나, 비가 너무 많이 오기도 하죠.
기상청도, 인터넷도 없고, 과학 지식도 거의 없어요.

여러분이 신석기인이라면 어떻게 했을까요?
농사짓기 적당한 날씨가 되도록 태양에도 빌고,
구름에도 빌지 않았을까요?
이렇게 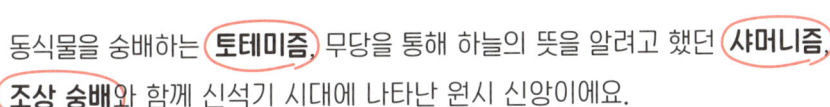 모든 자연물에 생명이 있다고 믿는 사상을
애니미즘이라고 해요.

동식물을 숭배하는 **토테미즘**, 무당을 통해 하늘의 뜻을 알리고 했던 **샤머니즘**,
조상 숭배와 함께 신석기 시대에 나타난 원시 신앙이에요.

 큰별쌤 톡톡

신석기인들은 동물이나 식물뿐 아니라 해, 달, 별, 강 같은 자연계의 모든 사물과 불, 바람, 벼락, 폭풍우, 계절 같은 자연 현상에도 생명이 있다고 믿었어요.

선사

고인돌
청동기 시대 지배자의 무덤

신석기 시대의 키워드는 농경의 시작이었어요.
그렇다면 청동기 시대의 키워드는?
바로 계급의 발생입니다.
농사 기술이 발달하면서 드디어 '남는 것'이 생깁니다.

'남는 것'을 많이 가진 사람은 힘을 갖게 됩니다.
재산이 많고 힘이 센 사람이 지배자가 되어
부족을 이끌었죠. 계급이 생겨난 거예요.
청동기 시대에 계급이 생겨났음을 보여 주는
가장 확실한 유적, 바로 고인돌입니다.

왜 고인돌이라고 부를까요?
돌 아래에 다른 돌을 괴어 놓았다고 해서
고인돌이라고 부르게 된 거죠.

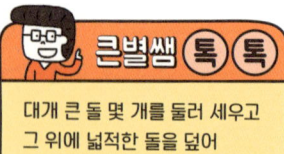

대개 큰 돌 몇 개를 둘러 세우고 그 위에 넓적한 돌을 덮어 만들어요.

선사

우리나라에는 고인돌이 아주 많아요.
특히 인천 강화도, 전북 고창, 전남 화순의 고인돌은
유네스코 세계 유산으로 등록될 만큼 아주 유명하죠.

한 사람의 무덤을 만들기 위해 적게는 수십 명,
많게는 100명 이상이 동원되었다는 사실은
그 **무덤**의 **주인**이 **계급이 높은 지배자**일 것으로 추측하게 해요.

우리나라에서 제일 큰 고인돌은 덮개돌만 297톤이라고 해요.
이 무거운 돌을 옮기려면 아주 많은 사람이 필요했겠지요?
어마어마한 권력을 가진 지배자임이 틀림없겠네요.

이때 시작된 계급 사회는 1894년 갑오개혁으로
신분제가 폐지될 때까지 쭉 이어집니다.
사람 위에 사람이 있는 시대가 펼쳐진 거죠.

비파형 동검 琵琶形銅劍
비파 비파 모양 구리 칼
중국 악기인 비파 모양으로 생긴 청동 칼

'남는 것'을 차지하기 위해 싸우려면 무엇이 필요할까요?
네, 바로 무기입니다. **청동기** 시대의 대표적인 **무기**는 비파형 동검.
중국 악기인 비파를 닮아서 그런 이름이 붙었답니다.

당시 청동은 매우 귀한 것이라
가진 자의 권위를 상징하기도 했어요.

번쩍이는 청동 거울과 비파형 동검으로 치장한
청동기인의 모습을 떠올려 보세요.
그것을 가지지 못한 사람들에게는
엄청나게 위대해 보였겠죠?

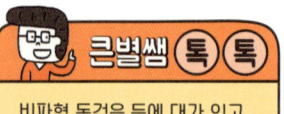

비파형 동검은 등에 대가 있고 좌우에 날이 퍼져 있는 형태로 중국 랴오허강 주변과 한반도 전 지역에서 출토돼요.

반달 돌칼

곡식의 이삭을 따는 데 쓰인 반달 모양의 돌칼

청동기 시대 도구를 하나 더 소개하겠습니다.
청동기 시대가 되면 농사 기술이 발전하면서 벼농사를 짓게 돼요.
벼는 영양이 풍부하고 수확량이 많은 대신 키우기가 까다로워요.
조, 피, 수수는 밭에서도 자라지만 벼는 물을 가둔 논에서만 자라고,
또 잘 키우려면 잡초도 뽑아 줘야 해서 힘이 많이 들어요.

제대로 된 농기구가 필요한 거죠.
그럼 청동기 시대에는 농기구를 무엇으로 만들었을까요? 청동?
에이……. 청동이 얼마나 귀한데. 지금으로 치면
다이아몬드로 호미를 만든 셈인데 말이 안 되죠.

이 시대는 여전히 돌로 만든 농기구를 썼어요.
대표적인 도구가 바로 반달 돌칼이랍니다.
벼를 수확할 때 아주 유용하게 쓰였죠.

그림 속 두 개의 구멍은 뭘까요?
양쪽 구멍에 줄을 엮어 손이 밀리지 않도록 고정하면
쓱싹쓱싹 벼 이삭을 쉽게 벨 수 있죠. 완전 똑똑해.
이렇게 거둔 이삭은 어디에
보관했을까요?
다음 페이지에서 확인해 보세요.

큰별쌤 톡 톡
반달 돌칼은 농경이 본격화된 청동기 시대에 널리 쓰인 농기구예요.

민무늬 토기
무늬가 없는 청동기 시대의 토기

 정답을 확인합시다.
벼 이삭은 토기에 보관했어요.

신석기 시대에 빗살무늬 토기가 있다면,
청동기 시대에는 민무늬 토기가 있어요. 말 그대로 무늬 없는 토기예요.
바닥도 빗살무늬 토기와는 다르게 평평하게 만들었어요.
청동기인들이 모랫바닥인 해안가에서 구릉이나 하천 주변으로
삶의 터전을 옮기면서 바닥이 뾰족한 토기가 점점 사라지게 된 것이죠.

민무늬 토기에는 여러 종류가 있는데,
대표적인 것이 평안북도 의주군 미송리 지역에서 발견되는 미송리식 토기입니다.
이 토기는 양 끝에 손잡이가 달린 것이 특징입니다.
들고 다닐 때 손잡이가 있으면 더 편하잖아요.

시간이 흐를수록 그릇도 진화하네요.
떨어뜨려도 깨지지 않는 그릇이 나올 정도이니 말이에요.

지역에 따라 팽이형 토기, 미송리식 토기, 화분형 토기 등으로 구분되고, 대부분 붉은 갈색이에요.

단군왕검

고조선의 시조

아름다운 이 땅에 금수강산에 단군 할아버지가 터 잡으시고
홍익인간 뜻으로 나라 세우니 대대손손 훌륭한 인물도 많아~🎵
익숙한 노래죠?

아마 여러분에게 단군은 낯선 인물이 아닐 것입니다.
아! 단군 하니까 또 떠오르는 것이 있네요.
바로 곰과 호랑이 이야기.

단군은 하늘에 제사를 지내는 제사장을, 왕검은 나라를 다스리는 지배자를 뜻하는 말이에요.

아주아주 먼 옛날, 하늘을 다스리는 천제의 아들 환웅이
바람, 구름, 비를 각각 다스리는 풍백, 운사, 우사와 함께
신하 3,000명을 이끌고 땅으로 내려옵니다.
"널리 세상을 이롭게 하라"는 **홍익인간 정신**을 강조하면서요.

천제의 아들이 내려왔다는 소문이 퍼지자
사람이 되고 싶은 곰과 호랑이가 환웅을 찾아갑니다.
환웅은 100일 동안 마늘과 쑥만
먹으라는 미션을 주죠.
그 미션에 성공한 건? 네, 곰입니다.

곰이 여인으로 변하여
환웅과 혼인해 아이를 낳으니
그가 바로 단군왕검입니다.

선사

물론 이 이야기에는 숨겨진 의미가 있습니다.

하늘의 선택을 받았다는 선민사상을 뜻합니다.

농경을 중시한 사회를 의미하죠.

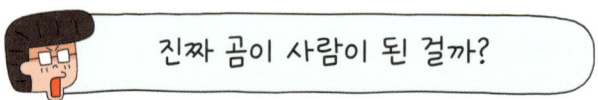

곰을 믿는 부족과 환웅 부족이 결합된 것을 의미해요.
이렇게 생각해 보면 고개가 끄덕끄덕.

그런데 단군 이야기의 핵심은 뭐니 뭐니 해도 **홍익인간**이 아닐까요?
진부한 단어라고 느낄지도 모르겠습니다.
그런데요. 나라를 세우는 건국 이념이 잘 먹고 잘살자가 아니라
누군가에게 도움을 주자는 거라니……. 대단하지 않나요?
여러분은 삶의 중심을 어디에 두셨나요?

고조선
옛 아침 고울
고 조 선

단군왕검이 세운 우리 역사상 최초의 나라

여러분 10월 3일이 무슨 날인지 아시죠?
우리 역사에서 처음으로 나라가 세워진 것을 기념하는 개천절이에요.

우리 역사상 최초의 나라는 바로 **단군왕검**이 세운 **고조선**입니다.
단군왕검에서 단군은 제사장, 왕검은 정치 지도자를 뜻해요.
즉, 고조선은 정치와 종교가 합쳐진 제정일치 사회였죠.

고조선의 영토가 어디까지였는지 정확하게 알 수는 없어요.
다만 고조선은 청동기 문화를 바탕으로 세워진 나라이기 때문에
비파형 동검과 **탁자식 고인돌**의 분포 지역으로
고조선의 문화 범위를 짐작해 볼 수 있죠.

비파형 동검

탁자식 고인돌

고조선은 **사회 질서**를 유지하기 위해
엄격한 법을 만들었어요.

고조선의 법 조항은 8개였는데
그중 3개가 전해지고 있어요.

큰별쌤 톡톡

기원전 2333년 중국의 요동과 한반도 서북부 지역에 세워졌고 기원전 108년에 중국 한나라의 침략으로 멸망했어요. 1392년 이성계가 세운 조선과 구분해 '고조선'이라고 불러요.

선사

사람을 죽이면 어떻게 할까요? 죽입니다.
남을 다치게 하면 어떻게 할까요? 곡물로 갚습니다.
도둑질을 한 자는 어떻게 할까요? 노비로 삼습니다.
"눈에는 눈! 이에는 이!"라는 말이 생각나네요.

단군 이야기처럼 8조법에도 숨겨진 의미가 있습니다.

 사람을 죽이면 사형에 처한다

생명을 **중시**한다는 뜻이죠.

 곡물로 갚는다

사유 재산이 있다는 의미입니다.

 노비가 된다

노비가 있네요. 아하! **계급 사회**였군요.

단순하고 무시무시하지만 명쾌한 부분도 있는 것 같습니다.
현대에도 어떤 면에서는
단순하고 명쾌한 것이 필요하지 않을까요?

위만

중국 연나라에서 고조선으로 망명해 왕이 된 인물

고조선이 성장할 무렵, 중국에서는 여러 나라가 다투고 있었어요.
이때 전쟁을 피해 고조선으로 넘어온 사람이 많았는데
위만도 그중 한 사람이었어요.

위만은 자신이 이끄는 무리를 데리고
고조선의 준왕을 찾아갔습니다.
준왕은 위만을 신하로 삼아
그의 무리가 고조선에 살 수 있게 해요.

> **큰별쌤 톡톡**
> 위만이 고조선으로 들어올 때 머리에 상투를 틀고 흰옷을 입고 있었다고 해요. 상투와 흰옷은 우리 민족의 상징. 그래서 위만을 고조선 출신으로 보기도 하죠.

그런데 위만이 준왕을 몰아내고 왕위에 오릅니다.
위만이 집권한 후 고조선은 본격적으로 <u>철기 문화</u>를 받아들이게 되었죠.
그러면서 <u>점점</u> 세력이 커지게 됩니다.
위만이 집권한 이후의 고조선을 **위만 조선**이라고 부르기도 해요.

고조선

선사

아무튼 고조선은 중국의 한나라와 한반도 남쪽의 여러 나라 사이에서
중계 무역을 하며 짭짤한 수익을 거뒀어요.
결국 그런 고조선이 영 거슬렸던 한나라 무제가 전쟁을 일으킵니다.

고조선은 1년여에 걸쳐 한에 맞서 싸웠지만
결국 **수도**가 무너지며 **멸망**하게 됩니다.

이후 한은 옛 고조선 땅에 군현을 설치하여 다스리려고 하였어요.
그러나 고조선 유민들은 다른 곳으로 이주하거나 **한나라**에 **저항**했고,
한반도에 부여, 고구려와 같은 여러 나라가 성장하면서
한 군현은 점차 사라지게 됩니다.

  이것까지 알면 **진짜 역사왕**

조선, 고조선, 단군 조선…… 조선이 왜 이리 많아?

단군이 세운 나라의 이름은 '조선'이었어요. 고조선이라는 이름은 고려 말 일연이 쓴 《삼국유사》에 처음 나와요.

일연은 위만이 집권한 후의 조선과 그 전의 조선을 구분하기 위해 옛 고(古) 자를 붙여 고조선이라는 말을 만든 거예요.

그 뒤 1392년에 이성계가 세운 나라의 이름도 조선이 됩니다.

두 나라의 이름이 같다 보니 아무래도 헷갈리는 일이 많겠죠?

 그래서 이성계가 세운 조선과 구분하기 위해 고조선이라는 말이 널리 쓰이게 되었답니다.

027

세형동검

가느다란 형태의 청동 칼

청동기 시대에 비파형 동검이 있었다면
철기 시대에는 세형동검이 있어요.
더 날카롭고 무서워졌다는…….
비파형 동검보다 가늘고 긴 모양이에요.

한반도에서만 발견되는 세형동검은 '한국식 동검'이라고도 불러요.

 혹시 기억나세요? 비파형 동검의 출토 지역
그렇죠, 만주와 한반도 중북부 지역이었죠.
비파형 동검이 만주와 한반도 중북부 지역에서
고루 발견되는 데 비해 **청동기 시대 말**에 등장한 **세형동검**은
주로 **한반도**에서만 나와요.

세형동검이 한반도의 독자적인 청동기 문화를 보여 주는
유물이라고 하는 이유가 바로 이거예요.

아 참! 무늬가 고운 잔무늬 거울도
세형동검과 함께 초기 철기 시대를
대표하는 유물이랍니다.

명도전 明刀錢
밝을 칼 화폐
명 도 전

중국 춘추 전국 시대에 사용했던 칼 모양의 청동 화폐

모양은 칼처럼 생겼구먼. 근데 돈이래.
중요한 건 이 돈이 중국 화폐라는 겁니다.

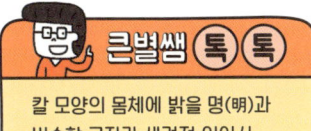

칼 모양의 몸체에 밝을 명(明)과
비슷한 글자가 새겨져 있어서
명도전이라는 이름이 붙었다고 해요.

그런데 우리나라에서 발견되었어요.
이건 무엇을 의미할까요? **네, 중국과 교류했다는 뜻이죠.**
이 시기 우리나라에서 쓰인 중국 물건이 또 있어요.
바로 붓인데요.
중국의 한자가 **한반도에 영향을 끼쳤다는 근거죠.**

한반도에서 명도전과 붓이 발견됐다는 건
철기 시대에 중국과 활발하게 교류했다는 것을 뜻합니다.
앞서 살펴보았던 고조선의 중계 무역도 중국과의 교류를 보여 주는 근거고요.

먼 옛날부터 시작된 우리나라와 중국의 교류, 앞으로 계속 나옵니다.
한반도 역사에서 중국과의 관계를 빼놓을 수 없죠. 역사 길다~ HAHAHA

부여
기원전 1세기 무렵 북만주 지역에 세워진 나라

선사

만주와 한반도에서는 기원전 1세기 무렵부터 철기를 널리 사용하기 시작했어요.
철기의 재료가 되는 철광석은 구하기 쉬웠고,
철기는 청동기보다 훨씬 단단해서 쓰임새가 많았거든요.
철기로 농기구를 만들 수도 있고 철로 만든 무기는 청동 무기보다 날카롭고 튼튼했죠.
그래서 철을 잘 다루는 부족은 주변 부족을 통합하며 세력을 크게 키울 수 있었어요.

이런 철기 문화를 바탕으로 만주와 한반도에는
부여, 고구려, 옥저, 동예, 삼한 등 여러 나라가 세워지게 됩니다.
그런데 이 나라 중 **부여**와 **고구려**에만 **왕**이 있었고
나머지 나라는 **군장**이 각 지역을 다스렸어요.
부여는 왕이 중앙을 다스리고, 왕 아래 가축 이름을 딴
마가, **우가**, **저가**, **구가** 등이 **사출도**를 다스렸어요.
목축이 발달했던 부여답죠.

부여는 왕이 다스리는 중앙을 중심으로 지방을 동서남북의 4개 구역으로 나누었어요. 이 구역을 사출도라고 해요.

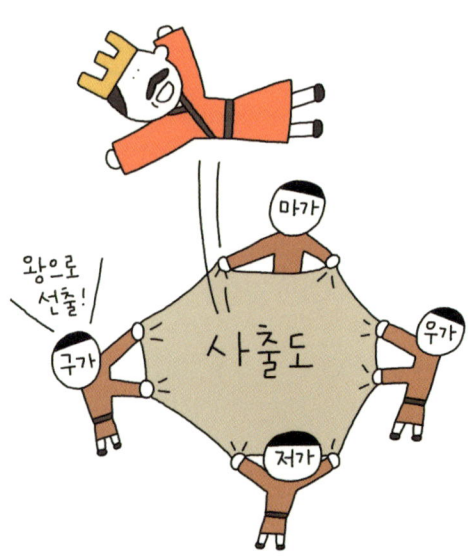

이러한 정치 체제를 **연맹 왕국**이라고 하는데,
연맹 왕국에서는 왕권이 그리 강하지 않았어요.
부모 형제에게 물려받는 자리가 아니라 여럿이 모여 뽑는 자리였으니까요. ㅠㅠ
이렇게 보면 '부여 왕, 별거 아니네?'라고 생각할 수도 있죠.

놀랍게도 부여에는 왕이 죽으면 왕을 모시던 사람을 함께 묻는 풍습이 있었어요.
이걸 '**순장**'이라고 해요. 죽은 후에도 죽기 전의 삶이 이어진다고 생각한 거죠.

 한 번 왕은 영원히 왕이고, 한 번 노예는 영원히 노예라는 것!
무시무시하지요.

부여에도 고조선의 8조법과 같은 **엄격한 법**이 있었어요.
"사람을 죽인 자는 사형에 처하고 그 가족은 노비로 삼는다."
너무 무섭고 엄격하지 않나요?
또 도둑질하면 12배로 갚는, **1책 12법**이라는 것도 있었어요.
여러분이 부여 사람이라면 법을 아주 잘 지켰겠죠?

고구려

기원전 37년 동명왕 주몽이 만주와 한반도 북부에 세운 나라

선사

초기 철기 시대에 부여와 함께 쌍두마차를 이룬 고구려.
고구려 모르는 분은 없죠? 설마……. 아니죠?
삼국 시대의 그 고구려가 바로 이때부터 있었어요.

5세기 광개토 태왕과 장수왕 때 영토를 크게 넓히며 전성기를 맞았지만 668년 신라와 중국 당나라 연합군에 패배해 멸망하죠.

고구려를 세운 주몽은 부여에서 내려왔다고 하죠.
그래서인지 고구려와 부여는 비슷한 면이 많습니다.
대표적으로 5부족 연맹체!
초기 고구려 역시 다섯 부족이 연합한 연맹 왕국이었어요.
왕과 부족 대표들이 **제가 회의**를 열어 중요한 나랏일을 결정했죠.

당시 나라마다 하늘에 제사를 지내는 제천 행사가 있었어요.
고구려는 동맹, 부여는 영고, 동예는 무천, 삼한은 계절제죠.
제천 행사는 대개 추수가 끝나는 10월에 했어요.
한 해 농사가 잘된 것에 하늘에 감사 인사를 드리는 거죠.
추석이 그렇잖아요. 그런데 부여의 영고는 특이하게 12월에 했대요.
농사와 목축을 모두 중시했던 부여의 특성이 드러나는 부분이죠.

이번에는 결혼 풍습을 알아볼까요?
고구려에는 서옥제라는 결혼 풍습이 있었는데,
서옥제에서 서壻 자는 사위 서 자예요.
남자와 여자가 결혼해서 아이를 낳으면
그 아이가 다 클 때까지 다 같이 여자 집에서 사는 거예요.
그동안 남자의 노동력을 여자 집에 제공하는 것이죠.

부여, 옥저, 동예, 삼한 등 당시 한반도에 있던 많은 나라 가운데
중앙 집권 체제를 갖추고 늦게까지 살아남은 나라는 고구려뿐이었어요.
결국 고구려는 우리나라의 자랑스러운 역사가 되었죠.
고구려의 파란만장한 이야기는 다음 장에서 쭈욱 계속됩니다.

동예와 옥저
군장 국가에 머물렀던 동해안의 두 나라

선사

앞에서 부여와 고구려 말고는 왕이 없었다고 했죠.
동예와 **옥저**도 왕 대신 **읍군**이나 **삼로**라고 불리는 군장이 각 지역을 다스렸습니다. 👑

이 두 나라, 왜 왕이 다스리는 강한 나라로 성장하지 못했을까요?
그건 동예와 옥저 위에 있는 큰 나라, 고구려 때문이에요.
우선 옥저는 함경도 함흥평야와 동해가 맞닿은 지역에 자리 잡았어요.
그러니 뭐가 많겠어요? 곡식과 해산물이 풍부하고, 또 소금이 일품이겠군요.
산악 지대라 먹는 게 늘 걱정인 고구려. 이걸 또 탐내네요.
힘 약한 옥저는 그저 이것들을 고구려에 바칠 수밖에요.

그럼 동예에는 뭐가 유명했을까요?
대표적인 특산물로 꼽는 건 바로 과하마예요.
과하마는 '과일나무 밑을 지나갈 만큼 작은 말'이라는 뜻이에요.
제주도 조랑말 알죠? 그거랑 비슷한 겁니다.

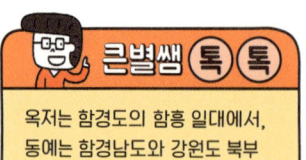

옥저는 함경도의 함흥 일대에서, 동예는 함경남도와 강원도 북부 지역에서 발전했던 나라예요.

과하마(果下馬)
과실 나무 아래를 지나갈 수 있는 작은 말!

또 다른 특산물로 반어피가 있는데요,
반어피는 **바다표범의 가죽**을 말해요.
독도에 바다표범의 한 종류인 강치가 그렇게 많았다죠.
하지만 일제 강점기에 일본 어부들이 가죽을 얻기 위해
강치를 마구 잡아들여 멸종됐다고 해요.

동예는 단궁도 유명해요.
단궁은 **박달나무로 만든 단단하고 작은 활**이에요.
짧을 단 자를 쓸 것 같지만 사실은 박달나무 단檀자를 쓰죠.

동예의 또 다른 특징으로 책화라는 풍습이 있어요.
책화는 <u>**다른 부족의 경계**를 침범했을 때 **소나 말로 배상하는 제도**</u>예요.

부족 간 경계가 뚜렷했던 동예는 같은 부족끼리는 결혼을 안 했대요.
족외族外, 즉 부족 바깥의 다른 부족 사람과 결혼하는 걸 족외혼이라고 해요.

선사

옥저에도 독특한 결혼 제도가 있어요.
민며느리제라는 건데요.
남자 집에서 어린 여자아이를 성인이 될 때까지 키우고
결혼할 때가 되면 여자 집에 돌려보낸 다음,
남자가 돈과 예물을 준비해서 여자에게 정식으로 혼인을 청하는 제도입니다.
고구려 서옥제랑 거꾸로지요?

지금의 눈으로 그때 사람들이 만든 제도를 보면 낯설다 싶을 거예요.
근데, 그럴 만한 이유가 있었어요. 당시에는 노동력이 굉장히 중요했거든요.
딸이 커서 시집을 가면 부모 입장에선 한 사람의 노동력이 줄어들잖아요,
민며느리제는 남자 집에서 그걸 보상해 주기 위해 생긴 제도인 거죠.

남편이 아내 집의 일꾼이 되어 주는 서옥제와
여자의 노동력 대신 양육을 감당하는 민며느리제.
이제 이해가 되죠?

삼한 (三 셋 삼 / 韓 나라 한)

삼국 시대 이전에 한반도 중남부에 있었던 세 나라

삼한은 왕이 아니라
군장이 다스렸다고 했죠?
그런데 삼한에는 군장도 힘을 쓸 수 없는
곳이 있었으니 바로
제사장이 다스리는 소도였답니다.
군장 출입 금지!

삼한은 마한, 진한, 변한을
통틀어서 부르는 말이에요.
마한은 백제, 진한은 신라,
변한은 가야로 발전했어요.

요즘도 성당이나 사찰 같은 종교 시설에는
군대나 경찰 병력을 함부로 투입할 수 없죠.
민주화 운동이나 노동 운동하는 사람들이
종교 시설에 숨는 모습을 볼 때마다
삼한의 소도가 생각나더군요. 비슷한 이유니까요.

한편 삼한 중 변한에서는
철이 많이 생산되었다고 합니다.
변한 철의 품질이 얼마나 좋았던지
낙랑과 왜에 수출까지 할 정도였어요.
이 지역 철의 우수성은
가야 시대까지 이어집니다.

2 고대

=한강 타이틀 매치가 시작되다=

역사는 사람을 닮습니다. 아니, 사람은 역사를 닮습니다. 고구려, 백제, 신라는 사람과 마찬가지로 성장했고, 변화했고, 사라졌습니다. 천 년의 역사를 자랑하는 신라가 역사의 끝자락에 서게 됩니다. 끝은 곧 시작. 또 다른 역사 주도 세력이 새로운 시대를 열 겁니다. 역사의 한 페이지는 이렇게 넘어갑니다.

고국천왕

왕위 계승을 형제 상속에서 부자 상속으로 바꾼 고구려 9대 왕

고대

고구려는 연맹 왕국으로 시작했지만 점차 세력을 확대하며
왕을 중심으로 한 중앙 집권 국가로 성장하게 됩니다.
철기 문화를 바탕으로 세워진 여러 나라 중에 고대 국가로 발전한 세 나라가 있어요.
고구려, 마한에서 출발한 백제, 진한에서 출발한 신라입니다.
이 삼국은 왕을 중심으로 하는 중앙 집권 국가로
성장하게 되죠.

고구려는 **고국천왕**이
고대 국가의 기틀을 만들어요.
고대 국가의 왕권은
전과 비교할 수 없을 정도로 강하죠.
그 덕분에 정복 활동도 활발하게 하고
정복지를 다스리는 체제도 만들고,
안정된 나라를 아들에게 물려주는
세습제도 시행하죠.

고구려에서는 고국천왕이 이런 일을 해요.
부여와 고구려의 5부족 연맹 체제 기억하죠?
부족 성격의 5부를 행정 구역의 5부로 개편합니다.
각자 맡은 영역을 따로따로 다스리던 체제에서
왕이 중앙에서 전체를 직접 다스리는
중앙 집권 국가의 기틀을 마련한 거죠.

고구려 왕들의 이름은 죽은 뒤 묻힌 지역의 이름을 따서 쓰는 경우가 많아요. 고국천왕은 '고국천이라는 곳에 묻힌 왕'이라는 뜻이에요.

040

소수림왕
小 작을 소 / 獸 짐승 수 / 林 수풀 림 / 王 임금 왕

불교를 받아들이고 율령을 반포한 고구려 17대 왕

언제나 고난과 역경은 있는 법!
고국천왕이 토대를 다져 놓은 고구려에 위기가 찾아옵니다.
그런데 위기가 꽤 심각합니다.

4세기 백제 근초고왕의 침입을 받아
고국원왕이 전사하거든요.
고구려 국에서 **원**통하게 죽은 **고국원왕**. 흑흑흑
군사력이 뛰어났던 고구려에서 왕이 전사한 것은
고국원왕이 처음이자 마지막.
왕의 죽음은 곧 나라의 죽음!!!
그만큼 고구려가 받은 충격은 어마어마했을 것이고,
나라는 위태위태~ 바람 앞의 촛불 같죠.

이제 고구려는 선택해야 합니다. 망하거나 변하거나!
고구려는 운이 좋았어요.
걸출한 개혁 군주 소수림왕이 있었기 때문이죠.
고국원왕의 아들 소수림왕은
당장 백제에 쳐들어가 복수하고 싶었을 거예요.
그때 고구려가 백제와 전쟁을 했다면?
고구려는 일찌감치 역사 저편으로 사라졌을 수도…….
당시 백제는 최고의 전성기를 누리고 있었거든요.

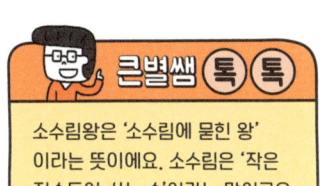

큰별쌤 톡톡
소수림왕은 '소수림에 묻힌 왕'이라는 뜻이에요. 소수림은 '작은 짐승들이 사는 숲'이라는 말이고요.

소수림왕은 복수 대신 '변화'를 내세워요.
우선 뒤숭숭한 민심을 다잡기 위해 불교를 수용하고요.
법으로 체제를 안정시키기 위해 율령을 반포합니다.
유학을 가르치는 교육 기관인 태학을 설립해 인재를 키우죠.

소수림왕의 개혁은 모두 멋지게 성공합니다.
이런 개혁을 하다 보니 왕권도 자연스럽게 강해졌죠.
헉헉……. 하나 해내기도 힘든 것을
소수림왕은 불과 13년 만에 모두 완성.

고구려 전성기의 토대를 차근차근 닦아 나간 거죠.
위기 속에서 복수의 칼날 대신 변화의 깃발을 높이 들었던 소수림왕!
우리에게 많은 걸 깨닫게 하네요.

광개토 태왕

영토를 크게 넓힌 고구려 19대 왕

개혁에 성공했으니 이제 전성기를 누려야겠죠.
5세기 고구려의 전성기는 이렇게 시작됩니다.
그 문을 연 왕은 바로 광개토 태왕입니다.

광개토 태왕은 왕위에 오른 뒤 여러 차례 백제를 공격합니다. 백제에 예전의 고구려가 아님을 보여 준 것이죠.

광개토 태왕은 그 이름만큼이나 엄청난 영토 확장을 하죠.
남쪽으로 **백제를 공격하여 한강 일부 지역**을 얻은 뒤
북쪽으로는 **만주와 요동 지역 대부분**을 차지했어요.
이 시기 고구려는 정말 쭉쭉 뻗어나갑니다.

광개토 태왕은 내물왕의 요청으로
신라에 쳐들어온 왜(일본)를 물리치기도 합니다.
이때 고구려가 왜를 추격하는 과정에서 왜인들이 많이 모여 있던
김해의 **금관가야까지 타격**을 입어요.
결국 금관가야는 쇠퇴하고 여섯 가야를 이끌던 맹주의 역할은
고령의 대가야가 물려받게 됩니다.

갑옷 입은 고구려 기마병이 한반도 남쪽까지 내려가
왜군을 추격하는 장면을 떠올려 보세요. 와우~

광개토 태왕은 우리 역사에서 처음으로 연호를 사용했어요. 바로 영락!
연호란 임금이 왕위에 오른 해에 붙이던 이름이에요.
연호가 뭐 그리 대단하냐고요? 연호는 중국 황제만 사용할 수 있었거든요.
광개토 태왕이 연호를 썼다는 건 고구려가 어느 나라에도 굽히지 않을 만큼
강한 나라가 되었다는 하늘 높은 자신감을 보여 주는 증거죠.

그런데 우리는 어떻게 광개토 태왕의 업적을 이렇게 잘~ 알 수 있을까요?
아 그건요. 아들 장수왕이 세운 광개토 대왕릉비에 나와 있기 때문이죠.
 6.39미터! 아파트 3층 정도 되는 높이죠.
정말로 어마어마하게 큰 비석이에요.

장수왕
長 壽 王
길 목숨 임금
장 수 왕

남진 정책을 펼쳐 남한강 유역을 확보한 고구려 20대 왕

광개토 태왕의 아들 장수왕.
무려 98세라는 엄청난 장수를 누렸기에
그 이름도 장수왕.

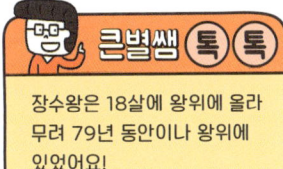

장수왕은 18살에 왕위에 올라 무려 79년 동안이나 왕위에 있었어요!

아버지가 광개토 태왕이라니
그 부담감이 얼마나 컸을지 상상되나요?
장수왕은 그런 부담감을 극복하고 고구려의 전성기를 쭈욱~ 이어 가죠.

아버지 광개토 태왕이 주로 북쪽으로 진출했다면
장수왕은 남진 정책을 적극적으로 추진합니다.
남쪽으로 내려가려면 북쪽이 불안하지 않아야겠죠?
그래서 중국 남조와 북조 모두와 양다리 외교를 합니다.
대단한 외교 전략가예요.

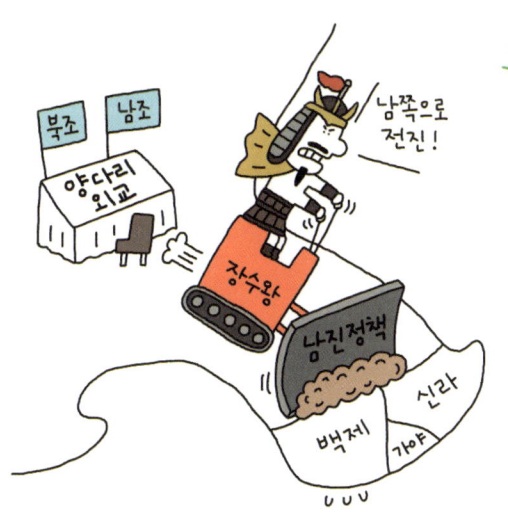

그리고 **도읍을 국내성에서 평양으로 옮겨**
남쪽을 칠 준비를 합니다.
그리고 전면전. GO!

백제 한성이 함락되고 개로왕은 괴로워하면서 죽었다죠.
아무리 전성기를 맞이한 고구려라도
승승장구하던 백제 왕을 죽이는 건 쉽지 않죠.

그래서 어떻게 했느냐?
장수왕은 도림이라는 승려를 스파이로 파견해요.
도림은 어떻게 개로왕에게 접근했을까요?

정답은 바둑입니다. 바둑 좋아하는 개로왕에게 바둑 잘 두는 도림을 붙인 거죠.
개로왕의 마음을 얻은 도림은 개로왕이 사치스러운 궁궐을 짓도록 유혹합니다.
궁궐 짓느라 나라 살림이 힘들어지고 백성들의 원망이 하늘을 치솟는 상황 속에서 전쟁!
장수왕은 고국원왕의 복수를 당당히 해냅니다.

장수왕은 여기서 그치지 않고 남쪽으로 더 밀고 내려가
남한강 유역까지 영토를 확장합니다.
이를 증명하는 비석이 바로 충주 고구려비입니다.

나제 동맹

삼국 시대에 신라와 백제가 고구려의 남진을 막기 위해 맺은 동맹

장수왕의 남진 정책과 평양으로 천도.
엄청난 압박감이 느껴지죠.
백제와 신라는 손을 잡아야만 합니다.
백제 비유왕과 **신라 눌지왕**은
공수 동맹을 맺습니다.
고구려가 침략하면 두 나라가 함께
공격하고 방어하겠다는 뜻이죠.

장수왕은 결국 백제의 한성을 함락시킵니다.
백제는 부랴부랴 웅진으로 도읍을 옮기지만,
다시 밀고 내려오는 고구려.

발등에 불이 떨어진 두 나라는 동맹의 수준을 높입니다.
백제 동성왕과 **신라 소지왕**이 결혼 동맹을 맺죠! 휴우 ㅠㅠ
단단해 보였던 이 동맹은 시간이 흘러 깨집니다.
원인 제공자는? 신라 진흥왕입니다.

6세기에 백제와 신라는 빼앗긴 한강 유역을
되찾기 위해 힘을 합쳐 고구려를 공격합니다.
그런 뒤 빼앗은 한강 유역을 나눠 갖기로 하죠.
그런데 신라가 배신을 합니다.
백제가 갖기로 한 땅까지 차지해 버린 거죠.

사실 백제가 차지한 한강 하류가 알토란 같은 곳이긴 해요.
이렇게 100년 넘게 이어진 나제 동맹이 깨지고 맙니다.

> **큰별쌤 톡톡**
> 고구려 장수왕의 남진에 맞서기 위해 체결된 신라와 백제의 동맹은 443년부터 553년까지 120여 년간 이어졌어요.

살수 대첩

612년에 고구려가 수나라를 살수에서 크게 물리친 전투

5세기 광개토 태왕과 장수왕 시기가 고구려의 전성기였다면
6세기에 들어오면서부터는 상황이 빠르게 바뀝니다.
수나라가 분열되어 있던 중국을 통일하고,
남쪽에서는 신라 진흥왕이 기세 좋게 치고 올라오는 상황.

바야흐로 공격하는 시대가 아니라 지키는 시대가 온 거죠.
7세기 초 수나라가 대군을 이끌고 고구려를 공격하지만
우리의 **을지문덕 장군**은 여유 있는 태도로
수나라 장수 우중문에게 시를 한 편 써서 보냅니다.
"너 잘나서 전쟁 이겼으니 이제 그만 만족하고 돌아가라!"

100만 대군을 이끌고 고구려로 쳐들어온 수 양제는 살수 대첩에서 크게 패배한 뒤 전쟁을 끝내고 중국으로 돌아갔어요.

얼핏 보면 우중문을 치켜세우는 것 같지만
실상은 우중문을 깎아내리는 것! 자자, 살 떨리는 디스전의 결과는?
살수에서 기다리고 있던 고구려군.
수나라로 돌아가는 별동대 30만을 공격합니다.
살아 돌아간 수나라 군사는 단 2,700명뿐!

안시성 싸움
645년에 안시성에서 고구려가 당나라를 크게 물리친 싸움

수나라가 고구려 공격의 실패로 몰락하니 뒤이어 당나라 등장.
중국인들이 가장 존경한다는 당 태종이 직접
동아시아 최강의 부대를 이끌고 고구려를 공격한 것입니다.

왜냐고요? 당나라와 친했던 고구려 영류왕이
연개소문의 쿠데타로 보장왕에게 왕위를 내주게 됐거든요.
안 그래도 고구려를 침략할 명분이 필요했던 당 태종은
연개소문을 벌하겠다면서 얼씨구나 하며
고구려로 쳐들어온 거죠.

7세기는 이렇게 수와 당에 연달아 공격받는
고구려의 수난 시대였어요.
그러나 **고구려는 안시성에서 당나라 군대마저 물리칩니다.**
당당한 고구려군의 기세에 감탄한 당 태종이 후퇴하며
안시성주에게 비단 100필을 내렸다는 전설도 있죠.

> **큰별쌤 톡 톡**
> 당 태종은 안시성 싸움에서 부상을 입고, 전쟁이 끝난 지 3년 만에 세상을 떠나요.

그런데 당나라는 수나라와 달랐습니다.
전술을 바꾼 거죠. 신라와 손잡고 나당 동맹 결성!
아 비통하도다! 고구려여~

고구려는 참 대단한 나라입니다.
싸움 하나는 정말 끝내주게 잘하는, 매우 강한 나라지요.
당시 최강국이었던 수나라, 당나라와 맞서 싸우는 게
어디 쉬운 일이었겠습니까?

하지만 전쟁에서 이겼다고 나라가 온전한 것은 아니었죠.
이기긴 했지만 살과 뼈를 깎는 고통이 뒤따랐죠.
오랜 기간 전쟁하느라 국력은 기울어질 대로 기울어지고…….
설상가상으로 자식 교육 잘못 시킨 연개소문이 죽은 뒤
세 아들 사이에서 피 튀기는 내분 발생! ㅠㅠ
결국 고구려는 멸망의 길로 들어서게 됩니다.

근초고왕

영토를 크게 넓혀 백제의 전성기를 이룬 백제 13대 왕

백제 하면 무엇이 떠오르나요?
고구려 하면 광개토 태왕! 신라 하면 삼국 통일!
백제는… 음… 어…….
다른 나라보다 생각하는 데 시간이 더 걸리죠?
어쩌면 백제는 우리에게 삼국 중 가장 낯선 국가가 아닐까 해요.
하지만 백제는 기술과 학문, 문화 등에서 크게 발전했고
어떤 나라보다 섬세하고 찬란한 유산을 남겨요.

백제가 삼국 중 가장 먼저 전성기를
맞을 수 있었던 비밀은 바로 위치.
한강 유역을 차지하고 있었거든요.
여러분도 한강뷰 좋아하지 않나요? 하하
농사도 잘되고, 중국의 선진 문물을
받아들이기도 유리한 한강 유역!
이러한 지리적 이점을 바탕으로
백제는 빠르게 성장하죠.

중앙 집권 국가의 기틀을 마련한 고구려의 고국천왕처럼
백제에서는 **고이왕**이 그 어려운 일을 해냅니다.
먼저 6좌평을 비롯한 관리의 등급을 마련합니다.
관직에 따라 입는 관복의 색깔도 다르게 정해서
관리들의 서열을 분명하게 했죠.
이러한 작업들로 중앙 집권 체제를 강화한 겁니다.

개혁으로 맺어진 달콤한 열매는 4세기에 **근초고왕**이 땁니다.
우선 왕위 계승을 **형제 상속**에서 **부자 상속**으로 바꿉니다.
고이왕의 왕권 강화 정책을 이어 나가겠다는 거죠.
백제의 역사를 정리한 《서기》도 편찬하게 해요.

근초고왕은 영토 확장에도 열을 올립니다.
남쪽으로 **마한**의 남은 세력을 **정복**해 남해안까지 진출하고
북쪽으로는 고구려를 공격해 **고국원왕을 전사**시키죠.
중국의 동진, 왜와도 활발히 교류합니다.

근초고왕은 가야와 단단한 관계를 맺고 중국의 동진과 왜 등 주변 나라와 교류하며 고구려를 견제했어요.

4세기의 근초고왕이 5세기의 광개토 태왕과 겨룬다면 누가 이길까요?
그 둘이 만났더라면 삼국 역사는 훨씬 더 드라마틱했을 텐데 말이죠. ㅋㅋㅋ

성왕
성스러울 임금 성 왕

백제 부흥을 위해 사비로 천도하고 국호를 남부여로 바꾼 백제 26대 왕

4세기 백제의 전성기는 거기서 주춤,
5세기 고구려의 전성기로 백제는 휘청휘청.
장수왕의 공격으로 쫓기듯 웅진(공주)으로 도읍을 옮긴 백제. 여기서 끝나요?
아뇨! 백제 부흥을 이루겠다고 나선 왕이 있었으니 바로 성왕이에요.
성왕은 도읍을 **사비(부여)**로 옮기고 나라 이름도 **남부여**로 바꿔요.
그리고 고구려에 빼앗긴 한강 유역을 다시 찾아오기 위해
신라 진흥왕과 손잡고 고구려 공격.
대성공! **한강** 유역 다시 접수!

성왕은 30년간 왕위에 있으면서 백제 부흥을 위해 힘썼어요. 일본에 불교를 전하는 등 일본과의 관계도 잘 챙겼다고 해요.

아~ 아, 그러나 이게 웬일!
신라 진흥왕이 배신을 하고 백제가 차지한 한강 하류 지역을 가로챕니다.
'가만두지 않겠어!' 관산성에서 **복수의 칼날**을 뽑아 든 **성왕**.
그러나 여기서 성왕은 죽게 되네요. 어떡해. ㅠㅠ
충격에서 벗어나지 못한 백제는 결국 의자왕 때 멸망합니다.
찬란한 문화를 발전시켰던 백제. 7세기에 대단원의 막을 내립니다.

이것까지 알면 **진짜 역사왕**

삼천 궁녀에 가려진 의자왕의 오해와 진실

역사는 흔히 승자의 기록이라고들 하죠. 특히 나라를 멸망에 이르게 한 왕에 대한 평가는 냉혹하기 짝이 없습니다. 그런데 여기 너무도 억울한 한 사람이 있습니다. 바로 백제의 마지막 왕, 의자왕. 의자왕 하면 어떤 이미지가 떠오르시나요? 삼천 궁녀? 여자만 쫓아다니다가 나라 말아먹은 왕? 물론 의자왕의 잘못이 없었던 건 아니지만 그렇게까지 막장은 아니었거든요.

의자왕은 무왕의 맏아들로 별명이 해동 증자였어요. 해동은 바다 동쪽, 즉 우리나라를 가리키고, 증자는 효성이 지극했던 걸로 유명한 공자의 제자예요. 별명이 해동 증자란 건 그만큼 효심이 깊고 평판이 좋았다는 이야기죠.

의자왕은 즉위 후 군사적으로나 외교적으로 뛰어난 능력을 보입니다. 신라와 싸워서 성을 40여 개나 빼앗았어요. 이 중에는 전략적으로 중요한 지역에 위치한 대야성도 있어서 신라가 아주 곤란해졌죠. 의자왕이 왕위에 있는 동안 백제와 신라 사이에 여러 번 전투가 있었는데, 대체로 백제의 군사력이 더 강했어요.

이것까지 알면 진짜 역사왕

게다가 의자왕은 당나라와 친하게 지내며 왜와도 돈독한 관계를 맺습니다. 백제 부흥 운동이 일어나자 왜가 많은 군사를 보내 백제를 도와줄 정도였으니까요.

그런데 이런 의자왕이 변해도 너~무 변해요. 의자왕은 서른이 넘은 나이에 세자로 책봉됐어요. 그 기나긴 세월, 왕자로서 얼마나 불안했을까요? 오랜 기간 긴장하고 살다가 왕권이 어느 정도 안정되었다 싶으니 확~ 풀어진 것일 수도 있죠. 하지만 이건 어디까지나 추측이고요. 남아 있는 어떤 역사 자료로도 의자왕이 갑자기 변한 이유를 설명할 수 없답니다. 어쨌든 의자왕은 재위 말 사치스러운 궁궐을 짓고 술과 여자에 빠집니다. 그리고 충신이 간언을 해도 듣지 않고 오히려 감옥에 가두죠. 가뭄으로 먹을 것이 부족한데도 41명이나 되는 아들들에게 벼슬을 주고 땅도 나눠 줘요.

그럼 진짜 삼천 궁녀를 거느렸을까? 그건 아니에요. 사실 삼천 궁녀는 조선 중기 시인인 민제인의 〈백마강부〉라는 작품에서 나온 말일 뿐 실제 역사서에는 등장하지 않습니다. 즉, 삼천 궁녀는 역사적 사실이 아니라는 것입니다! 삼천이라는 말은 그냥 '엄청 많다'는 의미의 시적 표현 정도랄까요. 그런데 그게 마치 사실인 것처럼 전해진 거죠.

게다가 의자왕이 당나라 군대에 사로잡혀서 끌려갈 때, 수많은 백성이 눈물을 흘렸다는 기록이 있어요. 과연 삼천 궁녀를 거느리며 향락에 빠져 있다가 결국 나라를 망하게 한 왕을 위해 백성들이 눈물을 흘렸을까요? 그런데도 의자왕이 끌려갈 때 눈물을 흘리며 슬퍼했다는 건 우리가 안다고 생각하는 의자왕의 모습이 전부가 아니라는 것을 보여 주죠. 이제 의자왕에 대한 오해가 조금 풀렸길!

내물왕

왕권을 강화하고 중앙 집권 체제의 기틀을 마련한 신라 17대 왕

신라를 세운 사람은 알에서 태어난 박혁거세. 박씨!
신라 마지막 왕인 경순왕은 김씨. 어라?
왕의 성씨가 박씨에서 김씨로 바뀌었네요.
신라 초기에는 박, 석, 김씨가 돌아가며
왕위를 계승했거든요.
내물왕 때부터는 **김씨**만 **왕위**에 오릅니다.
왕호도 **이사금**에서 **마립간**으로 바꾸죠. 그만큼 왕권이 강화되었다는 뜻!

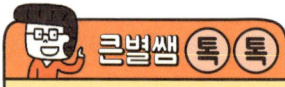

큰별쌤 톡톡
이사금은 나이가 많은 사람을 의미하고, 마립간은 대군장을 의미해요.

자, 이런 신라에 왜가 쳐들어옵니다. 그야말로 아수라장.
이때 내물왕이 잘 싸운다고 소문난 고구려 광개토 태왕에게 SOS!!
광개토 태왕은 순식간에 왜를 쫓아내고,
금관가야까지 휘청거리게 하죠.

그런데 도움을 받았으면
대가를 치러야겠죠?
신라는 한동안 **고구려의**
정치 간섭을 받아야 했어요.

고구려와 신라 사이가
아주 긴밀했음을 보여 주는 유물이 있어요.
경주 호우총에서 출토된 **청동 광개토 태왕명 호우**가 바로 그것!
신라 무덤에서 나온 청동 그릇에 광개토 태왕 이름이 떡 새겨져 있었던 거죠.
아마 광개토 태왕의 제사에 참여한 신라 사신이 그 그릇을 받아 왔다가
무덤에 껴묻거리로 함께 넣은 것이 아닐까 짐작하고 있어요.

지증왕 智證王
지혜 증거 임금
지 증 왕

국호를 신라로 정하고 임금 칭호를 왕으로 바꾼 신라 22대 왕

우리가 언제까지 고구려의 간섭을 받아야 한단 말인가!
우리도 백제 고이왕, 고구려 소수림왕처럼 개혁 좀 하자. 싹 바꿔!

들리시나요? 울분에 찬 신라의 절규가…….
그래서 등장한 왕이 6세기 지증왕이에요.

큰별쌤 톡톡
체격이 크고 담력이 뛰어났다는 지증왕은 즉위 당시 나이가 64세였다고 해요. 경험 많고 카리스마 넘치는 왕의 등장일까요?

우선 번듯하게 나라 이름을 바꾸자! 그래서 나온 게 **신라**!
내물왕 때부터 써 온 임금 칭호를 바꾸자. 마립간 대신 **왕**으로!
신라의 왕호 변화는 그만큼 왕권이 강화되었음을 뜻해요.
지증왕은 체제 정비를 통해 나라의 힘을 키워 나갑니다.
그리고 독도를 품은 우산국(울릉도)을 정벌해 신라 땅으로 만들죠.
신라의 개혁 깃발은 이렇게 6세기 지증왕부터 펄럭입니다.

법흥왕 法興王
법 흥할 임금
법 흥 왕

불교를 공인하고 율령을 반포한 신라 23대 왕

신라는 지증왕의 개혁에서 만족하지 않았죠.
법흥왕이 더 강한 개혁을 이룹니다. 와우!
법흥왕은 고대 국가라면 갖추어야 할
율령 반포, 불교 수용, 영토 확장을 한 번에 해요.

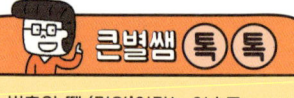

법흥왕 때 '건원'이라는 연호를 사용했어요. 그만큼 국력에 자신감이 붙었다는 이야기죠.

강력한 법으로 통치하기 위해 율령을 반포하고요.
이차돈의 순교를 내세워 불교를 공인토록 했지요.
음~ 이차돈이 죽을 때 몸에선 하얀 피가 흐르고 하늘에선 꽃가루가 내렸다죠.
불교 수용을 반대했던 귀족들 때문에 목숨을 바친 이차돈과 모든 걸 지휘한 법흥왕.
새로운 걸 받아들이는 일은 예나 지금이나 쉽지 않죠. 휴우
광개토 태왕의 공격으로 힘이 빠진 금관가야도 병합.

이러한 개혁을 통해 이제 신라는 변방의 고립된
후진국에서 벗어날 준비를 완료합니다.
변화의 치열한 몸부림이 성공하면 후에는 달콤한 성공의 과실이 따라옵니다.

진흥왕 眞興王
참 흥할 임금
진 흥 왕

한강 유역을 차지하고 전성기를 이끈 신라 24대 왕

지증왕과 법흥왕의 노력으로 신라는 6세기 진흥왕 때 전성기를 이룹니다.
개혁을 통해 나라 안이 정비되자 진흥왕도 밖으로 눈을 돌려요.
중국과 직접 교류할 수 있고 땅도 비옥한 한강 유역은 진흥왕에게도 매력적!
하지만 군사력 막강한 고구려 땅을 뺏는 건 쉽지 않죠!
영리한 진흥왕은 나제 동맹을 이용하기로 마음먹어요.
백제와 함께 고구려를 압박한 것이죠. 작전은 성공 'OK'
드디어 신라도 한강 유역의 일부를 차지하게 됐어요.
노른자위인 하류는 백제가 가졌지만……

하지만 진흥왕에게는
더 큰 목표가 있었어요.
그걸 위해서는 한강 유역
전체를 차지해야 했죠.
그래서 100년 넘게 이어 오던
나제 동맹을 과감히 깨뜨립니다.

결국 진흥왕은 백제 성왕을 배신하고 백제가 차지한 한강 하류를 빼앗습니다.
이 결정으로 진흥왕은 '배신의 아이콘'이 되어 버렸죠.
진흥왕은 이때 빼앗은 땅에 **북한산 순수비**를 세워
확실히 신라 땅이라고 못을 박습니다.
또 장수왕이 고구려비를 세웠던 충주와 가까운
단양에 **적성비**를 세워 신라의 시대가 왔다고
널리 홍보했답니다!

진흥왕은 화랑도를 국가 조직으로 만들어 인재를 양성하고, 황룡사를 지어 신라의 힘을 보여 주고자 했어요.

나당 전쟁

신라가 삼국을 통일하는 과정에서 당나라와 벌인 전쟁

운명의 7세기,
한강 유역을 차지한 신라는
더 큰 꿈을 꿉니다. 바로 삼국 통일!

신라는 김춘추를 당으로 보내
나당 동맹을 이끌어 냅니다.
그러고는 백제와 고구려를
차례차례 멸망시킵니다.

하지만 세상에 공짜는 없죠.
당이 신라의 삼국 통일을 그냥 도울 리가 없거든요.
당나라는 한반도 전체를 지배하려 합니다.
이에 신라는 당나라와 전쟁을 하겠다 선포하죠.
나당 전쟁의 대표적 전투는? **매소성 전투**와 **기벌포 전투**.
매소성은 지금의 의정부 부근, 기벌포는 군산 앞바다로 추정됩니다.
여기에서 승리하면서 신라는 당나라를 몰아내고 삼국 통일을 이루죠.
삼국 중 가장 뒤처졌던 신라가 시대 변화에 빠르게 발맞춘 덕에
최후의 승자가 된 겁니다.

큰별쌤 톡톡

당나라 장수 설인귀를 금강 하구 기벌포에서 격퇴하고, 한강 유역에서 몰아냄으로써 전쟁에서 승리해요.

혹시 내가 남보다 늦은 건 아닐까
걱정하고 있지는 않나요?
걱정 마시라! 여러분의 전성기가
아직 오지 않은 것일 뿐!

무열왕 武烈王

진골 출신 가운데 최초로 왕위에 오른 신라 29대 왕

 삼국 통일에 초석을 놓은 신라 왕은 누구일까요?
바로 김춘추, 태종 무열왕입니다.
신라에는 골품 제도라는 아주 폐쇄적인 신분 제도가 있었죠.
성골, 진골의 골. 6두품에서 1두품까지 이어지는 품.
왕은 오로지 성골만 될 수 있었고, 높은 관직도 성골과 진골에게만 허락됐죠.

6두품 출신은 아무리 능력이 뛰어나도
왕이나 고위 관리가 될 수 없었어요.
이 골품제 때문에 성골이 늘 왕이 됐는데,
어느 순간 대가 뚝 끊깁니다.
왕위를 이을 성골이 없는 거예요.
그리하여 진골 출신이 왕위에 오르니
그가 바로 무열왕.
삼국 통일의 대업을 닦은 왕이죠.

큰별쌤 톡톡
무열왕은 즉위 전부터 고구려와 당나라 사이를 직접 오가며 탁월한 외교력을 보였고, 나당 동맹을 이끌어 내며 삼국 통일의 기반을 마련했어요.

왜 신라에만 여왕이 있었을까?

우리나라 왕조 시대에 여왕은 딱 3명. 그것도 신라에만 있었어요! 이는 신라의 독특한 신분 제도인 골품 제도 때문이었는데요. 이 제도는 골과 품으로 구분되고, 이 가운데 골은 왕이 될 수 있는 성골과 최고 귀족인 진골로 나누어집니다. 그런데 성골은 꼭 성골끼리만 결혼해야 했어요. 만약 성골이 진골과 결혼하면? 그 자식은 무조건 진골. 이 때문에 날이 갈수록 성골의 수는 줄고, 결국 남자 성골은 자취를 감추고 맙니다!

남녀 차이를 논하기에 골품제는 너무나도 강력했어요. 그리하여 선덕 여왕, 진덕 여왕이 왕위에 오르죠. 자식이 없었던 진덕 여왕을 끝으로 신라 사회에서 성골은 사라지게 되고요.

이후 진골 출신이 왕위에 오르니 그 첫 번째가 태종 무열왕 김춘추입니다. 훗날 통일 신라 시대에 또 한 명의 여왕이 나오는데 바로 진성 여왕이에요. 아들이 없었던 정강왕이 자신의 여동생을 임금으로 받들라는 유언을 남기거든요. 그리하여 진성 여왕이 우리 역사를 통틀어 마지막 여왕 자리에 오릅니다.

신문왕
神文王
신 글 임금
신 문 왕

왕권을 강화하고 체제를 정비한 신라 31대 왕

신라는 <mark>문무왕 때 삼국 통일을 완수</mark>하죠.
삼국 통일로 영토가 넓어지고 나라가 안정되니
왕의 권위는 완전 최고였을 겁니다.

아버지 문무왕의 뒤를 이은 신문왕은
각종 개혁을 통해 <mark>왕권을 정점으로</mark> 올려놓습니다.

우선 자신의 장인이자 진골 귀족의 대표였던 김흠돌의
반란을 진압하면서 **진골 귀족들**을 여지없이 **숙청**합니다.
그리고 귀족들의 경제 기반인 **녹읍**을 **폐지**하죠.
또 왕과 국가에 충성을 강조하는 유학 교육을 장려할 목적으로
교육 기관인 **국학을 설치**합니다.

정치·경제·사회·사상!
다방면에 걸친 신문왕의 왕권 강화 계획.
정말 무서운 정치인이죠.

신문왕 이야기를 더 해 봅시다.
신문왕의 왕권 강화 계획 중 하나가
국가 체제를 정비하는 것이었죠.
그 산물이 바로 9주 5소경입니다.

고대

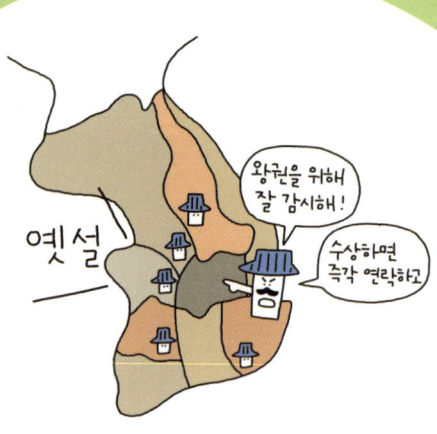

전국을 9개 주로 나눠요.
옛 고구려 땅에 3주, 옛 백제 땅에 3주, 신라 땅에 3주.

그런 다음에 5소경을 둬요.
왜냐면 수도 경주가 너무 동남쪽에 치우쳐 있잖아요.
그걸 보완하기 위해 작은 수도 5개를 더 둔 겁니다. 아하!

한편 9주 5소경과 비슷한 용어가 하나 있어요.
9서당 10정. 이건 군사 조직입니다.
9서당은 **중앙군**이고, 10정은 **지방군**이에요.
9서당에는 신라 사람뿐 아니라 고구려와 백제의 유민,
심지어는 말갈 사람도 들어갈 수 있었어요.
중앙군에 한때 적이었던 나라 사람들을 받아 줬다?
이건 민족 융합을 지향한다는 뜻.

신문왕 이야기는 아직 끝나지 않았습니다.
전근대 국가에서 거둔 3대 세금은 조세(토지세), 공물(특산물), 역(노동력).
옛날 공무원들은 일한 대가로 땅을 받았어요.
이게 이 사람들의 월급이거든요.

당시 나라에서 관리에게 땅을 준다는 건
그 땅의 소유권을 주는 것이 아니라
그 땅에서 나오는 조세를 거둘 권리를 준다는 뜻이었어요.
이걸 **수조권**이라고 합니다. 조금 어렵죠?

그런데 신라 진골 귀족들이 받는 **녹읍**은
말 그대로 **읍(고을)을 통째로 녹(월급)으로 받는 형태**였죠.
그러니 그 마을에서 내는 조세뿐 아니라
노동력까지 모두 거둘 수 있었던 거죠.
특히 노동력은 군사력이 될 수도 있어요.
당연히 왕권을 위협합니다.

그래서 신문왕은 노동력을 징발할 수 없도록
녹읍을 없애고 관료전을 준 겁니다.
무섭다.

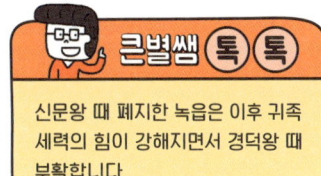

신문왕 때 폐지한 녹읍은 이후 귀족 세력의 힘이 강해지면서 경덕왕 때 부활합니다.

호족
신라 말 등장한 지방 세력

이렇게 잘나가는 신라. 그러나 늘 정점은 쇠락의 출발점이라는 사실.
천 년 역사를 자랑하는 신라가 기울기 시작합니다.
신라 말이 되면 진골 귀족들 간에 왕위 쟁탈전이 벌어져요.
죽고 죽이는 장면의 연속. 대표적으로 김헌창의 난이 있습니다.
아버지가 왕에 오르지 못했다고 아들 김헌창이 난을 일으킨 거죠.
너도나도 왕이 되려고 하면서 혜공왕 이후 150년 동안 왕만 20명이 바뀌어요.

이러니 중앙에서 지방을 통제할 여력이 있겠어요?
그러는 사이 **지방**에서 **새롭게 성장한 세력**이 있었으니 바로 호족.

스스로를 성주, 장군 등으로 부르면서
자기 지역에서는 마치 왕처럼 행동했죠.
대표적인 호족이 누구?
청해진의 **장보고**, **궁예**와 **견훤** 그리고 **왕건**이죠.
이제 서서히 저물어 가는 신라의 마지막이 보입니다.

호족은 대부분 신라 말 촌주 출신이에요. 고려 건국에 중요한 역할을 한 호족들은 고려 초기 지배층을 형성했어요.

원종과 애노의 난
강압적인 세금 수탈에 반발해 일어난 우리나라 최초의 농민 봉기

신라 말기 중앙에서는 진골 귀족끼리 서로 치고받고, 지방에서는 호족들이 스스로를 성주, 장군이라 부르며 '나 건드리지 마!' 하고 힘을 과시하고 있었죠. 이러니 정치가 엉망일 수밖에요.

나라가 혼란하면 그 피해는 약자인 백성이 고스란히 입는답니다. 이때도 마찬가지였죠. 자신들의 기득권을 유지하기 위해 백성을 쥐어짜니 어찌 저항하지 않겠습니까.

대표적인 사건이 바로 원종과 애노의 난. 백성들이 들고일어났다는 것은 그 나라의 명이 다했다는 뜻이에요. 참고 참다가 결국 폭발한 거죠. 역사는 반복된다는 사실을 기억해 주세요.

889년, 신라 진성 여왕 시대에 사벌주(경상북도 상주시)의 농민 원종과 애노가 앞장서서 일으킨 반란이에요.

무왕

말갈, 당나라 등과 싸워 영토를 크게 넓힌 발해 2대 왕

이 시기에 통일 신라만 있었느냐, 아닙니다. 발해도 있었지요.
남쪽에는 신라, 북쪽에는 발해. 이름하여 남북국 시대.

동모산에서 발해를 세운 대조영은 고구려 출신이었어요.
옛 고구려 땅을 다스리던 당에
반기를 들고 나라를 세웠죠.

중국이 아무리 우겨 대도
발해는 우리 역사예요.
고구려 출신이 세우고,
고구려를 계승했다는 증거가 있거든요.

발해는 일본과 친했는데요,
일본에 편지를 보내면서
자기소개를 이렇게 합니다.
"나 고려 국왕 대흠무(발해 문왕)는……."
고구려를 고려라고도 불렀거든요.
이보다 더 확실한 고구려 계승 증거가 있을까요?

무왕은 만주 북부까지 세력을 넓힙니다.
이런 발해를 강한 나라로 발전시킨 왕이 바로 **무왕**입니다.

그런데 무왕이라는 이름, 귀에 익죠? 맞아요. 백제 무왕이 있었죠.
도대체 고대 사람들은 왜 헷갈리게 같은 이름을 지은 건지……
그건요, 왕 이름에는 업적이 반영되기 때문이에요.
발해와 백제 무왕 모두 무인, 무사 등을 뜻하는 무武 자를 사용해요.

두 왕 모두 싸우는 것과 깊은 관련이 있을 것 같죠?
네, 백제 무왕은 빼앗긴 영토를 되찾기 위해 신라를 공격!
발해 무왕은 영토를 확장하기 위해 주변 세력과 싸워 나갑니다.
장문휴 장군을 보내 **당의 산둥성**을 공격하는 대범함을 보이죠.
황제만 쓴다는 **연호**도 씁니다.
'**인안**仁安'이라고요.

큰별쌤 톡톡
발해 무왕은 대조영의 큰아들로 아버지가 당나라 군대와 싸우며 발해를 세우는 과정을 전부 지켜봤어요.

사실 발해는 고구려를 계승한 나라이기 때문에
고구려를 멸망시킨 당에 적대적일 수밖에 없었어요.
이를 행동에 적극적으로 옮긴 왕이 바로 무왕인 거죠.

문왕 文王
글문 임금왕

당과 친선 관계를 맺고 선진 문물을 들여와 체제를 정비한 발해 3대 왕

나라를 발전시키기 위해서는
전쟁만 해서는 안 되죠.
국내 정치도 확실하게 안정시켜야 해요.
문왕이 그 역할을 합니다.

문왕은 발해의 수도를 교통의 요지인 상경으로 옮기고, 당의 장안을 본떠 궁궐과 도시를 건설했어요.

문왕은 이름에서 알 수 있듯이
문물을 **발전**시키기 위해 노력했어요.
우선! 선진 문물을 보유한 당과
친선 관계를 맺습니다.
나아가 자신의 정신적 기둥인
고구려를 멸망시킨 원수,
신라와도 교류를 해요!
발해와 신라를 잇는 교통로를
'신라도'라고 해요.

원수와 손을 잡은 격이지만
발전을 위해서는 꼭 필요한 것이었죠.

그리고 그 노력은 발해의 눈부신 발전으로 나타납니다.
대표적으로 당의 제도를 수용하여 정비한 3성 6부제를 소개할게요.

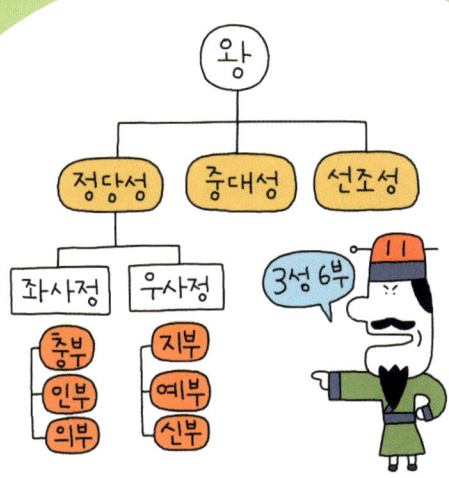

3성 6부제는 고대의 중앙 정치 조직이에요.
지금의 여러 행정 부처들을 생각하면 맞아요.
당이 정치 체제를 잘 만들어서 운영하고 있었기 때문에
주변의 많은 나라가 당의 시스템을 따라 했어요.

하지만 발해는 당의 시스템을 있는 그대로 모방하지 않고,
발해의 사정에 맞게 독창적으로 운영했죠. 똑똑하게 모방!
3성은 당과는 다르게 정당성을 중심으로 운영했고요.
정당성 아래 6부를 두었는데, 유교 덕목을 따서 이름을 지었어요.

이를 바탕으로 발해는 바야흐로 전성기를 맞을 준비를 마칩니다.

선왕 宣王
베풀 선 / 임금 왕
발해의 전성기를 이끈 발해 10대 왕

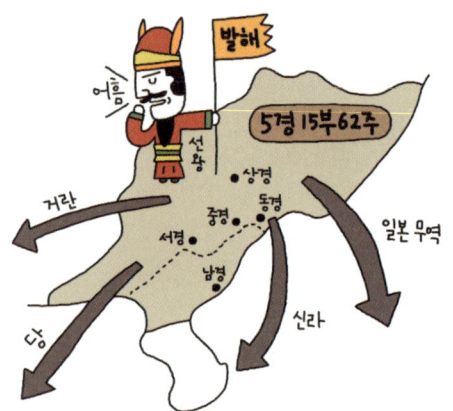

발해의 전성기를 이룬 제10대 왕, 선왕.
무왕이 2대, 문왕이 3대.
그럼, 그 사이의 왕들은?
남은 기록이 적어 정확히 알 수는 없지만
그 사이 왕들의 재위 기간이 짧은 걸 보면
당시 발해는 왕위 다툼 때문에
정치적으로 불안했던 것 같아요.
그런 혼란을 잠재우고 등극한 왕이 선왕!

선왕 때 발해는 고구려보다 더 광활한 영토를 내달리며 전성기를 누립니다.
남쪽으로는 대동강, 북쪽으로는 흑룡강까지 뻗어 나가요.
선왕은 넓어진 영토를 다스리기 위해 **행정 구역**을 **정비**합니다.
5경 15부 62주를 설치하고, **지방관**도 파견하죠.
당, 일본과 활발한 무역을 통해 경제적으로도 크게 발전해요.

당시 중국에서는 발해를 해동성국이라 불렀어요.
무슨 뜻인가 하니, **바다 동쪽의 번성한 나라!**
특급 칭찬 아닌가요? 하하.
번성했던 발해는 갑자기 멸망으로 치달아요.
9세기 말부터 지배층의 권력 다툼이 심해지며
나라의 힘이 약해지다가 거란의 침입으로
결국 무너져 버린 거죠.

발해 선왕은 '흥성함을 세운다'는 뜻의 건흥(建興)이라는 연호를 썼어요. 발해의 정치·사회를 새롭게 부흥시킨다는 뜻이 담겨 있어요.

진대법 賑 貸 法
구휼할 빌릴 법
진 대 법

고구려 고국천왕 때 실시한 빈민 구제 제도

정치 이야기는 여기서 마무리하고 이제 경제 이야기를 해 보죠.
지금도 많은 나라에서 복지 제도를 운영하고 있죠.
그런데 무려 1800여 년 전 고구려에 복지 제도가 있었다면 믿어지시나요?
고국천왕 때 실시된 진대법이 바로 그것!

진대법은 먹을 것이 부족한 **봄에 곡식을 빌려주고**,
수확이 끝난 **가을에 곡식을 갚도록 하는 제도예요**.
이런 걸 '<u>춘대추납</u>'이라고 하지요.

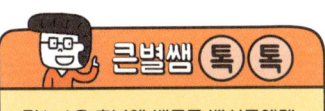

큰별쌤 톡 톡

진(賑)은 흉년에 배고픈 백성들에게 곡식을 나눠 주는 것을 말하고, 대(貸)는 봄에 빌려준 곡식을 가을에 받는 것을 뜻해요.

봄에 곡식을 빌려줄게. 가을에 갚아.

진대법의 전통은 **고려와 조선의 의창**으로 연결됩니다.
국가의 기본은 백성이죠.
그러니 백성이 무너지면 국가의 존립이 무너지는 거예요.
그렇기 때문에 고구려, 고려, 조선 등 여러 나라가 모두
백성의 파산을 막기 위한 정책을 실시했던 것이죠.

<u>물론 지금까지도요.</u>

정전 丁田
장정 밭
정 전

통일 신라 시대에 15세 이상의 남자에게 나누어 준 토지

신문왕의 왕권 강화 정책 중에 관료전 지급이 있었죠.
조금 더 지나 성덕왕 때에는 정전을 지급합니다.
<u>백성들에게 정전을 주어 농사를 짓게 하고 세금을 거둔 것</u>이죠.
백성의 삶이 안정돼야 세금을 낼 수 있고
세금이 잘 걷혀야 나라가 잘 운영되니까요.
백성의 삶을 안정시켜 국가 재정을 튼튼히 하려는 노력은
고려, 조선 때까지 쭉 이어집니다.

큰별쌤 톡톡
성덕왕 때 일반 백성들에게 정전을 준 이유는 자기 땅을 경작하는 농민, 즉 자영농을 키우고 이들에게 세금을 걷기 위해서였어요.

정전에 대해서는 여러 이야기가 있어요.
학계에서는 백성이 본래 **가지고 있던 땅을 법으로 인정한 것**이나
땅이 없는 백성에게 **국유지의 경작권을 인정해 준 것**으로 봅니다.
한편 정전이 후에 민전으로 이름을 바꾼다고도 하는데,
그렇게 보기에는 무리가 있습니다.
민전은 완전한 사유지 개념이거든요.

신라 촌락 문서

新 羅 村 落 文 書
새로울 그물 마을 떨어질 글 글
신 라 촌 락 문 서

신라 시대 촌락의 경제 상황을 기록한 문서

설마 국가가 주기만 하지는 않았겠죠?
나라를 운영하려면 백성들에게 받는 것이 있어야죠.
통일 신라도 마찬가지! 나라에 속한 재산이 얼마인지 조사했어요.
그래야 세금을 정확히 거둘 수 있으니까요.
마을에 속한 땅의 규모와 경제 상황을 정리한 장부를 신라 촌락 문서라고 합니다.
그런데 이 신라 촌락 문서에는 **땅**뿐만 아니라

마을에 사는 사람의 숫자와 특산물 등도 자세히 적었습니다.
왜 그랬을까요?

신라 촌락 문서는 일본 동대사(도다이지) 정창원(쇼소인)에 있던 유물을 수리하는 과정에서 발견되었고, 여전히 일본에 있어요.

백성이 내는 대표적인 세금이 조세·공물·역이라고 했죠.
토지, 특산물, 인구가 기록되어 있다는 것은
바로 이 세금을 잘 걷기 위해서랍니다.

고려, 조선 시대가 되면 신라 촌락 문서의 내용은
토지를 파악하는 양안과 인구를 파악하는 호적으로 분리됩니다.
더 치밀해지는 거죠.

장보고
통일 신라 시대에 청해진을 설치하고 해상 무역을 주도한 호족

신라 진흥왕이 성왕을 배신하고 한강 유역 전체를 차지했다고 했죠?
그리고 북한산에 진흥왕 순수비를 빡!
이때부터 신라는 **중국과 직접 교역**을 시작합니다. GO
예전에는 고구려가 갈 때 깍두기처럼 껴서 갔었는데 ㅠㅠ
이제는 당당하게 직접 할 수 있게 된 것이죠.
그 전진 기지가 바로 당항성입니다.

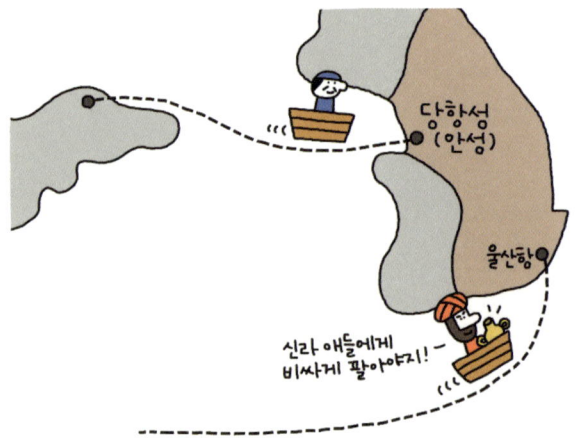

통일 이후에는 당항성뿐 아니라 수도인 경주 근처의
울산항이 국제 무역항으로 유명해집니다.

 울산항에서는 이슬람 상인이 직접 들어와
신라 상인들과 교역했다고 하네요.

통일 신라 시대에 국제 무역이 활발해지자
무역선을 노리는 **해적**들도 **등장**하게 돼요. ☠

그러자 혼란한 바다에 단박에 질서를 세운 해상왕이 나타납니다.
바로 바다의 왕자 장보고.

장보고는 지금의 완도 지역에 청해진을 설치하고
이곳에서 중국과 신라, 일본을 오가는 배들의 안전을 보살폈습니다.
물론 장사도 했고요.

중국 해안 지역에 신라인들이 주로 사는
마을이 생겨요. 이름하여 신라방!
오늘날의 코리아타운 같은 거죠.
당 조정에서도 국제 무역을 활성화하기 위해
여러 가지 편의를 제공해요.

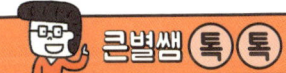

어린 시절 당나라로 건너가 군인이 되어
돌아온 장보고는 청해진을 설치하여
해적들을 소탕하고, 당나라와 신라, 일본을
잇는 해상 무역을 주도하며 큰돈을 벌었어요.

대표적으로 산둥성에 발해인들을 위한 숙소인 발해관을 설치해 줍니다.
발해인들은 이곳에 묵으며 맘껏 무역 활동을 했죠.

금동 연가 7년명 여래 입상
539년 고구려에서 만들어진 금동 불상

이제 고대의 문화를 살펴보죠.
고대 국가의 요소 중 하나로 불교의 수용이 있죠.
불교 관련 유산 하면 불상과 불탑이 대표적!
남아 있는 삼국 시대의 대표 불상으로는
고구려의 금동 연가 7년명 여래 입상이 있답니다.
이름이 좀 어렵죠?
그런데 하나하나 이해하면 그렇게 어렵지 않아요.

불상의 광배 뒷면에 고구려 안원왕의 연호인 '연가(延嘉)'라는 글자가 쓰여 있어 고구려의 불상임을 알 수 있었어요.

금동 : 불상을 만든 재료가 금동이라는 뜻이에요.

연가 7년 : 시기를 나타내요. 연가 7년은 539년!

여래 입상 : 여래는 부처를 뜻하고, 입상은 서 있다는 뜻이에요.

백제, 신라에도 많은 불상이 있죠.
그런데 공통점이 있어요.
모두 은은한 미소를 짓고 있다는 사실! ☺
처음에 불교는 외국에서 들여온 종교였죠.
이 시기 불상의 은은한 미소는
낯선 것에 대한 거부감을 더는 장치는 아니었을까요?

미륵사지 석탑

익산 미륵사 터에 있는 백제 무왕 때 건립된 석탑

절에 가면 가운데에 뭐가 있죠? 네, 탑입니다.
탑이 곧 부처님을 상징한다는 것 알고 있나요?
원래 탑은 부처님이 돌아가신 뒤 화장하고 남은
구슬 같은 유골을 모시기 위해 만든 건축물입니다.
불교가 전파되면서 나라마다
독특한 형식의 탑이 만들어지게 되었죠.

무왕 때 창건된 미륵사는 백제 사찰 가운데 가장 컸어요. 지금은 절터만 남았지만 석탑이 세워졌던 당시에는 어땠을지 상상해 보세요.

대표적인 삼국 시대 석탑으로
백제의 미륵사지 석탑을 들 수 있습니다.
목탑 양식의 미륵사지 석탑이 중요한 이유는
현재 남아 있는 탑 중 가장 오래되었기 때문이죠.

목탑 양식의 석탑이라는 말이 생소하죠?
미륵사지 석탑을 자세히 보면
나무로 만든 집을 여러 채 쌓은 것 같아요.
재료는 돌인데 모양은 나무 집 모양.
그래서 목탑 양식의 석탑이지요.

미륵사지 석탑은 2001년부터
해체 보수를 시작하여 2019년 완료했어요.
이 과정에서 금제 사리 봉안기가 발견되어
미륵사가 639년 창건되었다는 사실이
명확하게 밝혀졌어요.

원효와 의상
신라 불교를 대표하는 두 승려

신라 시대에 절친한 친구 원효와 의상이
나란히 중국 유학길에 오릅니다.
신분도 나이도 달랐지만 불교에 대한 열정은 같았죠.
지금은 비행기 타고 슝~ 가면 금방이지만
당시에는 비행기가 없죠. 당연히 두 발로 터벅터벅.
지친 두 사람은 잠시 쉬기 위해 어둑한 동굴로 들어갔는데요.
두 사람을 위로하듯 바가지에 물이 담겨 있었어요!
한 사람은 그 물을 벌컥벌컥 마셨습니다.
와우~ 지금까지 먹어 본 적이 없는 천상의 맛.

원효는 6두품 출신으로 여겨지며, 원효보다 여덟 살 어린 의상은 진골 귀족 출신이었어요.

동굴에서 밤을 보낸 다음 날, 두 사람은 크게 놀라요.
정말 맛있게 먹었던 그 물이 사실은 해골에 담긴 썩은 물이었던 거죠. 허허.
이 유명한 이야기의 주인공은 원효와 의상.
해골 물을 마셨다는 것을 알게 된 원효는 세상 모든 일이
마음에 달렸다는 것을 깨닫고 중국 유학을 포기하죠. HAHAHA

원효는 곧장 신라로 돌아가 불교 대중화를 위해 노력해요.
이때 나온 것이 바로 나무아미타불.
'나무아미타불 관세음보살~' 주문만 외우면
누구나 극락에 갈 수 있으리라.

그렇다면 의상은요? 학구파 스타일!
의상은 중국으로 건너가 어려운 교리를 배웁니다.
그런 다음 신라로 돌아와 **화엄종**을 열었죠.
화엄 사상에서는 "하나가 전체이고 전체가 하나"라고 주장해요.
무슨 소리냐고요? 모든 것이 서로 의지하며 조화를 이룬다는 뜻이에요.
휴우. 어렵네요.
길은 달랐지만 원효와 의상 모두 신라 불교를 크게 발전시킵니다.

선종

참선을 통해 깨달음을 얻을 수 있다고 믿는 불교의 한 종파

불교는 크게 **교종**과 **선종**으로 나눌 수 있어요.
교종은 경전을 통한 깨달음을 중시해요.
그러니까 어려운 경전 못 읽으면? 깨달음을 얻기 어렵죠.

반면 선종은 참선을 통해
내면의 진리를 발견하면 누구나
깨달음을 얻을 수 있다고 주장해요.

신라 말 혼란한 시대에
선종의 인기가 폭발합니다.
누구에게?
신라 말기를 주도한 새 세력 호족!
어디서?
진골 귀족만 높은 벼슬을 할 수 있었던
폐쇄적 신분 사회, **신라**에서죠!

'누구나 부처가 될 수 있다'라는 말로
'누구나 왕이 될 수 있다'는 생각을 갖게 해 준 선종은
호족들 사이에 인기를 끌 수밖에 없었습니다.

경전 공부보다는 참선을 중시했던 선종에서는
깨달음으로 이끌어 줄 스승의 역할이 중요했어요.
따라서 선종의 유행과 함께 스승의 사리를 모시는
승탑이 많이 만들어진 것은 당연한 결과.

선종은 불립문자(不立文字)를 강조하며 경전에만 의존하지 말라고 했어요. 복잡한 교리를 익히는 것보다는 심성을 닦는 데 집중했지요.

독서삼품과 讀書三品科
읽을 책 셋 품계 과거
독 서 삼 품 과

통일 신라의 관리 선발 제도

책을 읽히고 시험을 본 후,
3개의 품으로 나누어 관리로 채용한다.
딱 보면 과거제가 생각나지 않나요?
과거제는 고려 광종 때 처음 시행되는데,
통일 신라에 이미 과거와 비슷한 제도가 있었답니다.
바로 **독서삼품과**! Point

> **큰별쌤 톡톡**
> 독서삼품과는 유교 경전의 이해 수준을 평가하여 상중하로 등급을 매긴 다음, 관리 등용하는 데 참고하는 제도입니다.

==독서삼품과는 과거제처럼 왕권 강화와 연결==돼요.
시험은 누가 주관하느냐? 바로 왕.
게다가 시험 과목은 충忠을 강조하는 유교.
당연히 왕권이 강화될 수밖에 없겠죠?

독서삼품과는 원성왕 때 시행되는데요.
원성왕 때는 이미 신라 말로 접어드는 시기.
진골 귀족들의 입김이 다시 거세졌던 때죠.
능력에 따라 관리를 뽑겠다니!
신분으로 관직을 얻었던 진골 귀족들이 엄청나게 반대했죠.
결국 독서삼품과는 제대로 성과를 거두지 못했어요.

사신도 四神圖
넷 신 그림
사 신 도

도교의 사방신인 청룡, 백호, 주작, 현무를 함께 그린 그림

좌청룡, 우백호, 남주작, 북현무. 잘 아시죠?
도교에서 주로 이야기되는 <mark>동서남북 사방을 지키는 사방 신</mark>, 사신입니다.
고구려 무덤 벽화에서 주로 볼 수 있어요.

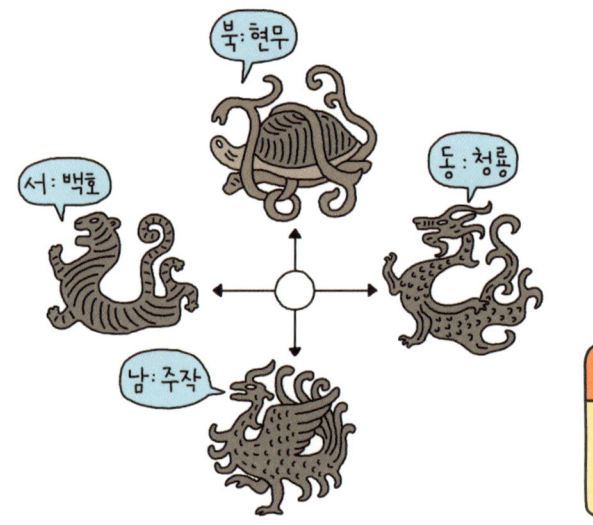

큰별쌤 톡톡
무덤의 사방을 수호하는 신령스러운 동물로 돌방무덤의 네 벽면에 그려졌어요.

자! 서쪽의 백호를 보세요. 아주 역동적이죠.
다음은 북쪽의 현무. 힘차게 휘어 나가는 곡선의 힘이 느껴지시나요?
마치 고구려의 기상을 보여 주는 것 같죠!

이 사방 신은 모두 **상상의 동물!**
사신도를 그려 넣으려면 무덤 안에 공간이 있어야겠죠?
무덤은 관 넣고 흙 덮어서 만드는 거 아닌가?

 무덤 속에 그림 그릴 공간은 어떻게 만들었을까요?
바로 확인하시죠.

돌무지무덤

시신이나 시신을 넣은 석곽 위에 흙을 덮지 않고 돌을 쌓아 올린 무덤

고구려의 무덤 구조부터 살펴보죠.
초기 고구려의 무덤은 돌을 잘라서 무지막지하게 쌓아 올리는 형태였어요.
이런 걸 돌무지무덤이라고 합니다. 대표적인 무덤으로는 장군총이 있는데,
돌덩어리 한 변의 길이가 10미터나 된다고 해요.

재미있는 건 이런 돌무지무덤이 백제에서도 발견된다는 사실이에요.
서울 송파구에 있는 석촌동 고분군에도 돌무지무덤이 있어요.
왜일까요?
그건 백제를 세운 시조 온조가 주몽의 아들이기 때문입니다.
다시 말해 백제 초기 지배 세력이 고구려 출신이라는 뜻이죠.
고구려에서 쓰던 무덤 형태를 그대로 따른 겁니다.

고구려 장군총

백제 석촌동 고분

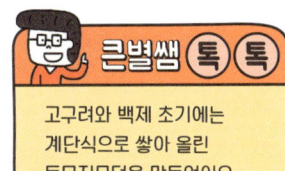

큰별쌤 톡 톡

고구려와 백제 초기에는 계단식으로 쌓아 올린 돌무지무덤을 만들었어요.

굴식 돌방무덤
내부에 돌로 된 방과 문이 있으며 입구가 드러나 있는 무덤

하지만 고구려와 백제의 무덤 양식이 바뀝니다.
<u>돌무지무덤에서 굴식 돌방무덤으로요.</u>
이렇게 되면서 무덤 내부에 공간이 생기고,
이 공간에 벽화를 그립니다. 예술혼을 불태울 차례!

고구려 고분에 도교의 사방 신인 사신도가 그려졌다고 했죠?
벽화가 그려진 고분이 바로 굴식 돌방무덤입니다.
이렇게 내부 공간을 만들다 보니 입구가 필요했겠죠.
입구가 있다 보니 도굴이 아주 쉬웠겠고요.
이런 굴식 돌방무덤은 도굴꾼들이 거의 싹쓸이했어요.

그래서 남아 있는 건 벽화밖에 없는 겁니다.
요즘은 벽화도 떼어 가려고 한다네요. 헐
나쁜 도굴꾼들.

입구 바로 앞의 앞 돌방과 시신을 둔 널방, 입구와 방을 연결하는 길이 있어요. 입구가 있어서 도굴이 쉬워요.

벽돌무덤
벽돌을 쌓아 만든 무덤

이렇게 고구려와 백제 모두 초기에는 돌무지무덤에서
굴식 돌방무덤으로 바뀌어요.
중국과 활발하게 교류했던 백제에서는
<mark>또 다른 형태의 무덤</mark>이 등장합니다. 바로 **벽돌무덤**.
대표적인 벽돌무덤이 두 번째 수도인 <mark>웅진(공주)</mark>에 있는 <mark>무령왕릉</mark>이죠.
이 무덤은 일제 강점기에도 꼭꼭 숨어 있었답니다.

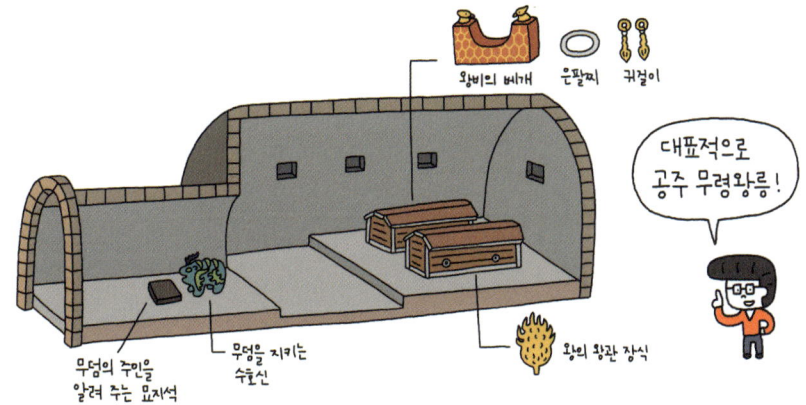

그러다 광복 후 우리 고고학자들이 발굴해요.
그런데 발굴에 서툴러서일까요?
발굴이 단 며칠 만에 끝나고 말아요.
이건 몇 년이 걸려도 모자랄 세기의 발굴인데 말이죠.
심지어 발굴 중에 유물이 부서지기도 하고 난리도 아니었답니다.
이런 실수, 다시는 하지 말아야겠죠.

벽돌무덤은 중국에서 널리 유행했던 양식으로 무령왕릉 역시 중국 남조의 영향을 받은 것이라고 해요.

한국 고고학의 흑역사, 무령왕릉 발굴 이야기

1971년 7월 6일, 공주 송산리 고분군 관리자들은 장마철 폭우로 배수로 확보에 열을 올리고 있었어요. 그러던 중 인부의 삽 끝에 뭔가 단단한 물체가 부딪힙니다. 흙을 걷으니 무덤 같은 것의 입구가 드러납니다. 현장에 있었던 사람들 모두 경악.

광복 이후, 우리 고고학계에서는 도굴되지 않은 고분을 한 번도 본 적이 없었거든요. 이튿날 부랴부랴 서울에서 발굴단이 내려옵니다. 간단히 위령제를 지내고 무덤 입구를 열자 무덤을 지키고 있던 석수가 나타났어요. 그 앞에 커다란 돌판이 있었고 돌판의 먼지를 걷어 내자 나타나는 글씨, 백제 사마왕. 이 무덤의 주인이 백제 무령왕이라는 사실이 밝혀진 겁니다.

광복 이후 처음으로 도굴되지 않은 무덤을 발견한 것도 모자라 무덤 주인까지 확실해지자 모두 흥분의 도가니에 빠졌죠. 어떻게 알고 찾아왔는지 기자들이 몰려들었고, 특종을 잡기 위한 취재 경쟁이 벌어집니다. 그러다 기어이 청동 숟가락 하나가 부러지는 사고가 일어나요.

 이것까지 알면 **진짜 역사왕**

광복 이후 최대의 발굴이 엉망이 될 것을 두려워한 발굴단은 기자들을 몰아내고 실측도, 촬영도 하지 않은 채 단 하룻밤 만에 무령왕릉 안에 있는 유물을 모두 밖으로 가지고 나옵니다. 유물의 위치, 방향 등이 모두 고대사의 수수께끼를 풀 수 있는 열쇠임에도 불구하고, 그 정보를 모두 지워 버린 거죠.

청동 숟가락을 부러뜨린 것보다 훨씬 더 큰 실수였던 거죠. 무령왕릉은 베일에 싸였던 고대 국가 백제와 그 주변국들의 교류를 밝힐, 동아시아 고대사의 블랙박스였지만 대한민국 고고학계에서 두고두고 회자될 엉터리 발굴로 소중한 정보들을 잃어버리고 말았습니다.

역사를 배우는 이유는 똑같은 실수를 반복하지 않기 위해서죠. 이후 고고학계는 무령왕릉 때의 실수를 거울삼아 발굴 조사에 신중을 기합니다. 경주 황남대총 발굴 전 그 옆에 있던 작은 고분을 시험 발굴했다가 천마도와 금관 등 어마어마한 유물을 발굴하는 성과를 올리기도 했죠.

지난 2019년 복원이 완료된 미륵사지 석탑의 경우도 마찬가지입니다. 백제 무왕 때 세워진 미륵사지 석탑은 일제 강점기에 보수를 시작할 당시, 석탑의 남·서·북쪽이 무너진 채로 있었어요. 당시 일본인들은 마구잡이로 시멘트를 부어 보수했고요. 그 후로 한동안 안타까운 모습으로 남아 있던 미륵사지 석탑의 해체 보수가 2001년 시작됩니다. 신중한 해체 작업과 창건 당시 건축 기술을 조사하는 연구가 함께 진행되었고, 현재 불완전하기는 하지만 원래의 모습과 가장 유사한 모습으로 복원되어 있습니다.

돌무지덧널무덤
관을 넣은 덧널 위에 돌을 쌓고 그 위를 흙으로 덮은 무덤

고대

이쯤에서 궁금해지는 나라가 하나 있죠?
바로 신라.
고구려와 백제는 지배층이 같은
부여 계통이라 비슷한 게 많았어요.
그런데 신라는 뭐든 달라요. 그런 걸 보면
신라 지배층은 고구려, 백제와는 분명
다른 계통이었던 것 같아요.

신라의 초기 무덤 형태는 돌무지덧널무덤 구조였어요.
돌무지덧널무덤을 만드는 순서는 이렇습니다.
관을 나무로 만든 큰 목곽에 넣어요. 부장품과 함께요.
그 위로 둥근 냇돌을 쌓아 올린 뒤 다시 흙을 덮어요.
덕분에 도굴이 어렵습니다. 굿굿
도굴하려면 돌을 다 들어내야 하니까요.
덕분에 금관을 비롯한 많은 껴묻거리가 보존되었죠.
하지만 벽화 그려 넣을 공간 같은 건 없어요.

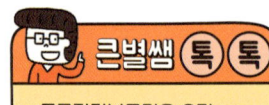
큰별쌤 톡톡
돌무지덧널무덤은 오직
신라에서만 만들어진 무덤
양식이에요.

그러면 천마총에서 나온
천마도는 뭐냐고요?
그건 벽화가 아니라 말 안장 양쪽에
늘어뜨리는 말다래를
장식한 그림이에요.

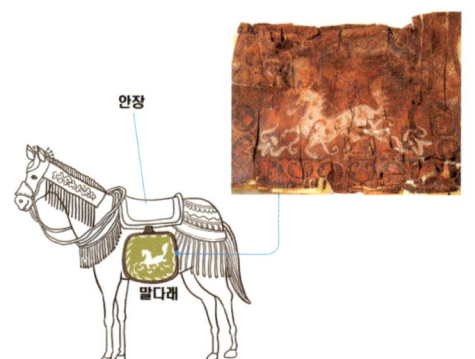

모줄임 천장

모서리를 좁히면서 올리는 돌방무덤의 천장 구조

발해가 당나라에서 여러 문물을 받아들였다는 사실은
다양한 흔적을 통해 확인할 수 있어요.
대표적인 것이 수도 구조. 발해의 수도였던 상경성 터를 보면
궁궐 앞에 남북으로 크게 길을 낸 열십자 모양의 주작대로가 있어요.
당나라의 수도 장안성을 모방한 거죠.

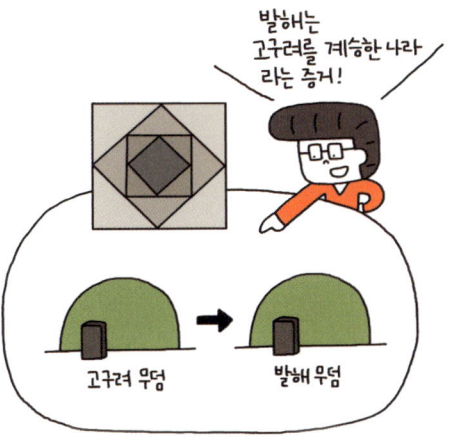

그렇다면 고구려를 계승한 흔적은 무엇일까요?
바로 굴식 돌방무덤과 그 속의 모줄임 천장!

모줄임 천장은 말 그대로 천장의 모서리를 줄여 나가는 양식이에요.
그런데 이것은 당나라에는 없고 고구려 무덤에만 있다는 사실!

하나만 있을 리가 없겠죠?
고구려 양식의 석등이나 돌사자상, 온돌 유적 등에서
발해가 고구려 문화를 계승했음을 알 수 있죠.
실제로 무덤에서 금관 같은 부장품들이 많이 발견됩니다.
고구려의 굳건한 기상을 팍팍 뿜어내고 있죠.
발해도 우리 역사임을 잊지 마시라.

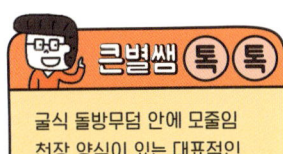

굴식 돌방무덤 안에 모줄임 천장 양식이 있는 대표적인 무덤은 발해 문왕의 둘째 딸인 정혜 공주의 무덤이에요.

3 고려

코리아, 다시 하나가 되다

이제 고려 왕조가 탄생합니다. 고려 왕조도 500년이라는 긴 시간, 역사의 명장면을 연출하게 될 것입니다. 성장과 쇠퇴의 패턴도 삼국과 비슷하죠. 다만 아쉽게도 외부의 침입이 많은 고려의 역사입니다. 두고두고 가슴 아픈 고려. 그래서인지 가장 끈질기고 강인한 민족정신을 우리에게 보여 준 고려. 그런데 말이죠. 혹시 고려가 우리의 기억에서 서서히 잊혀 가는 것은 아닐까요? 고려의 수도는 개경. 지금 개경은 갈 수 없는 곳이기에…….

태조 왕건
호족 출신으로 고려를 세우고 후삼국을 통일한 왕

자! 이제 고려 시대로 떠나 보죠.
고려의 문을 연 인물은 바로 태조 왕건입니다.

어, 그런데 후삼국 통일 과정이 순탄치 않았죠.
후백제가 끝까지 저항했잖아요.
후백제가 어디에 있죠? 전라도 일대에 있었죠.
전라도는 전주와 나주의 앞 글자를 따서 만든 지명!

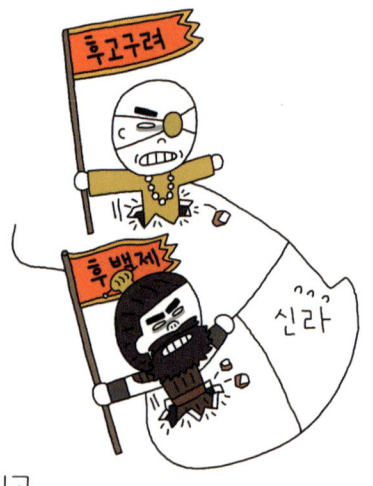

나주는 후삼국 통일의 핵심 지역이에요!
왕건이 나주 지역 호족의 지지를 얻어서 후백제를 치고,
후삼국을 통일하거든요.
여기서 두 번째 아내인 장화왕후도 만나고요.

왕건을 왕으로 만든 고장이자 왕비의 고장이었던 나주는 왕가의 본관이라는 뜻으로, 어향(御鄕)이라고도 불려요.

아무튼 고려를 세운 왕건이 제일 먼저 해야 할 일은?
당연히 **민생 안정**이죠.
그래서 세금을 팍팍 깎아 줍니다.
그리고 호족! 호족은 양날의 검입니다.
호족의 힘을 빌려 고려를 세우긴 했는데
왕권을 강화하려니 어느 정도 견제도 해야 하고.
우선은 **결혼 정책**을 통해 힘이 센
호족과 좋은 관계를 유지합니다.
그 덕에 왕건은 부인이 무려 29명. 대박!

그러면서 호족에게 **사심관**이라는 벼슬을 줍니다.
힘 있는 호족에게 출신 지역을 다스리게 해서
그 지역에서 반란이 일어나지 않게 한 거죠.
또 호족의 자제를 개경에서 살게 해요.
이걸 **기인 제도**라고 하는데, 일종의 인질 제도라고 할 수 있죠.

한편 왕건은 **고구려**를 **계승**하겠다는 뜻을 명확히 합니다.
나라 이름만 봐도 느껴지네요. 고구려 따라 할래. 고려!
고구려의 수도였던 평양(서경)을 중시하며 **북진 정책**을 추진하죠.
덕분에 영토도 꽤 넓히게 되었답니다.

왕건은 자식들에게 유언도 남겨요. 그것이 바로 <훈요 10조>.
헉헉. 역시 새로운 국가를 연 왕답게 한 일이 정말 많죠?
하지만 왕건도 못 한 것 있으니 바로 왕권 강화.
아~ 잘 키운 아들이 해내죠. 바로 확인할까요?

이것까지 알면 **진짜 역사왕**

궁예를 잊지 마오

2000년에 방영된 드라마 <태조 왕건>. 최고 시청률 60퍼센트를 넘기며 선풍적인 인기를 얻었죠. 그런데 <태조 왕건>에서 사람들이 가장 많이 기억하는 인물은 주인공 왕건이 아닌 궁예예요. 궁예 하면 떠오르는 이미지는 금빛 안대! 궁예는 한쪽 눈이 멀어 있었는데요. 거기에는 아주 슬픈 사연이 있답니다.

《삼국사기》에 따르면 궁예는 신라 헌안왕(또는 경문왕)의 서자로 태어났어요. 그런데 하늘을 살펴서 길흉을 점치던 한 관리가 궁예는 장차 신라에 이롭지 못할 거라는 예언을 했어요. 이에 헌안왕은 아이를 죽이라 명령하고, 아이는 높은 곳에서 던져져요. 자기 자식인데 굉장히 비정한 아버지죠. 다행히 유모가 떨어지는 궁예를 받아 목숨을 건졌지만, 그때 눈을 찔려서 한쪽 눈을 잃고 맙니다. 이런 사정으로 궁예는 신라에 깊은 반감을 가지게 됐대요.

그 무렵 신라는 정치가 문란해져서 전국 각지에서 농민 반란이 일어납니다. 왕권이 추락함과 동시에 지방 호족들의 힘겨루기가 시작되고요. 어른이 된 궁예는 강원도 지방에서 반란을 일으킨 양길 밑에서 장군으로 활약합니다. 그러면서 강릉 일대를 장악하고 강력한 세력으로 성장하죠.

《삼국사기》에는 궁예가 솔선수범하며 고생을 자처하고 모든 일을 공평하게 처리했다고 적혀 있어요. 이런 태도 덕분에 궁예는 사람들의 신임을 얻습니다. 결국 양길을 꺾고 후고구려를 세워 스스로 왕위에 오르죠. 부모와 나라에 버림받고 불우한 삶을 살다가 혼자 몸으로 나라를 세우고 군주가 되었으니, 참으로 그 실력이 출중했던 모양입니다. 얼마 후에는 송악의 유력 호족인 왕건까지 궁예 밑으로 들어오죠. 그런 걸 보면 궁예는 정치력도 상당했던 것 같아요.

이것까지 알면 진짜 역사왕

왕권이 어느 정도 안정됐다고 여긴 궁예는 나라 이름을 마진으로 바꾸고 도읍을 철원으로 옮깁니다. 그런데 이때부터 궁예는 변하기 시작합니다. 자신을 버린 신라에 노골적인 적대감을 드러내고요.
"협상 NO! 신라에서 온 사람들 다 죽여!"
스스로를 미륵이라고 칭하며 관심법을 내세워 의심 가는 사람들을 모조리 죽입니다. 심지어 부인과 아들도 죽여 버리죠. 그러니 민심은 떠나고 언제 목이 달아날지 모르는 신하들도 등을 돌립니다.

그런 상황에서 후고구려의 장군들이 궁예를 몰아내고 왕건을 왕으로 추대합니다. 그런데 이거 어디서 많이 본 전개 아닌가요? 멀쩡하던 왕이 갑자기 변해 폭정을 일삼는다. 그리고 역사는 그를 폭군으로 평가한다? 백제 의자왕이 그랬던 것처럼 패자였던 궁예는 역사의 혹독한 평가를 피할 수 없었던 것은 아닐까요?

지역의 전설이나 설화 등에서는 궁예를 부처님에 비유할 만큼 좋은 사람으로 묘사하는 경우가 많아요. 그런데 《삼국사기》, 《고려사》를 보면 궁예는 여지없는 폭군입니다. 여기서 우리는 《삼국사기》와 《고려사》가 궁예를 몰아낸 왕건의 후예들이 쓴 책이라는 사실을 기억해야 합니다. 물론 궁예의 잘못이 없지는 않았겠지만, 왕건이 궁예를 몰아내고 왕위에 오른 걸 정당화하기 위해 궁예를 가혹하게 평가한 것은 아닐까요? 역사는 승자의 기록이니까요.

광종
노비안검법과 과거제로 왕권 강화를 이룬 고려 4대 왕

왕건의 부인은 29명이라고 했죠.
자식은 무려 25남 9녀! 아~ 이름은 다 외웠을까요?
왕건은 죽기 전 〈훈요 10조〉를 유언으로 남겼죠.
그런데도 자식들이 서로 왕이 되겠다고 난리가 납니다. 난리가.
얼마나 난리가 났냐고요? 혜종, 정종, 광종의 아빠가 모두 왕건이거든요. 허허.

그 혼탁한 과정에서 4대 왕 광종이 왕위에 오릅니다.
자칫 힘 있는 호족들이 미는 다른 왕자들에게
자리를 뺏길 수도 있는 상황.

 광종은 연극을 하죠. 역할은 허수아비 왕!
당시에는 왕이 똑똑하면 금방 죽었거든요.

광종은 외가가 충주를 대표하는 호족이고, 처가 역시 황주의 유력 호족이어서 정치 기반이 탄탄했어요.

무려 7년 동안이나 연극을 하며 서서히 왕권 강화를 위한 계획을 세웁니다.
꼼꼼하게 그리고 완벽하게 연극을 해내죠. 성공

자, 연극은 끝났고, 가면을 벗은 광종은 계획을 하나씩 실행해 갑니다.
어느 정도 준비가 되자 재정 부족을 이유로 들며 호족의 노비를
양인으로 전환하자고 합니다. 그 유명한 **노비안검법**!
이건 사실 호족의 군사력을 줄이기 위한 정책이기도 합니다.
그 다음, **과거제 전격 시행**.
관리가 되고 싶으면 실력을 키워라!

 목숨 걸고 싸워서 고려를 세운 호족들, 열 받겠죠.
광종을 내치려고 합니다.
하지만 우리의 광종! 위기를 기회로. *Chance*
역모 혐의로 개국 공신들을 단번에 제거합니다.

게다가 왕을 황제라 칭하고 연호를 사용하겠노라는 **칭제 건원 실행**.
관리들에겐 말 잘 들으라며 직급에 맞게 공복 색깔을 정해 주는 것으로
광종의 왕권 강화 프로젝트 끝!

고려

성종
유교를 통치 이념으로 삼고 여러 제도를 마련한 고려 6대 왕

광종이 손에 피를 묻혀 가며 상을 차렸으니 성종은 맛있게 먹기만 하면 되겠죠.
광종은 칼에 의한 정치, 성종은 붓에 의한 정치.

성종은 유학자 최승로의 〈시무 28조〉 건의를 받아들여
중앙은 2성 6부 체제를 갖추고
지방에는 12목을 설치한 후, **지방관을 파견**했어요.
이전만 해도 지방에 호족들이 똬리를 틀고 있어
왕의 직속 신하인 지방관을 파견하기가 어려웠는데,
광종이 지방 호족들을 제압해 주었으니
성종은 이제 룰루랄라 지방관을 파견하죠.

성종은 유교를 고려의 정치 이념으로 삼았어요. 실제로 최승로를 비롯한 신라 6두품 출신 유학자들을 많이 등용하고 다양한 유교 제도를 확립했어요.

태조 시대의 호족 연합 정치에서 광종 시대의 왕권 강화,
성종 시대의 중앙 집권 체제 강화까지,
고려 초기는 왕권 강화의 방향으로 흐릅니다. **Point**

2성 6부

고려 성종 대에 중국 제도를 참고하여 만든 중앙 관제

고려의 국가 체제를 완성하여 이름에 이룰 성成 자가 들어가는 성종! 정치 조직으로 2성 6부를 마련합니다.

고려의 중앙 행정 조직은 2성 6부 체제였습니다. 중서문하성과 상서성의 **2성**. 그리고 상서성 밑에 연결되어 실질적 행정을 담당하는 이(내무)·병(국방)·호(경제)·형(법무)·예(외교)·공(건설)부의 **6부**. 그 밖에 군사 기밀을 담당하는 **중추원**, 언론 기능을 담당하는 **어사대**, 회계를 담당하는 **삼사**까지.

이 가운데 어사대에 주목해 주세요.
서경(왕의 정책 맘에 안 들면 서명 안 함),
간쟁(왕이시여. 이러시면 아니 되옵니다),
봉박(정책 맘에 안 드네. 서류 봉해서 돌려보내)이 이들의 업무죠.
이게 어떤 기능을 하냐고요? 왕권 견제와 관리 감찰! 와우~

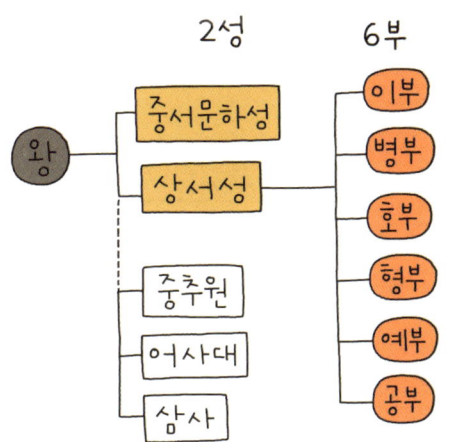

고려는 당의 3성 6부제를 가져와 고려에 맞게 고쳤어요. 중서성, 문하성, 상서성의 3부를 중서문하성과 상서성의 2부 체제로 만든 것이 대표적이에요.

도병마사와 식목도감
나라의 주요 문제를 논의한 고려의 독자적인 회의 기구

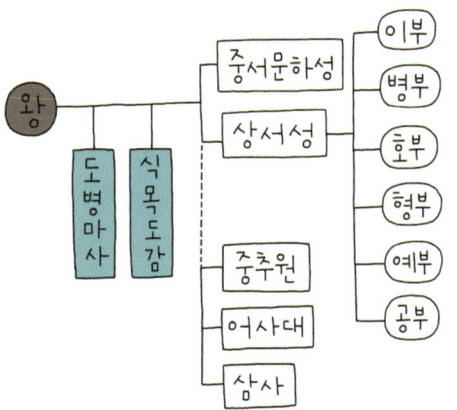

앞서 살펴본 2성 6부는 당나라를, 중추원과 삼사는 송나라의 영향을 받았어요. 하지만 모방은 창조의 어머니라 했던가요.

고려도 독창적인 기구를 만들어 냈으니 바로 도병마사와 식목도감! 중서문하성의 재신과 중추원의 추밀이 모여 하는 회의랍니다.

도병마사는 국가 중요 정책을 결정. 식목도감은 국가 중요 행사를 관장.

재신과 추밀이 만나 논의한다고 해서 재추 회의라고도 해요. 이 기구에 참여하는 신하들은 모두 문관이었어요.

그럼 무관 회의 기구는 없었냐고요? 있었죠. 중방이라는 기구인데요. 고려 전기에는 그 힘이 매우 약했어요. 하지만 곧 무신 정변이 일어나 빛을 보게 될 겁니다.

도병마사가 주로 국방 문제를 비롯한 국사 전반을 다루었다면, 식목도감은 각종 법령이나 시행 규칙 등을 제정하고 논의했어요.

5도 양계

고려 현종 대에 정비된 지방 행정 구역

자! 중앙은 2성 6부,
<mark>그럼 지방은요? 5도 양계 체제.</mark>

전국의 **행정 구역을 5개 도**로 나눴죠.
그럼 **양계**는 뭐냐고요?
여긴 **군사적으로 중요한 구역**입니다.

그러니까 고려의 지방 행정 구역은
조선 8도처럼 행정과 군사가 합쳐진
체제가 아니라 둘로 나뉘어 있던 거죠.

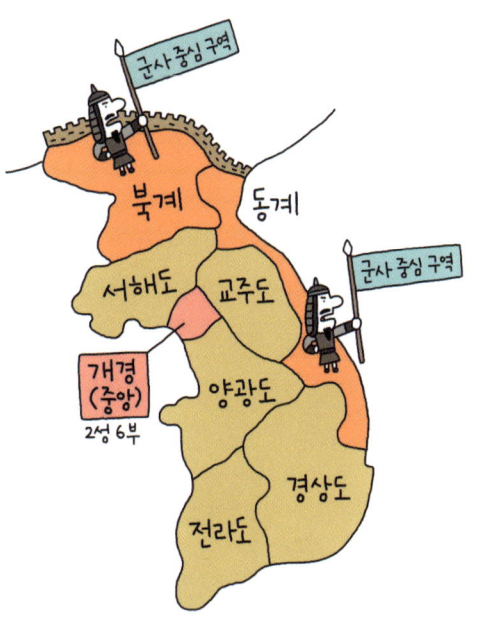

고려는 전국에 지방관을 다 파견했을까요?
아니요. 일부만 파견합니다.
<mark>지방관이 파견된 곳은 주현,</mark>
<mark>파견되지 않은 곳은 속현!</mark>
주현의 지방관이 주변 속현까지 관리하는 거죠.
행정과 군사 실무는 향리가 담당했고요.

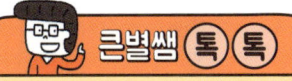

5도에는 도내 여러 지역을 순찰하는 안찰사를, 양계에는 군대를 지휘하는 무관인 병마사를 파견했어요.

또 **특수 행정 구역**으로 **향, 부곡(농업), 소(수공업)**가 있었는데,
여기에 사는 사람들은 신분상 양인이었지만
과거에 응시할 수 없는 등 군현 주민들에 비해 차별 받았어요.

2군 6위
고려 시대의 중앙 군사 제도

중앙 조직은 2성 6부, 지방 조직은 5도 양계.
 그럼 군사 조직은?
중앙군은 2군 6위, 지방군은 주현군과 주진군으로 구성됩니다.

2군 6위는 중앙군이었어요.
2군은 국왕의 친위 부대로서 궁궐과 왕실을 지키고
6위는 주로 국가 중요 행사의 경비, 수도의 치안,
궁성문을 지키는 등의 역할을 했어요.

2군은 국왕의 친위 부대인 응양군과 용호군으로 구성되고, 6위는 주로 수도 경비와 국경 방어 역할을 했어요.

지방군의 경우, 5도에는 주현군이, 양계에는 주진군이 주둔해요.
일반 농민 가운데 16세에서 60세 미만 남성들이
군역의 의무를 수행하는데, 대부분 주진군과 주현군으로 배치됐어요.

옛날에도 그렇고, 오늘날도 그렇고
나라 지키려고 애쓰는 군인들 너무 감사하죠.
항상 고마운 마음 잊지 맙시다!

음서
조상의 음덕에 따라 자손을 관리로 뽑는 제도

고려 시대를 이끌었던 세력은 크게 다섯 세력.
고려 전기에는 **호족**과 **문벌**, 후기에는 **무신**, **권문세족**, **신진 사대부**지요.
이 순서는 잘 기억해 두셔야 합니다.

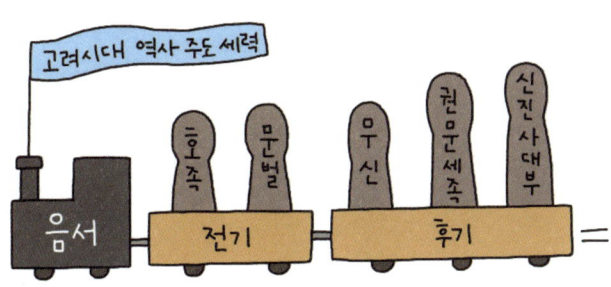

고려의 지배층이 기득권을 유지하기 위해 주로 썼던 관리 등용 방식이 음서입니다.
조상의 **'음'**덕을 받아 관직에 나가는 거죠.

고려 시대에는 **왕족**과 **공신의 후손**,
5품 이상 고위 관리의 자손은
과거를 보지 않고 관직을 얻을 수 있었어요.
가문빨! 요샛말로 낙하산이라고 하죠.
고려 시대 금수저네요!

음서 혜택을 받을 수 있는 대상은 아들, 동생, 조카, 손자(외손자), 사위 등 범위가 아주 넓었어요.

혹시 해주 최씨, 경원 이씨, 경주 김씨 후손인가요?

대표적인 고려 지배층 가문인데요,
아쉽게도 시대를 잘못 태어나셨습니다.

공음전
功 蔭 田
공로 그늘 밭
공 음 전

고려 시대 5품 이상 고위 관료들에게 지급된 토지

고려 문벌들의 정치적 기득권을 유지하게 한 제도가 음서라면, 경제적 기득권은 공음전이 뒷받침했어요.

이것도 조상의 '음'덕을 받은 거죠.
5품 이상 고위 관료 집안에서 태어나면 나라에서 땅을 막 줍니다.
잘 먹고 잘살라고 말이죠.

관리로 일하는 대가로 받은 땅은 관직에서 물러나게 되면
그 수조권을 나라에 다시 반납하는 것이 원칙입니다.
하지만 공음전은 자손에게 세습할 수 있었어요.

그러니까 고려에서는 5품 이상의 관리가 되면
관직도 물려줄 수 있고 나라에서 준 땅도
물려줄 수 있었던 거죠.

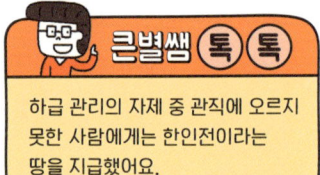

큰별쌤 톡톡
하급 관리의 자제 중 관직에 오르지 못한 사람에게는 한인전이라는 땅을 지급했어요.

이자겸의 난

문벌 이자겸이 왕위를 빼앗기 위해 일으킨 반란

고려 전기에 여러 세대에 거쳐
고위 관리를 배출한 집안은 문벌을 형성합니다.
그리고 과거와 음서로 주요 관직을 독차지했죠.
이런 폐쇄적 사회에서는 반드시 균열이 생깁니다.
그것이 고려 시대에는 이자겸의 난으로 나타났어요.

문벌은 왕실이나 다른 문벌과의 결혼을 통해
점점 세력을 키워 나갑니다.
그 문벌 가운데 왕권을 위협할 만큼
큰 권력을 갖게 된 사람이 있었어요.

바로 경원 이씨 집안의 이자겸.
이자겸은 당시 왕인 인종의 장인이자
외할아버지였답니다. 엥??
그럼 왕이 이모랑 결혼했다는 거네요? 후덜덜!
고려 전기만 해도 왕실에서는 가까운 친척끼리 결혼하는 근친혼이 흔했거든요.

왕의 장인이자 외할아버지라면 눈에 보이는 것이 없었겠네요.
야욕을 품은 이자겸.
경원 이씨 세상을 꿈꾸다!
스스로 왕이 되려 합니다. 왕!
그래서 당시 무력 실세였던 척준경과
난을 일으킵니다. 물론 실패.

큰별쌤 톡 톡
사실 이자겸은 반대파를 몰아내고 권력을 잡는 데 성공했어요. 얼마 안 돼 척준경에게 배신당해 실패했지만요.

서경 천도 운동

묘청 등의 서경 세력이 서경으로 도읍을 옮기자고 주장한 운동

한 왕조의 생명은 몇 년쯤일까요? 길면 200년?
실제로 고려가 200살 정도 됐을 때 위기가 발생합니다.

이자겸이 권력을 장악하고 있을 때
북방의 여진족이 세운 금나라가 자신들을 섬기라며 사대를 요구합니다.
이자겸 세력은 권력 유지를 위해 **금의 사대 요구**를 받아들이죠.
한편 이자겸은 왕이 되기 위해 반란을 일으키지만 실패합니다.
하지만 왕의 권위는 땅으로 떨어진 지 오래!
인종은 **묘청 등 개혁 세력**을 등용하여 왕권을 강화하려고 해요.
개혁 세력은 서경으로 수도를 옮기고 금나라를 정벌하자고 주장합니다.

하지만 김부식을 비롯한 기득권 세력이 여기에 반대하죠.
이에 묘청 세력이 서경에서 반란을 일으키고, 김부식이 반란 진압의 임무를 맡습니다.
결과는? **서경 세력의 패배**!

고려

묘청의 서경 천도 운동의 핵심 주장은 서경 천도, 금나라 정벌, 그리고 왕을 황제라 칭하고 독자적인 연호를 쓰자는 칭제 건원이었어요!

반란을 진압한 김부식과 문벌은 권력 독점을 강화합니다.
고려 정치는 점점 혼란해지고 왕권은 더 약해지고
문벌 사회의 모순은 점점 더 심화되죠.

묘청의 서경 천도 운동은 약 800년 뒤
신채호가 《조선사연구초》에서 언급하면서 다시 주목을 받습니다.
신채호는 묘청의 서경 천도 운동을 굉~장히 중요한 사건이라고 말하면서
이 운동의 실패로 진취적이고 독립적인 자주 사상이 무너지고
유교 사대주의가 힘을 얻어 고구려의 기상을 잃어버렸다고 평가했어요.

신채호의 말대로 묘청의 서경 천도 운동이 성공했다면
우리나라의 역사, 달라졌을까요?

무신 정변
1170년 정중부, 이의방 등의 무신들이 일으킨 정변

이자겸의 난과 묘청의 서경 천도 운동 모두 실패했지만
문벌 사회는 휘청일 수밖에 없어요.
그렇다고 대단한 변화가 있었던 건 아니었죠.
이럴 때 정신 차리고 바뀌어야 하는데 그게 쉽지 않아요.

사실 고려 시대에는 무신들이 홀대를 받았어요.
앞서 살펴보았던 묘청의 서경 천도 운동을 진압했던 인물은?
김부식. 헉! 문벌이잖아요.
반란군을 진압하는 군대의 선봉장이 문신이라니…….
비슷한 사례가 또 있어요.
귀주 대첩으로 유명한 강감찬도 문신이라는 사실!

고려 시대 무신들은 높은 관직에 오를 수 없었어요.
문신들의 경호원 역할 정도만 할 뿐이었죠.
당연히 무신들의 불만은? 하늘을 찌릅니다.
이런 상황에서 문신이 무신을 모욕하는 사건이 터져요.

결국 분노가 폭발한 무신들이
칼을 들고 문신을 몰아내며
무신 정변을 일으킨 겁니다!
그 자리에 있던 문신들을 모조리 죽입니다.
그런 다음 의종을 내쫓고 권력을 차지하죠.

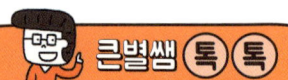

고려시대 과거제에서는 무과가 거의 치러지지 않았어요. 무예가 뛰어난 사람을 무관으로 임명하는 정도였죠.

하지만 권력은 또 다른 욕심을 부르는 법.
이번에는 무신들끼리 서로 권력을 잡으려고 싸웁니다.
싸움 좀 한다는 무신들끼리 싸운다면
자신의 신변을 보호하기 위해 군대가 필요하겠죠?
그래서 **도방**이라는 **사병 조직**을 만듭니다.

최충헌과 최우가 권력을 잡는 최씨 무신 정권기에는
더 많은 기구와 조직이 만들어지죠.

 무술이 뛰어난 무신들이 스스로를 지키기 위해
군대를 만든다니 참 아이러니하네요. ㅎㅎㅎ

욕심. 참 경계해야 할 단어입니다.
사람의 욕심이란 끝이 없거든요.

이것까지 알면 **진짜 역사왕**

천민 출신 이의민, 고려 최고 집권자가 되다

고려 시대 천민에서 최고의 권력자가 된 엄청난 성공 신화의 주인공이 있습니다. 바로 무신 정권기의 이의민입니다.
《고려사》에 따르면 이의민은 경주 출신으로 아버지는 소금 장수, 어머니는 절의 노비라고 해요. 고려 시대에는 일천즉천(一賤則賤), 부모 한쪽이 천민이면 자식도 천민이었으니 이의민의 신분도 당연히 천민.
이의민은 몸집이 아주 크고 힘이 장사였다고 합니다. 어찌저찌 중앙군에 들어갔는데, 우리나라 전통 무예인 수박희를 잘해서 의종의 총애를 받았다고 해요. 이후 여러 차례 공을 세워 승진을 이어 가다가 무신 정변에 가담하여 장군까지 올라가죠. 하지만 그의 실력이 아무리 뛰어났다 해도 무신 정권기가 아니었다면 이만큼의 초고속 승진은 어려웠을지도 모르겠습니다. 어찌 보면 시대를 잘 타고난 거죠.

무신 정변 뒤 이의민은 유배지로 귀양 간 의종을 죽입니다. 허리를 꺾어 죽였다고 해요. 엄청나게 잔인하죠. 그래도 자신을 아껴 준 사람인데 어떻게 그럴 수 있죠? 아무튼 이의민은 의종을 죽인 후 엄청난 권력자로 떠오르게 됩니다.

하지만 때는 힘센 사람이 권력을 잡는 무신 정권기. 무신 정변을 주도한 정중부가 경대승에게 죽고 경대승이 권력을 차지합니다. 이의민은 의종을 죽인 일로 경대승의 미움을 받습니다. 경대승의 암살 위협에 고향 경주로 피신하기도 하죠. 그런데 경대승이 권력을 잡은 지 5년 만에 병으로 죽어요. 경대승이 죽자 명종은 이의민을 불러들입니다. 명종 역시 무신들의 추대로

이것까지 알면 진짜 역사왕

왕이 되었기 때문에 이 혼란한 상황 속에서 자신을 지켜 줄 인물이 필요했던 겁니다.

이의민은 명종의 지원 속에서 무신 정권기 최고 권력자가 됩니다. 권력을 움켜쥔 이의민은 인사권 장악과 뇌물 수수는 기본이고요, 백성들의 땅과 재산을 마구 빼앗습니다. 자식들 역시 그 횡포가 아버지 못지않았습니다. 그래서 사람들은 그의 두 아들을 '쌍도자'라고 불렀습니다. 쌍칼같이 흉악하고 난폭한 놈들이라고요.

하지만 권력이 한쪽으로 쏠리면 불만을 갖는 세력이 생길 수밖에요. 그러던 중 이의민의 아들이 최충헌 동생의 비둘기를 빼앗는 일이 벌어집니다. 가뜩이나 권력에서 소외되어 불만이 쌓였던 최충헌은 이 일을 계기로 이의민을 살해하고, 그 가족과 노비들까지 모조리 죽여 버립니다. 천민에서 최고 권력자 자리까지 오르며 한때 왕의 자리까지 꿈꿨던 (비록 혼자만의 꿈이었지만) 이의민의 신화는 이렇게 막을 내리게 됩니다. 절대 권력은 절대 부패한다. 시대를 초월하는 역사 교훈이네요.

교정도감

고려 무신 집권기에 최충헌이 설치한 최고 권력 기관

피로 만들어진 권력은 오래 못 가죠.
정중부, 이의방, 이고, 경대승,
이의민, 최충헌……. 헉헉~
죽고 죽이는 무신들의 혈투를
최충헌이 정리합니다.

이때부터 성립된 최씨 무신 정권.
나름 안정기에 접어들죠.
최충헌은 무신들의 공식 회의 기구인 **중방**보다는
자신이 만든 사적 기구를 통해 권력을 더 움켜쥐려 해요.
그래서 탄생한 게 바로 **교정도감**.

최충헌의 아들 최우는 인사권을 좌우하기 위해 따로 **정방**을 만듭니다.
그때부터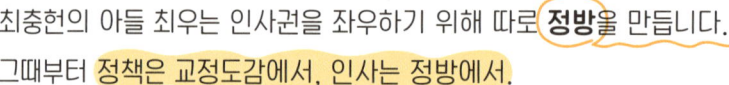
정책은 교정도감에서, 인사는 정방에서.

최씨 정권은 60여 년간 비교적 안정적으로 정권을 이어 갑니다.
하지만 이들의 관심은 온통 정권 유지였어요.
자신들에 대한 차별에 분노하여 정변을 일으켰지만
사회 개혁에는 소홀했죠.
백성들도 가혹하게 수탈했고요.

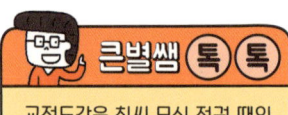

교정도감은 최씨 무신 정권 때의 최고 권력 기구로 나라의 중요한 일을 결정하고 집행했어요.

무신 정권은 오래갔을까요? 아니요.
고려에 몽골 침입이라는 엄청난 위기가 닥치면서
1270년, 100년 넘게 이어진 무신 정권은 막을 내립니다.

만적
최씨 무신 정권 시기 신분 해방 운동을 계획한 노비

무신 지배층은 백성 수탈에 열을 올립니다.
백성들 사이에 지배층에 대한 반감이 커지죠.
신분 상승에 대한 기대감도 생깁니다.
무신 집권자 중에 천민 출신도 있잖아요.
그 결과 '그럼 우리도 한번?' 이러면서
전국 각지에서 **농민**과 **천민**의 **봉기**가 일어납니다.

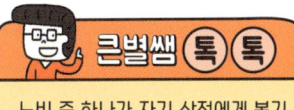

노비 중 하나가 자기 상전에게 봉기 계획을 일러바치는 바람에 만적의 난은 일어나기도 전에 진압됐어요.

대표적으로 **개경**의 사노비 **만적**이
"장군과 정승에 어찌 정해진 씨가 있겠는가!"라며
사람들을 모았어요.

번져 가는 촛불처럼 저항 운동은
여기서 끝나지 않습니다.
공주에선 **망이·망소이의 난**이 일어나고,
운문에선 **김사미의 난**이 일어나고,
초전에선 **효심의 난**이 일어납니다.
망이와 망소이는 향·부곡·소의
특수 행정 구역 중 주로
수공업에 종사하는 소所의 백성으로,
차별을 가장 많이 받는 민중이었지요.
김사미와 효심은 일반 농민이고요.

서희

거란의 1차 침입 때 활약한 고려 전기의 외교관

자! 이제 고려의 외교 관계를 보죠.
고려 500년은 외적이 끝도 없이 쳐들어온 시대였습니다.
이런 고려에서 걸출한 외교가가 나옵니다.
현대 외교관들이 본보기로 삼아야 할 인물 누구? 바로 서희!

10~11세기에 거란이 쳐들어옵니다.
송나라 제압이 목적이었던 거란은
먼저 송과 친선 관계에 있는
고려를 손보려고 했던 거예요.
거란의 속내를 정확히 간파한 서희는
'거란과 손잡겠다. 그런데 거란과 사이에
여진이 버티고 있어 왕래가 어렵다.
강동 6주를 달라!'라는 요구를 합니다.

정말 엄청난 배포죠. 성공할까요?
네, 그 어려운 걸 서희가 해냅니다. 거란이 강동 6주를 줘요.

왜냐고요?
거란은 고려와 송을 갈라놓을 수 있다면
뭐든 할 생각이었거든요.
이렇게 똘똘하게 확보된 지역이 **강동 6주**.

고려 성종은 서희가 외교 담판으로 얻은 강동 6주에 성을 쌓아 거란이 다시 쳐들어올 것에 대비했어요.

그러나 이후에도 고려는 거란과 친하게 지내지 않아요.
외교에서 가장 중요한 것은 실리인데,
거란과 친한 것이 고려에게는 큰 도움이 안 됐거든요.
열 받은 거란! 계속 쳐들어옵니다.

두 번이나 더 쳐들어와요.
마지막 3차 침입 때 활약한 인물이 바로 강감찬인데요.
이때 거란은 강동 6주를 거란에 넘기고,
고려 왕이 직접 거란으로 와야 한다고 했어요.
이때 강감찬은 쇠가죽으로 강물을 막았다가 한꺼번에 흘려보내는 전술로
거란군을 물리칩니다.
이게 그 유명한 귀주 대첩!

귀주 대첩의 결과는? 고려의 승리!
덕분에 고려와 송, 거란 사이에 팽팽한 균형이 유지됩니다.

이후 고려는 북방 민족의 침입에 대비해
국경 지역에는 **천리장성**을, **수도 개경**에는 **나성**을 쌓아요.

별무반 別武班
다를별 굳셀무 나눌반
숙종 때 여진 정벌을 위해 윤관의 건의로 만든 특수 부대

12세기, 이번에는 만주 쪽에 웅크리고 있던 여진이 고려를 압박해 옵니다.
이때 활약한 인물이 바로 윤관이지요.
여진이 말을 타고 휘젓고 다니니 우리도 기병이 필요하다 싶어
기병이 포함된 특수 부대를 만들죠. 이름하여 **별무반**.

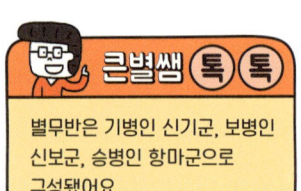

별무반은 기병인 신기군, 보병인 신보군, 승병인 항마군으로 구성됐어요.

이 별무반이 여진족을 혼쭐냅니다. 그리고 영토 확장.
동북 9성은 이렇게 설치됩니다.
그런데 여진이 제발 동북 9성을 돌려 달라고 사정합니다.
고려는 여진이 하도 귀찮게 구니 무슨 일 생기겠다 싶어서 다시 돌려줘요.

이후 여진은 계속 성장하여 금나라를 세웁니다.
급기야는 고려에 사대 관계를 요구하기까지…….
당시 집권 세력이었던 이자겸이 금의 사대 관계 요구를 받아들여요.
묘청이 그래서 열 받은 거예요.

삼별초 三(셋 삼) 別(다를 별) 抄(베낄 초)
무신 정권 때 경찰 및 전투의 임무를 수행한 사병 성격의 부대

고려의 시련은 끝나지 않았습니다.
13세기, 이번에는 몽골의 압박. 근데 몽골족이 누구죠?
그 이름도 유명한 칭기즈 칸의 후예들. 이들을 상대로 싸운다? 휴우~

이때 최고 집권자 최우는 강화도로 도읍을 옮기며 결사 항전을 선언!
그 과정에서 고려 본토는 몽골의 말발굽에 짓밟히죠.
국토는 황폐해지고 수많은 문화재가 불타 없어집니다. ㅠㅠ
결국 고려 정부는 고려 왕조 유지를 약속 받고 몽골이 세운 원과 강화를 맺습니다.
이와 함께 무신 정권도 막을 내립니다. 고려 정부는 개경으로 돌아오고요.

하지만 무신 정권의 군사적 기반이었던 삼별초는
개경으로 돌아오는 것에 반대하여
강화도에서 진도, 제주도로 근거지를 옮기며
끝까지 저항하는데요.
결국 진압되고 맙니다.

> **큰별쌤 톡톡**
> 고려에서는 특별히 뽑은 병사들로 만든 부대를 '별초'라고 했어요. 삼별초는 좌별초, 우별초, 신의군을 아우르는 말이에요.

정동행성

원 간섭기에 원나라가 일본 원정을 위해 고려에 세운 관청

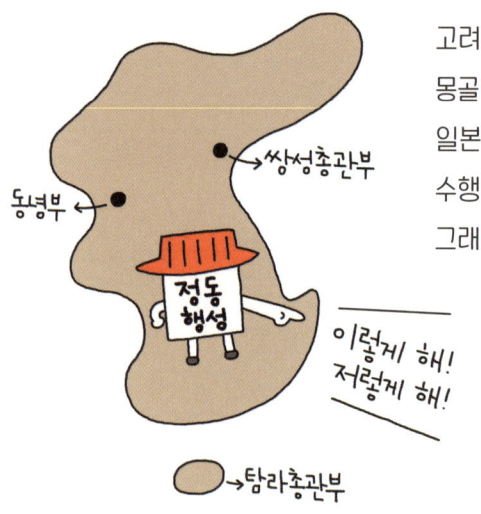

고려는 무너지지 않았지만
몽골이 세운 원나라의 내정 간섭은 상상 초월.
일본을 치러 갈 테니 그 일을
수행할 관청을 만들라고 하죠.
그래서 탄생한 게 **정동행성**이랍니다.

본래는 일본 원정을 담당하는 군사 사령부 역할을 했지만 일본 원정 실패 후 고려의 내정 간섭 기구로 활용되었어요.

그런데 일본 침략은 결국 실패로 돌아갑니다.
태풍 때문에 실패했는데 일본인들은 이 태풍을
신이 불어 준 바람이라 하여 '신풍神風(가미카제)'이라고 불러요.
일본 원정이 실패했음에도 정동행성은 그대로 남아
고려의 내정을 간섭하는 기구가 되죠.

이 시기 고려는 원의 간섭으로 영토도 많이 잃어요.
원은 서경에 **동녕부**, 철령 이북에 **쌍성총관부**, 제주에 **탐라총관부** 등을 세워
이 지역을 직접 통치하겠다 선언합니다.
고려 왕은 원나라 공주와 결혼해야 했고 왕이 원에 충성을 바친다는 의미에서
이름에 꼭 '충忠' 자를 넣어야 했어요. 고려로서는 치욕의 세월이었죠.

권문세족

고려 후기 친원 성향의 지배 세력

이렇게 원의 간섭이 강화되자 여기에 빌붙는 세력이 등장하겠죠? 일제 강점기 친일파처럼 이 시기에도 친원파가 등장하지요. 이들이 주로 권문세족이 돼요.

권문세족에는 본래 권세를 누리던 사람들도 있지만 몽골어 통역을 담당하거나, 원에서 왕족을 수행하며 성장한 이들도 있어요.

권문세족은 **음서**를 기반으로 고위 관직에 많이 오르고요. 경제적으로는 **대농장**을 소유합니다. 농장이 얼마나 큰지, 산과 강을 경계로 나눠야 할 정도였다네요. 반면 백성들은 바늘 꽂을 땅조차 없었다고 하고요. 에휴.

권문세족은 원에 빌붙어 키운 세력으로 고위 관직을 독점합니다. 특히 원의 황제와 혼인한 기황후의 오빠 기철은 왕을 능가하는 권력을 가지게 되죠. 그리고 그 권력을 제멋대로 휘둘렀습니다. 이러니 나라가 정상적으로 돌아갈 리 없었겠죠.

공민왕

고려 말 반원 자주 정책을 실시한 고려 31대 왕

태양도 하루 종일 떠 있는 건 아니죠. 기세등등하던 원나라도 기웁니다.
그때를 놓치지 않고 반원 자주 정책을 추진하는 왕이 등장하죠. 그가 바로 **공민왕**.

어린 시절을 원에서 보낸 공민왕.
왕위에 오르기 위해 원 황실의 눈에 들어야 했죠.
노국 공주와 혼인한 공민왕은 드디어 왕위에 오릅니다.
고려로 돌아온 공민왕은 원의 머리 모양을 버리고
원의 의복을 벗어 던집니다. 변화의 바람을 예고한 거죠.
공민왕은 우선 빼앗긴 땅부터 찾아오죠.
철령 이북에 설치되었던 **쌍성총관부**를 무력으로 수복!
내정 간섭 기구로 활용했던 **정동행성 이문소**도 폐지!

원의 간섭으로 낮아졌던
고려의 **관제**를 **복구**하는
왕권 강화 정책도 추진합니다.
사회의식과 분위기를 바꾸기 위해
원의 풍습도 싹~ **금지**해요.

큰별쌤 톡톡

공민왕은 충숙왕의 아들이자 충혜왕의 동생이에요. 이름에 충(忠) 자가 빠졌다는 점에서 그가 원에 반대하는 정책을 펼쳤다는 걸 알 수 있죠.

이제 권문세족을 손볼 차례!
원에 빌붙어 성장한 권문세족도 가만 놔두면 안 되겠죠.
우선 무신 정권 시절 설치된 인사 기구인 정방을 폐지합니다.
권문세족들이 정방을 통해 권력을 잡았거든요.

또 승려 신돈을 앞세워 **전민변정도감**을 설치합니다.
전민田民은 밭 전 자, 백성 민 자죠.
불법으로 빼앗은 토지와 억울하게 노비가 된 백성들을 뜻합니다.
변정辨整은 바로잡는다는 거고, 도감은 기구!
불법으로 빼앗은 토지와 노비를 원래대로 돌려놓기 위해 만든 기구예요.
이걸로 권문세족의 경제적 기반을 확~ 무너뜨립니다.
고려 전기 광종의 노비안검법과의 공통점. 눈치채셨나요?
둘 다 왕권 강화와 재정 안정에 기여했다는 것.

이 무시무시한 반反 권문세족 정책이 진행되는 과정에서
기황후를 등에 업고 권문세족의 대장 노릇을 하던 기철도 숙청됩니다.
하지만 이 모든 것을 공민왕이 혼자 한 건 아니겠죠?

이때 새로운 세력이 성장하는데, 바로 신진 사대부입니다.
신진 사대부는 이후 조선을 건국하는 중심 세력이 되니 꼭 기억하세요.

고려

이들은 당시 문제가 많았던 **불교**를 **비판**했어요.
대신 성리학을 새로운 시대의 사상으로 받아들입니다.
안향이 원나라에서 들여온 성리학은
기본적으로 명분과 의리를 중시하는 학문입니다.

성리학으로 무장한 신진 사대부는 대부분 중소 지주 출신으로,
대지주였던 권문세족과 맞서게 됩니다.
하지만 개혁을 주도하던 공민왕이 처참하게 살해되는 걸 보면서
신진 사대부 중 일부는 힘을 가진 신흥 무인 세력과 손을 잡아요.
신흥 무인 세력의 대표가 바로 조선을 세우는 이성계!
신진 사대부는 어떻게 나라를 바꿀 힘을 키웠을까요?

공민왕의 개혁은 비록 완전히 성공하지는 못했지만
새 시대를 이끌 세력을 키웠다는 데 의의가 있어요. ☺

공민왕과 노국 대장 공주의 사랑 이야기

몽골과 강화한 후 고려는 왕조를 유지할 수 있었지만 원의 간섭을 받으며 굴욕의 시기를 보냅니다. 이때 원나라에 붙어 권세를 누리는 자들이 있었으니 이름하여 권문세족. 권문세족의 횡포로 백성들의 삶은 훨씬 더 힘들어지죠.

그러던 중 원의 세력이 약해진 틈을 타 무너져 가는 고려를 개혁하고자 한 왕도 있었으니, 바로 공민왕입니다. 공민왕은 반원 자주의 깃발을 내걸고 승려인 신돈과 신진 사대부들을 끌어들여 개혁을 단행합니다.

그런 공민왕의 반원 자주 정책을 적극적으로 지지해 준 인물이 바로 공민왕의 왕후이자 원나라 공주였던 노국 대장 공주였습니다. 공민왕 때에 중국의 농민 반란 세력인 홍건적이 고려에 쳐들어온 적이 있었어요. 수도인 개경까지 함락되어 왕과 왕비가 안동까지 피란을 갔죠. 이때 온갖 고생을 함께하며 서로 챙겨 주다 보니 두 사람 사이에 사랑이 깊어집니다.

이전에 고려 왕과 결혼한 원의 공주들은 남편을 무시하며 함부로 대했어요. 권력을 쥐고 뭐든 마음대로 했고요. 그런데 노국 대장 공주는 달랐습니다. 고려 왕후로서 남편의 반원 자주 정책을 적극적으로 지지했죠. 권문세족들도 원의 공주인 노국 대장 공주를 함부로 대할 수 없었습니다.

당연히 공민왕도 노국 대장 공주를 매우 아꼈습니다. 공민왕과 노국 대장 공주의 걱정은 단 하나, 바로 후계자였습니다. 두 사람 사이에 오랫동안

이것까지 알면 진짜 역사왕

아이가 없었거든요. 그러다 드디어 노국 대장 공주가 아이를 가졌습니다. 이제 두 사람에게 두려운 것은 없었죠. 하지만 노국 대장 공주가 아이를 낳다가 죽고 맙니다.

사랑하는 부인을 잃게 된 공민왕은 슬픔에 빠져 국정에 손을 놓습니다. 나라 일은 모두 승려인 신돈에게 맡기고요. 신돈은 권문세족의 힘을 빼는 정책을 여럿 실시합니다. 하지만 권문세족의 강력한 반발에 결국 목숨을 잃죠. 이후 공민왕까지 시해되고요. 고려가 다시 살아날 기회가 영영 사라져 버리고 맙니다.

노국 대장 공주를 그리워하던 공민왕은 죽은 뒤에라도 부인과 함께 있기 위해 고려 시대에서는 보기 힘든 쌍릉을 만들어요. 그러고는 나란히 놓인 두 개의 무덤 사이에 작은 구멍을 하나 냅니다. 그 구멍은 영혼의 연결 통로가 되었을까요?

화통도감 火熥都監
불 화통 도읍 불
화 통 도 감

고려 시대에 화약과 화약 무기 제조를 담당했던 임시 관청

이순신 하면 떠오르는 게 있나요? 거북선? 하하하. 거북선 말고요. 바로 화포죠. 사실 일본 수군이 대차게 패배한 이유 중 하나가 **조선 수군의 화포 기술**이었거든요.

이 화포 만드는 기술이 언제부터 향상되었느냐? 바로 고려 말 최무선이 화통도감이라는 임시 관청을 만들면서부터였습니다. 당시 화약은 중국에서 들여왔기 때문에 고려에서는 만드는 방법을 아는 사람이 없었어요. 최무선이 연구를 거듭한 끝에 자체적으로 화약과 화약 무기를 만드는 데 성공한 거죠.

큰별쌤 톡톡

최무선은 자신이 만든 화약 무기를 가지고 진포 대첩에서 왜구를 크게 격퇴하기도 했어요.

실제로 최무선이 발전시킨 화포 기술은 고려 말 자주 쳐들어온 왜구를 격퇴하는 데 큰 도움이 됐습니다. 그 기술이 200여 년 후 임진왜란 때 이순신을 통해 다시 한번 빛을 봅니다.

역분전 役 分 田
부릴 나눌 밭
역 분 전

후삼국 통일에 공을 세운 신하에게 지급한 토지

이제 고려의 경제 이야기를 해 볼까요?
경제에서 핵심은 늘 토지입니다.
후삼국 통일을 이룩한 왕건!
후삼국 통일에 공을 세운 사람에게는 상을 줘야겠죠.
태조 왕건은 공신들에게 역분전을 지급합니다.

역분전은 <u>후삼국 통일에 기여한 부분만큼 나눈 토지</u>라는 의미지요.
하지만 아직은 신하들을 쭈욱~ 줄 세워 놓고
얼마나 중요한 역할을 했는지 따져서 등급 매기는 수준은 못 됐어요.
<u>**인품**</u>과 <u>**공로**</u>라는 애매한 기준을 적용했죠.

역분전은 고려의 첫 번째 토지 제도였어요.
역분전은 이후 전시과 제도로 발전하게 돼요.

역분전은 관직이 아닌 사람의 성품과 행실의 옳고 그릇됨이나 공로의 크고 작음을 기준으로 지급되었어요.

128

전시과

관직의 등급에 따라 전지와 시지를 나누어 준 제도

역분전은 상을 주는 개념으로 지급된 땅이었죠.
왕권을 강화한 광종 시대를 지나 경종 시대가 되면
왕을 중심으로 관리들의 서열을 매겨 토지를 지급하는 체제가 도입됩니다.
이게 바로 전시과!

경종 때에 처음 실시된 전시과 제도는 목종 때와 문종 때에 개정돼요. 이것들을 시정 전시과, 개정 전시과, 경정 전시과로 나누기도 해요.

관리를 18등급으로 나눈 후 등급에 따라 전지(농사짓는 논밭)와 시지(땔감을 얻을 수 있는 산)를 지급하는 제도랍니다.
잊지 않으셨죠? 여기서는 토지 소유권이 아니라
세금을 거둘 수 있는 수조권을 준 거라는 사실! Point

왜 준 거죠? 그거야 국가를 위해서 일하니까요.
만약 관리가 더 이상 일을 할 수 없으면 이 땅은 어떻게 해야 할까요?
나라에 돌려줘야죠. 그래서 전시과는 **세습되지 않는 것이 원칙**이랍니다.

호적
세금을 걷기 위해 한집에 사는 사람들에 대한 정보를 기록한 문서

? 통일 신라 시대에 세금 걷으려고 만든 장부가 뭐라고 했죠?
신라 촌락 문서죠. 여기에는 사람 정보와 땅 정보가 섞여 있죠.

자, 고려 시대에 오면 이제 분리가 됩니다.
사람 정보는 호적, 땅 정보는 양안.
고려에서는 호적과 양안으로 조사한 정보를 가지고
농민들에게 조세, 공물, 역을 거두었어요.

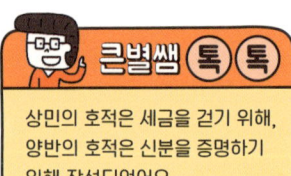
상민의 호적은 세금을 걷기 위해, 양반의 호적은 신분을 증명하기 위해 작성되었어요.

조세는 땅에서 나는 생산물의 약 10퍼센트를 거두는 것이고요.
공물은 그 지역의 특산물을 거두는 것이지요.
역은 요역과 군역으로 나뉘는데요.
요역은 성 쌓기, 길 닦기 등에 노동력을 제공하는 것이고,
군역은 국방의 의무를 하는 거죠.
여기에는 16세에서 60세 미만의 남성들이 동원이 되었다네요.

시비법
논밭에 거름을 주어 농작물이 잘 자라도록 하는 방법

시비법은 논밭에 거름을 줘서
농작물을 잘 자라게 하는 방법입니다.
한 번 농사를 지으면 땅의 힘이 회복될 때까지
기다려야 했거든요. 이런 땅을 휴경지라고 해요.
시비법이 발달하면 땅의 힘이 빨리 회복되죠.
고려 시대에는 시비법 덕분에 휴경지가 많이 줍니다.

또 2년 동안 세 번 농사짓는 **2년 3작 방식**도 보급돼요.
전체 땅을 셋으로 나누고 조, 보리, 콩을 돌아가면서 짓는 거죠.
한 작물만 계속 심으면 땅심이 약해지지요.
더 놀라운 것은 고려 말 일부 남부 지역에서
모내기법이 도입된다는 겁니다.
드디어 좀 먹고 살 만해진 건가요?

거름은 대개 사람이나 동물의 똥오줌에 풀이나 갈대 등을 섞어서 만들어요.

고려 시대 농서로는 《**농상집요**》가 있는데요.
고려에서 직접 만든 건 아니고 원나라에서 들여온 거예요.
우리 풍토와 맞지 않는 내용도 있었겠지만
그래도 농사 기술을 담은 책이라니 꽤 도움이 됐겠죠.

아! 고려 시대 농업 하면 이 분을 빼 놓을 수 없죠.
1361년 원나라에서 목화 종자를 들여온 문익점 선생님!
백성들에게 따뜻한 겨울을 선물해 주신 분이죠.

소 수공업
특수 행정 구역인 소를 중심으로 이루어진 수공업

농사 말고 이번에는 수공업 분야를 보죠.
고려의 지방 행정 조직을 이야기할 때 지방관이 파견되지 않은 곳이 있다고 했죠?
속군과 속현 그리고 특수 행정 구역으로 향·부곡·소도 있었죠.

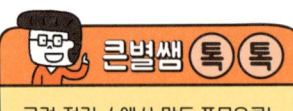

큰별쌤 톡톡
고려 전기 소에서 만든 품목으로는 금, 은, 철, 구리, 실, 먹, 종이, 옷감, 차 등이 있었어요.

향과 부곡은 주로 농사를 짓는 마을,
소는 수공업 제품을 생산하는 마을이었어요.
이곳 주민들의 신분은 양인이었지만 이주의 자유가 없고,
세금도 일반 군현 주민보다 더 많이 내야 했답니다.
소 수공업은 관영 수공업과 함께 고려 전기에 주를 이루었어요.
상업이 활발하지 않아 물건은 딱 쓸 만큼만 만들면 됐죠.

그런데 고려 후기 들어 상업이 발달하면서 수공업품의 수요가 늘어요.
그러다 보니 재주 있는 사람들이 너도나도 물건을 만들기 시작했어요.
또 불교가 발달했던 고려답게 사찰에서도 사람들을 동원해
물건을 만들어 판매해요. 이건 '사원 수공업'이라고 합니다.
결국 **상업의 발달**이 **수공업을 발달**시킨 거죠.

경시서 京 市 署
서울 시장 관청
경 시 서

고려·조선 시대에 시전의 상업 활동을 관리하고 감독하던 관청

 현대 사회에서도 상거래에서 독점이나 불공정 거래를 막기 위해 노력하죠.
고려 시대에도 마찬가지였어요.
수도 개경의 시전을 관리 감독하기 위해 **경시서**라는 관청을 설치합니다.

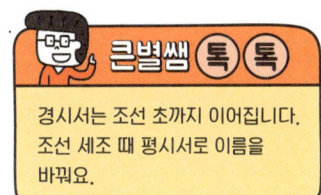

큰별쌤 톡 톡

경시서는 조선 초까지 이어집니다. 조선 세조 때 평시서로 이름을 바꿔요.

지금으로 보면 '공정 거래 위원회' 정도? 하하. HAHAHA
이쯤 되면 상업이 꽤 발달했다는 느낌이 오죠?

그래서 교환을 더 편리하게 해 주는 화폐를 발행하려고 합니다.
최초의 시도는 성종이 해요.
철로 만든 동전인 **건원중보**가 탄생하죠.
숙종 때는 **삼한통보** 같은 동전을 주조할 뿐 아니라
은으로 된 고액 화폐인 **활구(은병)**를 발행하기도 해요.

하지만 고려 시대에는 화폐가 널리 쓰이지 않았어요.
이때까지는 물물교환!

벽란도

예성강 하구에 위치한 고려의 국제 무역항

대한민국은 영어로? 코리아 KOREA.
누가 언제부터 이렇게 부른 걸까요?
코리아는 꼬레아 Corea에서 유래했는데요.
그 이름이 시작된 장소가
고려 시대의 국제 무역항 벽란도입니다.

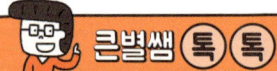

벽란도의 '도'는 섬 도(島)가 아니라 건널 도(渡)예요. 옛날에는 배가 다니는 강이나 바닷목에 건널 도나 나루 진(津)을 붙였거든요.

벽란도는 고려의 수도 개성과 황해를 이어 주는
예성강 하구의 예성항에서 시작되었어요.
벽란도라는 이름은 고려를 방문한
외국 상인이나 사신들이 머물던 건물인
벽란정에서 따온 것이고.
이곳 벽란도를 방문한 아라비아 상인들이
꼬레아라는 이름을 전 세계에 알립니다.
고려, 꼬레아, 코리아!
완벽한 3단 콤보 변천사네요. 하하 ㅋㅋㅋ

신라 때는 당항성과 울산항이 국제 무역항으로 유명했는데
고려 시대에는 벽란도가 이 역할을 합니다.
아무래도 수도랑 가까운 곳에 항구가 있어야 상업 활동이 원활하겠죠.

저 멀리 아라비아 상인까지 왔다니…….
고려는 정말 무역하고 싶은 나라였나 봐요.

의창 義倉
옳을 의 / 곳집 창
고려·조선 시대에 가난한 백성에게 곡식을 빌려준 기관

 고구려 고국천왕 때 진대법 기억하세요?
그 역사와 전통을 이어받은 제도가 바로 의창입니다.
봄에 곡식을 빌려주고, 가을에 갚도록 하는 제도지요.
저소득층을 위한 긴급 구호 제도 같은 거예요.

이 외에 상평창이 있어요.
항상 평균 가격으로 물가를 유지하는 창고라는 건데,
상평창은 물가가 오르면 창고에 있는 곡식을 풀어 가격을 낮췄어요.

이때도 병원이 있었을까요? 네, 있어요.
물론 지금처럼 동네마다 있는 건 아니었지만요.
병원 역할을 했던 동서 대비원, 약국 역할을 했던 혜민국이 있어요.

지금과 비슷한 제도가 참 많죠?
백성은 나라의 근본.
뿌리가 튼튼해야 나라가 튼튼하지 않겠어요?

135

향약구급방

鄉藥救急方
시골 약 구원할 급할 처방
향 약 구 급 방

고려 시대에 펴낸 우리나라의 가장 오래된 의약서

삐요 삐요! 구급차가 지나가는 소리입니다. ✚
구급방. 그러니까 급할 때 쓰는 처방전을 말합니다.

그 처방전의 약재는?
시골 마을인 향촌에서 찾을 수 있는 재료.
그렇다면 이런 책을 만들면
누가 제일 혜택을 입을까요?
바로 평범한 백성들이겠죠.

큰별쌤 톡 톡

상중하 3권으로 구성된 이 책에는 병명 아래 각 병에 해당하는 다양한 치료법과 사용되는 약재의 이름 등이 적혀 있어요.

《향약구급방》 같은 책이 있으면
비싸고 귀한 약재 대신,
주변에서 쉽게 구할 수 있는 재료로
처방을 내릴 수 있잖아요.
유명한 의원에게 비싼 약으로
치료받을 수 없는 가난한 백성들에게
꼭 필요한 책이었죠.

응급 환자 발생!

조선 세종 때가 되면 《향약집성방》이 나오는데
그 책의 기초가 된 게 바로 이 《향약구급방》이에요.

다른 사람의 짐을 덜어 주는 데 힘쓰면
역사에서도 늘 좋은 평가를 받는답니다.

고려

균분 상속 　均 分 相 續
고를 나눌 서로 이을
균 분 상 　속

자녀 모두에게 유산을 균등하게 나누어 주는 것

고려 시대 가족 제도를 볼까요?
고려 시대에는 남성과 여성의 관계가 비교적 수평적이었어요.
부모도 아들과 딸을 동등하게 대했고요.

자산의 균분 상속.
'아들 딸 구별 말고 재산은 똑같이 나눠 주자.'
이게 고려 시대의 구호였답니다.

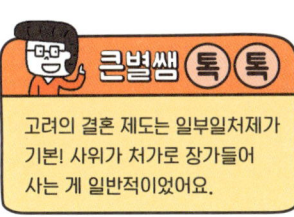

조선 초기까지 이 전통은 이어져요.
딸도 똑같이 재산 받고 제사 지냈죠.
아들만 제사 지낸다는 편견은 버리시라.
이런 걸 함부로 우리 전통이라고 말할 수는 없단 말씀.

호적에도 아들, 딸 가리지 않고 태어난 순서대로 올렸답니다.
여성의 재혼? 한 번 결혼했던 여성이 다시 결혼하는 게 가능할까요? 당연하죠.
하여튼 가정 내에서는 여자라고, 외가라고 차별 받는 그런 거 없었어요.

국자감과 문헌공도

고려 시대에 유학을 가르친 교육 기관

고려 문화를 살펴볼게요. 우선 유학부터 보죠. GO

최고 교육 기관의 역사를 보면 고구려 소수림왕 때 태학,
통일 신라 신문왕 때 국학, 발해 때 주자감이 있죠.
고려 성종 때는 개경에 국자감을 세웠습니다.
지방에는 향교를 세우고요. 국자감과 향교는 모두 공립이죠.

사립도 있냐고요? 물론 있습니다.
고려 시대 유명한 사립 학교 12곳을 묶어 **사학 12도**라고 불렀어요.
이 중에서 가장 인기 있었던 곳이
최충의 9재 학당이었답니다.

'해동공자'라는 별명을 얻을 만큼 유명했던 최충.
최충이 죽은 뒤에는 최충의 시호를 따서
9재 학당을 문헌공도라고도 불렀어요.

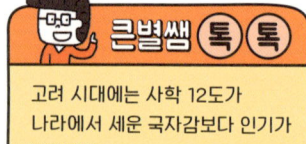

고려 시대에는 사학 12도가 나라에서 세운 국자감보다 인기가 높았어요.

과거 합격자 통계를 보니
국자감 출신보다 문헌공도 출신이 더 많네요?
이거 큰일입니다.
공교육의 위기 앞에서 국가가 내놓은 방안은?

고려

우선 엘리트 일타 강사들을 끌어옵니다.
그런 다음 국자감에 7개의 **전문 강좌인 7재**를 두었어요.
양현고라는 이름의 **장학금**도 빵빵하게 쏩니다.
또 **서적포**라는 **도서관**을 설치해 책을 실컷 읽게 해 줘요.

7재의 7개 강좌 중 6개는 주역, 상서, 춘추 등 유학을, 나머지 1개는 무예를 가르쳤어요.

옛날에는 지금보다 책이 훨씬 비싸고 귀했거든요.
독서왕 도전!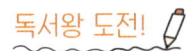

삼국사기

김부식이 인종의 명을 받아 편찬한 삼국 시대 역사서

고려

고려 시대에는 걸출한 역사서도 편찬돼요.
실록이냐고요? 아니요.
물론 고려 시대에도 실록이 있었는데요.
안타깝게도 지금 남아 있는 건 없어요.

《삼국사기》는 본기 28권(고구려 10권, 백제 6권, 신라·통일신라 12권), 지 9권, 표 3권, 열전 10권으로 이루어져 있어요.

그럼 지금 남아 있는 역사서 가운데 가장 오래된 것은?
바로 김부식이 쓴 《삼국사기》.
유학자 김부식은 서경 천도 운동을 진압한
인물이기도 하죠.

《삼국사기》에는 삼국 시대 왕과 신하,
주요 사건, 제도, 지리 등이 자세히 기록되어 있어요.
삼국 시대 역사 기록이 많이 남아 있지 않기 때문에
《삼국사기》는 정말 귀중한 자료예요.

《삼국사기》는 **기전체 형식**으로 쓰였어요.
기전체는 인물을 중심으로
역사를 구성하는 서술 방법이에요.
본기, 세가, 열전, 연표 등으로 구성되죠.
여기서는 왕의 이야기인 본기와
신하들의 이야기인 열전이 특히 중요해요.
기전체라는 말도 본기의 '기' 자와
열전의 '전' 자를 따서 만든 거고요.

140

동명왕편

고려 후기에 이규보가 고구려 동명왕에 대해 쓴 장편 서사시

《삼국사기》가 신라 계승 의식을 담았다면
〈동명왕편〉은 이름에서부터 고구려의 향기가 진~하게 느껴지죠?

고려 무신 집권기에는 이규보가 〈동명왕편〉을 지어요.
여기서 동명왕은 고구려를 세운 주몽입니다.
〈동명왕편〉은 주몽의 일대기를 적은 서사시로 고구려 계승 의식이 반영되었어요.

여기에는 동명왕의 신묘한 탄생에 얽힌 이야기와
동명왕이 고난을 이겨 내고 고구려를 건국하는 과정,
동명왕의 아들 유리왕이 즉위하는 내용 등이 담겨 있어요.
그런 의미에서 〈동명왕편〉은 고려가
고구려의 강인한 기상을 물려받은 나라라는 자부심과
고려의 민족 의식을 강조하기 위해 쓰인 작품이에요.

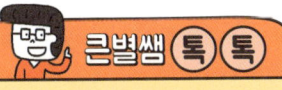

〈동명왕편〉은 무신이 집권하던 1193년에 작성되었어요. 그리고 30여 년이 지난 1231년 몽골이 고려를 침략해, 고려 국토와 민족의 자존심이 짓밟히죠.

삼국유사
고려 후기에 승려 일연이 편찬한 삼국 시대 역사서

봄이 오기 전이 가장 춥고, 동이 트기 전이 가장 어둡다죠?
원 간섭기라는 시련 속에서 또 하나의 걸작 역사서가 탄생합니다.
바로 승려 일연이 저술한 《삼국유사》.

김부식은 설화나 신화 등의 신비한 일들은 믿지 않았죠.
눈에 보이는 것, 믿을 수 있는 사실을 기록했어요.
반면에 일연은 김부식이 놓친 이야기들을
《삼국유사》에 적극적으로 담았습니다.

큰별쌤 톡톡
《삼국유사》에는 단군 신화뿐 아니라 삼국 시조들의 탄생 신화, 널리 알려진 전설과 설화 등 사실이라고 믿기 어려운 환상적인 이야기들이 많이 담겨 있어요.

그래서 단군 이야기가 《삼국유사》에 최초로 기록된 거예요!
단군 이야기는 이승휴의 《제왕운기》에도 나타납니다.

《삼국유사》와 《제왕운기》는
언제 쓰였을까요?
바로 **원 간섭기**.
<u>자주적 역사의식이 필요한 시기죠!</u>
민족의 정체성을 잃으면 정말
원의 일부가 될 수도 있으니까요.

이 시기 고려는 단군과
고조선 역사를 강조함으로써
우리 민족의 자부심을 드높이고자 했어요.

의천

천태종을 창시하여 교종을 중심으로 선종을 통합하고자 한 승려

고려 시대에는 불교가 융성해
불교 사상도 발전했어요.
승려 소개 먼저 할게요.
의천은 승려이면서 왕자였어요.
문종의 넷째 아들이었거든요.

당시 불교의 가장 큰 문제점은
교종과 선종으로 종파가 나뉜 거였죠.
교종은 경전 공부를 통해서
부처의 길에 다다를 수 있다고 믿었고,
선종은 문자에 의지하지 않고 참선을 통해서
깨달음을 얻을 수 있다고 믿었죠.

의천은 천태종을 창시해서 교종을 중심으로
선종을 통합하고자 합니다.
그러면서 내세운 게 바로 **교관겸수**예요.
교관겸수에서 **교**는 **교종이 중시하는 불교 교리**를,
관은 **선종이 강조하는 실천 수행**을 의미합니다.
겸수는 이 두 가지를 겸해서 수양해야 한다는 말입니다.

의천은 중국 송나라에서 유학하여 불교를 공부했어요. 죽은 뒤에는 '큰 깨달음을 얻은 스승'이라는 뜻의 대각국사라는 시호를 받았어요.

왕자님이 합치라 하니 물리적 결합은 되는데,
의천이 죽은 후엔 다시 빠이빠이. 결국 완전한 통합은? 실패한답니다. ㅠㅠ

지눌
선종 중심의 교종 통합을 시도하며 불교 개혁 운동을 펼친 승려

의천과 짝꿍으로 언급되는 승려가 있어요. 바로 지눌!
지눌은 무신 정권기에 활동한 승려죠.

지눌도 의천과 마찬가지로
선종과 교종을 통합하려 했죠.
다만 선종을 중심으로 교종 통합을 시도합니다.
그래서 내세운 주장이
정혜쌍수와 돈오점수예요. Point
정은 선정 즉 선종을,
혜는 지혜 즉 교종을 의미해요.
쌍수는 함께 수행해야 한다는 뜻이죠.
돈오는 문득 깨달음을 얻는다는 뜻이에요.
점수는 점진적 수행을 뜻하고요.
그러니까 깨달음을 얻었다고 해도 그것을 실천하며
수행을 이어 가야 한다는 뜻이죠.

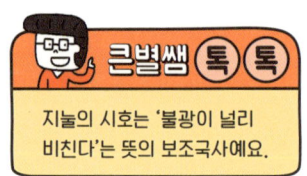

지눌의 시호는 '불광이 널리 비친다'는 뜻의 보조국사예요.

지눌의 선교 통합은 억지로 이어 붙인 물리적 결합이라기보다
교리를 중심으로 잘 혼합한 화학적 결합에 가까워요.
덕분에 결합 성공! 성공

지눌은 또 썩어 빠진 불교계를 정화하자며 사람을 모읍니다.
실제로 수선사(송광사)를 중심으로 불교 개혁 운동을 펼치죠.
아~ 승려가 이런 생각을? 완전 개혁 승려.

풍수지리설

風(바람 풍) 水(물 수) 地(땅 지) 理(이치 리) 說(말씀 설)

자연 지형이나 방위를 인간의 길흉화복과 연결하는 이론

고려 시대에는 불교 외에도 다양한 종교와 사상이 발전했습니다.
여기서도 다양성을 중시하는 고려의 특징을 알 수 있죠.

고려에서는 특히 풍수지리설이 유행해요.
풍수지리는 산이나 강 등의 지형이 인간의 삶에 영향을 미친다고 믿는 사상이에요.

고려를 세운 호족들이 혁명의 깃발을 내건 근거도 풍수지리였어요.
경주의 기운이 쇠하고 개경에 좋은 기운이 서렸다고 했거든요.
묘청이 서경으로 천도하자고 할 때도 풍수지리를 근거로 삼았어요.
서경으로 수도를 옮기고 궁궐을 세우면 천하를 아우를 수 있다고 했죠.
이때 서경으로 수도를 옮겼으면 고려의 역사는 달라졌을까요?

고려에서는 도교 사상도 명맥을 이어 갔어요.
나라의 가장 큰 축제였던 팔관회도 도교와 불교, 민속 신앙이 어우러진 행사였죠.

팔만대장경

부처의 힘으로 몽골을 물리치겠다는 바람을 담아 만든 대장경

 고려 문화의 하이라이트는 인쇄술!
그 중심에 〈팔만대장경〉이 있습니다.
지금 우리는 기록을 좀 귀찮게 여기지만,
우리 조상님들은 기록의 달인이었답니다.

<팔만대장경>은 목판입니다.
나무판에다가 글자 하나하나를 다 새겨 넣었죠.
글자 하나 새기고 절하고,
또 글자 하나 새기고 절하고…….
이 엄청난 과정을 거쳐 팔만여 개의
나무판이 만들어져요.

언제였냐고요? **고려 말 몽골 침략기**에요.
고려 초 거란이 쳐들어왔을 때 〈초조대장경〉을 만들었죠.
'부처님 도와주세요!' 하고요.
그런데 이 〈초조대장경〉이 몽골 침략 때 불타요.
의지의 고려인. 강화도에서 다시 만듭니다.
무려 16년 동안요.

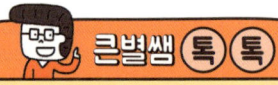

팔만대장경 목판은 유네스코 세계
기록 유산으로, 목판을 보관한 건물인
해인사 장경판전은 유네스코 세계
유산으로 따로 지정돼 있다는 사실!

이토록 정성스럽게 만든 걸 어디다 보관할까요?
당시의 과학 지식을 총동원하여 지은 합천 해인사 장경판전에 모셔 놓습니다.
덕분에 나무판인 팔만대장경이 현재까지도 온전하게 보존되었죠.

직지심체요절

直 指 心 體 要 節
곧을 가리킬 마음 몸 중요할 마디
직 지 심 체 요 절

금속 활자로 만들어진 책 가운데 현존하는 가장 오래된 책

목판은 한 페이지를 통째로 새기기 때문에
다른 책을 만들기 위해선 새로 목판을 새겨야 해요.
정성을 들여 만들어 놓고 한 가지 책밖에 못 만드는 거죠.
책 한 권 찍으려면 엄청난 양의 목판이 있어야 하니
보관도 힘들었죠. 이런 문제를 해결하기 위해
단단한 금속 활자가 나와요.
한 글자 한 글자씩 활자를 만들어 놓고
그걸 조합해서 문장으로 만들면 되니까요.

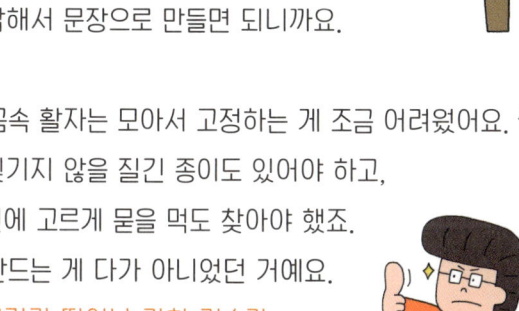

하지만 금속 활자는 모아서 고정하는 게 조금 어려웠어요.
금속에 찢기지 않을 질긴 종이도 있어야 하고,
금속 표면에 고르게 묻을 먹도 찾아야 했죠.
활자를 만드는 게 다가 아니었던 거예요.
그만큼 고려가 뛰어난 과학 기술과
인쇄술을 가지고 있었다는 뜻이죠.

사실 《상정고금예문》이
더 오래된 금속 활자본이라고 하는데,
기록만 있을 뿐 전해지지 않아요.
그래서 현존하는 세계에서
가장 오래된 금속 활자본은 바로 이 《직지심체요절》!
슬프게도 현재는 프랑스 국립 도서관에 보관돼 있지만요. ㅠㅠ

큰별쌤 톡톡
활자는 살다 활(活) 자에 글자 자(字) 자를 써요. '살아 움직이는 글자'라는 뜻이죠.

고려

다각 다층탑
고려 시대에 유행한 탑의 형태

불교 국가인 고려에서 탑을 빼놓을 수 없죠.
고려에서는 다각 다층탑이 유행합니다.
고려 중기의 월정사 8각 9층 석탑과
고려 후기의 경천사지 10층 석탑이 대표적!

혹시 탑 하면 뭐가 생각나나요?
불국사 3층 석탑(석가탑)이 생각나지 않나요?
이 두 탑은 3층 석탑보다 더 화려합니다.

경천사지 10층 석탑은 원나라의 영향을 받았어요.
또 화강암이 아닌 대리석으로 만들어진 것이 특징!

월정사 8각 9층 석탑은 동계 올림픽이 개최된 강원도 평창에 있어요.
석탑을 보러 가다 보면 전나무 숲이 보여요. 정말 멋진 숲이죠.
펑펑 눈 내리는 날 전나무 길 가면 영화 한 편 찍고 올 수 있어요.
영화 같은 풍경에 석탑까지, 영원히 기억에 남는 멋진 추억이 될 거예요!

경천사지 10층 석탑은 본래 개성에 있었지만
여러 사정을 거쳐 지금은 서울의
국립 중앙 박물관에 있어요.
엄청나게 높고 화려한 탑이니
직접 가서 느껴 보세요!

경천사지 10층 석탑은 1909년경 일본 궁내 대신 다나카가 불법적으로 일본으로 가져갔는데 여러 사람의 노력으로 반환되었어요.

관촉사 석조 미륵보살 입상
논산 관촉사에 있는 고려 시대 불상 중 가장 큰 불상

삼국 시대 불상이 배시시 웃고 있다면,
통일 신라 불상은 카리스마 넘치죠.
반면 고려의 불상은 파격과 개성이 특징이에요.
통일 신라의 석굴암 본존불을 보다가
논산 관촉사 석조 미륵보살 입상을 보면
조금 재미있다는 생각도 듭니다.

이 불상은 은진 미륵이라고도 하는데,
은진은 논산의 옛 지명이에요.

충청남도 논산에 가서 관촉사 석조 미륵보살 입상을 직접 보세요.
우선 그 크기에 압도됩니다. 아래에서 위로 올려다보면 느낌이 또 달라요.

고려 전기 석불은 크기가 어마어마~
거대한 바위에 부처님을 새겨 놓고 바위 전체가
불상이라고 하는 경우도 있어요!
대표적인 것이 **파주 용미리 마애 이불 입상**입니다.

고려의 **철불**도 그 크기가 상당합니다.
후삼국 통일 후 왕건이 호족들의 무기를 모아
철불을 만들게 했다는 이야기가 전해지기도 해요.
대표적인 불상이 **하남 하사창동 철조 석가여래 좌상**입니다.

주심포
柱 心 包
기둥 마음 쌀
주 심 포

전통 건축에서 기둥 위에 공포를 하나씩 올리는 방식

고려 시대의 목조 건축물 중
지금까지 남아 있는 게 있어요.
안동 봉정사 극락전, 영주 부석사 무량수전,
예산 수덕사 대웅전.
이 건물들의 공통점? 바로 주심포 양식!

큰별쌤 톡톡
부석사의 무량수전은 기둥의 중심부가 위아래에 비해 더 굵은 배흘림기둥으로도 유명해요.

그럼 주심포가 무엇이냐? 기둥 주柱 자에 가운데 심心!
<u>기둥 위에 포를 하나씩 얹어 놓은 형식</u>이죠.

그렇다면 포는 무엇이냐? 다른 말로 공포라고도 하는데요.
목조 건물의 지붕은 흙을 덮고 그 위에 기와까지 올려서 굉장히 무거워요.
그 무게를 분산시켜 주는 역할을 하는 것이 바로 포입니다.

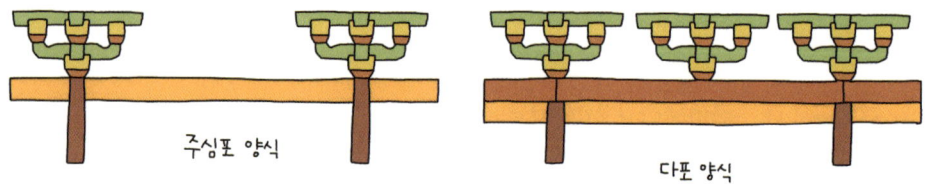

주심포 양식   다포 양식

주심포와 비교되는 것이 고려 후기에 나오는 다포 양식이에요.
많을 다多 자를 쓰니 포가 많다는 뜻! 기둥과 기둥 사이에도 포를 놓거든요.
포가 많으니 당연히 더 많은 무게를 지탱하겠죠? 포 자체를 멋지게 꾸밀 수도 있고요.
그래서 경복궁 근정전처럼 크고 화려한 건물에 **다포 양식**이 많이 쓰여요.

상감 청자

상감 기법을 이용해 무늬를 넣은 청자

고려 하면 고려 청자를 빼놓을 수 없죠.
국립 중앙 박물관에 가면 고려실과 조선실에 들어가 보세요.
특히 고려청자실이 화려합니다.
그 화려함과 세밀함에 반해
그저 멍하니 바라보게 되죠.
꼭 경험해 보시라.

청자 중에서도 상감 기법을 도입한
청자가 있으니 바로 상감 청자.

상감 청자는 주로
12세기 이후에 만들었는데요.
무늬를 새겨 넣고 무늬의 선을 따라
백토를 이겨 넣은 뒤
유약을 발라 완성하는데,
그 오묘한 색채가 정말 아름답습니다.

상감기법은 공예품을 회화의 경지로 끌어 올렸다는 평을 받죠.

이 기법은 **은입사 공예**에도 적용할 수 있어요.
은입사는 은으로 된 실을 박아 넣어
무늬를 완성하는 방법이죠.
반짝반짝 빛나는 조개껍데기를 박아 넣는 **나전 칠기**도 **유행**했고요.
고려는 공예 기술도 최고!

고려청자 하면 상감 청자가 특히 유명하지만 11세기까지는 무늬가 없는 순청자가 유행했어요.

4 조선 전기

= 우리는 한글 보유국이다 =

조선 500년의 역사가 시작됩니다. 여기저기서 스릴 넘치는 사건이 터지고, 피를 흘리는 일까지 빈번한 파란만장한 역사가 펼쳐집니다. 조선 전기를 이끈 주도 세력의 색깔에 따라 사회 모습이 조금씩 달라져요. 훈민정음도 그런 배경에서 탄생했죠. 자, 이제 그들을 만나러 갑시다.

태조 이성계
고려의 신흥 무인 세력으로 조선 왕조의 문을 연 1대 왕

이제 조선입니다. 와! 조선이다~
우리에게 가장 친숙한 나라 조선. 흔히 조선을 근세라고 하는데요.
근세는 근대의 근近 자와 중세의 세世 자를 합쳐서 만든 말이에요.
중세와 근대의 중간 지점이라는 뜻이죠.

때는 바야흐로 1392년.
이성계의 집으로 사람들이 몰려옵니다.
왕이 되시라고요.
그러자 이성계가 문을 걸어 잠그라고 지시해요.
그런다고 물러가나요? 사람들이 문밖에 진을 칩니다.
해 질 무렵이 되자 배극렴이란 자가 문을 밀치고 들어와
무릎을 꿇고 고려의 옥새를 받으라고 합니다.

고려 시대 신흥 무인 세력의 대표 격인 이성계는 1388년에 위화도 회군을 일으켜 권력을 장악했어요.

이성계는 배극렴을 꾸짖습니다.
"배 대감, 이 무슨 짓이오."
배극렴은 어서 왕위에 오르시라 청을 올리고…….
실랑이가 계속되자 결국 이성계는
어쩔 수 없다는 듯 궁으로 갑니다.

그러고는 이렇게 말합니다.
"내가 건강했다면 말을 타고 도망갔을 터인데
병이 나서 도망을 할 수가 없구나.
어쩔 수 없는 운명이다. 나는 부족한 사람이니 부디 나를 잘 보필해 다오."

미리 입을 맞춘 것처럼.
네, 정치는 명분이지요. 명분이 없으면 정치하기 어렵습니다.
아무렴 한 나라를 무너뜨리고 새 나라를 세우는 일인데요.
왕조를 바꾸는 역성혁명이 부담스러웠던 이성계는 이렇게 명분을 쌓습니다.
어디서 많이 본 듯하죠? 역사는 반복되니까요.
요즘 정치인들도 명분 쌓으려고 보여 주기식 퍼포먼스 많이 하죠.

어쨌건 저 날,
그러니까 이성계가 옥새를 받은 날이 1392년 7월 17일입니다.
이날이 조선 건국일이죠.
어! 제헌절도 7월 17일인데……. 우연일까요?

자! 이제 도읍을 정해야 하는데요.
태조 이성계의 스승인 무학 대사가 도읍지를 정하려고 여기저기 다니다가
소 몰고 가는 할아버지 한 분과 딱 마주쳐요!
이 할아버지 말씀이 재밌습니다.

"허허. 이놈의 소가 밭일을 왜 이리 못 하누. 미련하기가 꼭 무학 같구나."
그 말을 들은 무학 대사가 깜짝 놀라 노인에게 묻습니다.
"무학이란 자가 무엇을 잘못했기에 미련하다 하십니까?"
그러자 그 노인이 말하길
"궁궐이 들어서야 할 명당자리를 놔두고 다른 데서 찾고 있으니 미련하지."

그 말을 들은 무학대사는 곧장 무릎을 꿇고
명당이 어디인지 알려 달라고 청합니다.

"여기서 10리를 더 가면 좋은 땅이 있을 것이여."
두 사람이 이 이야기를 나눈 지역이 어디? 지금의 왕십리죠.
왕십리 지명이 이렇게 만들어졌어요.

노인 말대로 10리를 더 가니 정말 명당이 나왔어요.
이렇게 해서 지금의 서울인 한양으로 궁궐 자리가 정해집니다.
이제 여기에 중요한 건물들을 지어야겠네요. 궁궐도 짓고 관청도 짓고.
이성계의 브레인으로 조선의 체제를 설계한 이가 따로 있으니…….

조선 전기

정도전
성리학을 핵심 이념으로 조선 왕조를 설계한 개국 공신

이성계를 왕으로 만든 킹 메이커 정도전. 게다가 팔방미남!
학문과 문장, 예술적 재능까지 두루 갖춘 정도전은
조선 건국 과정에서 전 영역에 걸쳐 눈부신 업적을 남겼어요.

애초에 '조선'이라는 나라 이름도 정도전의 작품이죠.
경복궁 이름 짓기부터 각종 건물 배치까지
한양 건설을 총괄했을 뿐 아니라
《조선경국전》을 써서 조선의 법체계까지 정리합니다.

정도전은 재상이 중심이 되어 정치를 이끌어야 한다고 생각했어요.
왕위는 세습되는 거잖아요?
하지만 왕의 자식이라고 꼭 현명하다는 보장이 없죠.
그래서 왕은 훌륭한 재상을 뽑아
관리들을 통솔하고 백성을 다스리며
임금을 보좌하게 해야 한다!
이름하여 재상 중심 정치를 주장한 거죠.

여러분이 왕이라면 이 주장을
어떻게 받아들였을 것 같나요?
태조는 정도전의 생각을 인정했지만
그의 아들 이방원은 생각이 달랐습니다.

훗날 태종이 되는 이방원은
1차 왕자의 난을 일으켜 정도전을 제거합니다.

사실 정도전의 영원한 라이벌이자 친구였던 정몽주도
이방원의 철퇴를 맞고 목숨을 잃었습니다.
온건파 사대부의 수장으로서 끝까지
고려 왕조를 지키려 했던 정몽주는
고려를 멸망시키고 새 나라를 세우려는
혁명 세력에게 눈엣가시였거든요.

허무하게 죽음을 맞은 친구를 보며
정도전은 무슨 생각을 했을까요?
자신도 그처럼 이방원의 손에 죽게 될 것을
알고 있었을까요? ㅠㅠ

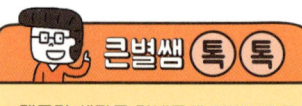

태조가 세자를 막냇동생 이방석으로
정하자 이방원은 이에 불만을 품고
1차 왕자의 난을 일으켰어요.

태종
왕자의 난으로 왕좌에 올라 왕권을 강화한 조선 3대 왕

자, 이제 태종 이방원입니다.
조선 건국 전에 정몽주를 죽이고,
건국 후에는 정도전마저 죽였죠.
조선을 정씨가 아닌 이씨의 나라로 만들기 위해
형제들과 개국 공신까지 제거했죠.
그야말로 왕권 강화를 위해 모든 것을 바친 인물이죠.

이성계의 다섯째 아들인 이방원은
두 차례의 왕자의 난을 통해 왕위에 올랐죠.
1차 왕자의 난은 이방원이 세자로 책봉된 막냇동생 이방석과
조선의 개국 공신 정도전을 죽인 사건입니다.

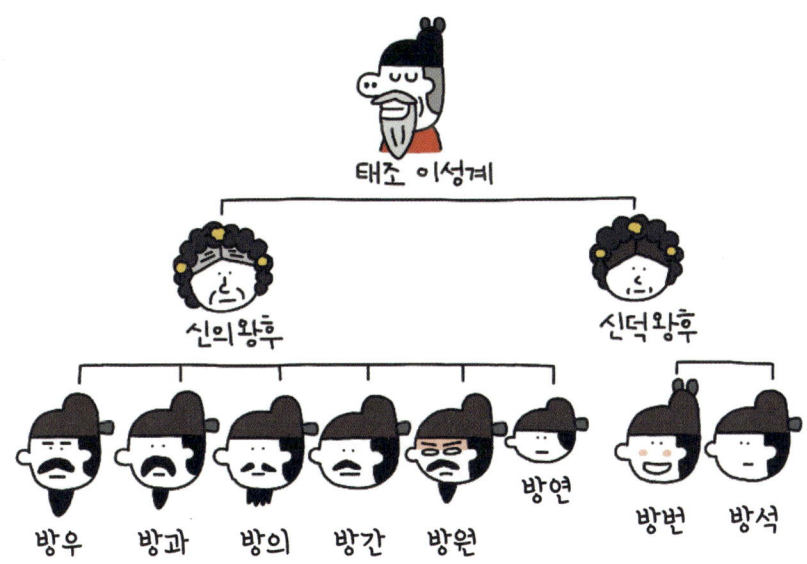

이 일로 이성계의 둘째 아들 이방과가 왕위를 잇고 정종이 되지요.
이방원은 이때 왕위에 오를 수도 있었으나 사양합니다. 정치는 명분이기에.
이방원은 때를 기다린 것입니다.

2차 왕자의 난은 이방원이 왕위를 넘보는 넷째 형 이방간을 제거한 사건이죠.
결국 이방원은 그해 바로 정종에게 왕위를 넘겨받아 태종이 됩니다.

왕위에 오른 태종은 우선 재상 중심의 정치를 지향하는 의정부 서사제를 폐지하고,
왕 중심의 육조 직계제를 시행합니다. 그뿐만이 아닙니다.
사병을 혁파하여 왕 말고는 아무도 군사를 갖지 못하도록 하죠.

이 과정에서 태종 이방원은
손에 피를 가득 묻힙니다.
왕권 강화의 화신 이방원.
고려의 광종을 떠올리게 하죠.

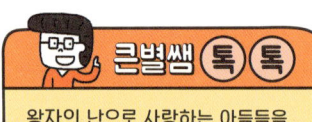

왕자의 난으로 사랑하는 아들들을 잃은 태조는 왕위를 물려주고 고향인 함흥으로 가 버려요.

고려 광종과 조선 태종의 평행 이론

고려 태조 왕건은 호족과 함께 나라를 세웠고, 조선 태조 이성계는 신진 사대부와 함께 나라를 세웠지요. 그래서 두 나라 모두 개국 초기에는 왕권이 약할 수밖에 없었습니다. 나라를 함께 세운 공신들에게 권력을 나눠 주어야 하기 때문이죠.
그런데 힘센 개국 공신의 존재는 왕권을 위협하는 요소가 되기도 합니다. 건국 후에 공신들을 제거하고 왕권 강화에 힘쓰는 왕이 나오는 것도 이런 이유이죠. 고려에서는 이 역할을 광종이 하고, 조선에서는 태종이 합니다. 흥미롭게도 두 사람의 업적을 보면 놀랍도록 비슷해요.

우선 광종과 태종 모두 손에 엄청난 피를 묻힙니다. 광종은 호족을 대대적으로 숙청했고, 태종은 왕자의 난으로 정적들을 제거했습니다. 특히 태종은 조선 개국의 일등 공신이자 조선의 설계자인 정도전을 죽입니다.

이것까지 알면 진짜 역사왕

강한 왕권을 원했던 태종으로서는 재상 중심 정치를 주장하는 정도전을 살려 둘 수 없었겠죠. 두 사람은 모두 왕권 강화를 위한 여러 정책을 폅니다. 광종은 능력에 따른 인재 선발을 표방하며 과거제를 실시하고요. 태종은 육조 직계제를 통해 의정부 재상들의 힘을 빼놓습니다. 광종이 시행한 노비안검법은 호족들의 군사력을 약화하고 나라의 재정을 든든히 했죠. 태종도 같은 목적의 제도를 실시해요. 세금을 잘 걷기 위해 일종의 주민등록 제도인 호패법을 만들고, 토지 조사 사업에 해당하는 양전 사업도 했죠. 물론 사병도 금지했고요. 이 외에도 이들이 추진한 여러 제도와 정책은 이후 나라를 운영하는 기초가 됩니다.

그런데 한 가지 생각해 볼 것이 있습니다. 왕권과 국가 안정이라는 명분 아래 이루어진 피의 숙청은 과연 정당화될 수 있을까요? 결과만 좋다면 그 과정이 어떻든 괜찮은 것일까요? 두 사람의 결단은 분명 필요한 것이었습니다. 그들이 없었다면 고려와 조선이 안정을 찾는 데 더 긴 시간이 걸렸겠죠. 또 광종과 태종이 있었기에 그 뒤를 이어 성종과 세종처럼 위대한 성군들이 나올 수 있었습니다. 하지만 그 결과를 위해 무수한 사람들이 목숨을 잃었어요. 광종과 태종의 결단이 과연 사람의 목숨만큼 무거운 것이라고 할 수 있을까요? 아니면 그들의 결단이 더 큰 피해를 줄인 걸까요? 여러분은 어떤 평가를 내리실 건가요?

세종
유교 정치를 실천하며 민족 문화를 꽃피운 조선 4대 왕

아버지 태종이 정국을 안정시켰기에 세종 시대가 열린 걸까요?
어쨌건 세종은 태종과는 전혀 다른 정책을 추진합니다.
먼저 왕권과 신권(신하의 권한)의 조화를 중시하죠.
육조 직계제를 폐지하고 의정부 서사제를 부활시켜
의정부의 세 정승인 영의정, 좌의정, 우의정에게 힘을 실어 주죠.
그래서 세종의 귀는 무지 커져요. 듣고, 듣고 또 듣고…….

그 밖에도 세종이 한 일은 어마어마해요.
훈민정음을 창제한 것(이건 나중에 다시 다룰게요),
북쪽의 4군 6진을 개척해 오늘날과 같은 국경선을 확정한 것,
토지 세금을 정하는 데 전국 여론 조사를 실시한 것,
조선 농부들의 노하우를 담은 농서 《농사직설》을 만든 것,
헉헉……. 끝이 없네요. 역시 세종은 달라.

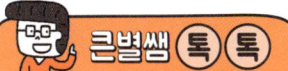

세종은 역법서인 《칠정산》을 만들고, 간의, 앙부일구, 자격루, 측우기 등 기상과 천문 현상을 측정하는 기기를 제작하는 등 과학 분야에도 많은 성과를 남겼어요.

반전의 세종

우리나라 역사상 최고의 성군으로 널리 알려진 위인, 세종. 모두가 아는 이야기 말고 조금 다른 이야기를 해 볼까요? 세종에게는 형이 둘 있었는데, 맏형이 바로 양녕 대군이었죠. 그러니까 양녕 대군이 태종 뒤를 이어 왕위에 오를 세자였지요. 하지만 양녕 대군은 행실이 나빠서 결국 세자 자리에서 쫓겨나고, 세종이 되는 충녕이 세자 자리를 이어받습니다. 그러면 세종은 형인 양녕 대군의 나쁜 행동에 대해 어떤 태도를 보였을까요? 형이니까 모른 척 잘못을 덮어 줬을까요? 아닙니다. 세종은 형의 잘못을 계속 고자질합니다. 공개적으로 형을 망신 주기도 하지요.

대군 시절의 충녕이 고자질쟁이였다면, 국왕 시절의 세종은 파파보이! 태종은 세종이 즉위하고 나서도 상왕으로서 계속 국정을 감독했고, 병권과 인사권을 가지고 있었습니다. 그래서일까요? 신하들이 세종에게 물어보면 세종의 답은 항상 똑같았죠. "상왕께 여쭤 보겠다." 심지어 극심한 흉년이 들어 수라상의 반찬 수를 줄여 모범을 보이는 것이 어떻겠냐는 신하들의 건의에도 세종은 같은 대답을 합니다.

조금 실망했나요? 그럼 이제 세종이 왜 그렇게 행동했을지 변호해 볼게요. 우선 세종은 고자질하려는 의도가 전혀 없었을 수 있습니다. 세자인 형이 잘되어야 나라가 잘될 테니, 동생이자 충신으로서 바른말을 한 거죠. 또 세종은 세자에 책봉되고 얼마 되지 않아 왕위에 올랐습니다. 세자 시절이 너무 짧았으니 왕으로서 정치를 배울 시간이 필요하죠. 태종이 정치 하나는 정말 잘했었으니까요. 그래서 모든 일을 아버지께 물으며 공부를 했던 거라고 볼 수도 있죠. 그렇게 충실히 배운 덕에 성군 세종이 된 것이 아닐까요?

경국대전 經國大典
경서 나라 큰 법
경 국 대 전

나라를 다스리는 기준이 된 조선의 기본 법전

세종의 아들이지만 할아버지 태종과 더 닮았던 세조.
그는 장자가 아니었기 때문에 왕이 될 수 없었습니다.
하지만 조카가 어린 나이에 왕위에 올라
왕권이 약해지는 것을 보고 있을 수만은 없었죠.

직접 왕이 되기 위해 조카를 죽이고,
친형제마저 죽여 기어코 왕위에 오릅니다.
이 일을 '계유년에 평정한 난'이라 하여 계유정난으로 기록합니다.
세조가 난을 일으켰는데 세조가 난을 진압했다?
역시 역사는 승자의 기록. 대체 권력이 뭐길래……

비정상적인 방법으로 왕위에 올랐기 때문에
세조는 왕권을 강화하는 것이 무엇보다 중요했어요.

그래서 육조 직계제를 실시하고, 국방력 강화에 힘쓰고,
나라를 다스리는 기준이 되는 법전 편찬을 시작합니다.
이것이 바로 《경국대전》.
《경국대전》은 성종 때 완성되어 반포되죠.
《경국대전》은 이후 편찬된 법전의 근간이 됩니다.

큰별쌤 톡톡

《경국대전》에는 죄에 따른 형벌과 세금, 과거 제도,
땅과 집을 사고파는 문제와 결혼·장례·제사 등 조선의
정치, 경제, 사회, 문화 규정이 모두 담겨 있어요.

육조 직계제

육조의 판서가 나랏일을 왕에게 직접 보고하도록 한 제도

앞서 계속 언급한 육조 직계제를 살펴봅시다.
육조 직계제는 왕권 강화를 상징하는 제도예요.
육조는 이조(행정 안전부), 호조(기획 재정부),
예조(교육부·외교부), 병조(국방부), 형조(법무부),
공조(국토 교통부)로 이루어집니다.
모두 행정 실무를 담당하는 부서죠.

태종은 육조의 장관인 판서가 정책을 결정할 수 있도록 이들에게 힘을 실어 주기 위해 판서의 품계를 정2품으로 높였어요.

육조 직계제를 시행했던 **태종**과 **세조**는
육조에 자신의 명을 바로 전달합니다.
명령의 결과도 육조에서 직접 보고 받죠.
결국 재상들로 이루어진 의정부가 소외되는 체계죠.

아! 물론 나라의 중요한 일은
의정부 대신들을 거치게 되어 있어요.
완벽한 소외는 아닙니다.
하지만 이 체제 아래에서는
재상들의 입김이 줄고
왕권이 강화될 수밖에 없겠죠.

의정부 서사제

議 政 府 署 事 制
의논할 정사 관청 관청 일 제도
의　　정　부　　서　사　제

육조의 업무를 의정부를 거쳐 왕에게 보고하게 한 제도

의정부 서사제는 육조 직계제와 반대예요.
왕권과 신하의 권한인 신권의 조화를 추구하죠.
세종은 이 제도를 활용합니다.
그만큼 왕권에 자신이 있었던 거죠.

여기서는 대부분의 일에
의정부 삼정승의 서명이 필요했어요.

고려 시대는 어사대가 서경, 간쟁, 봉박의
권한을 가진다고 했죠.
이때 서경의 서署 자가 서명을 의미합니다.
의정부 서사제의 서 자도 같은 뜻!
의정부 삼정승의 서명이 필요하다는 의미죠!

이처럼 의정부 서사제는
왕권과 신권이 조화를 이루고,
유교 정치를 펼 수 있는 제도였지요.

의정부는 영의정, 좌의정, 우의정으로 구성되며 조선 시대 최고 행정 기관이었어요.

의금부

義 울을 의 / 禁 금지할 금 / 府 관청 부

조선 시대 국왕 직속 사법 기관

지금부터 조선의 중앙 행정 조직에 대해 살펴봅시다.
왕권을 강화하는 조직에는 중범죄를 다루는 **의금부**와
대통령 비서실 격인 **승정원**이 있고요.
왕권을 견제하는 기구로 **사간원**, **사헌부**, **홍문관**으로 구성된 **삼사**가 있어요.

의금부는 국왕 직속 사법 기관입니다.
주로 반역이나 왕실 관련 사건 등 중대한 범죄를 다뤘죠.
드라마에서 역모가 일어나면 왕이
"당장 그자들을 잡아들여라" 하고 명령하잖아요.
이때 움직이는 사람들이 의금부 관원들입니다.
의금부에 끌려온 죄인은 왕의 명령에 따라
심문을 받습니다.
왕이 직접 심문하는 경우도 있었죠.

> **큰별쌤 톡톡**
> 의금부에서는 반역죄뿐 아니라 유교의 삼강과 오륜의 도덕을 심하게 해친 강상죄, 왕족의 범죄, 사헌부가 고발한 사건 등 중대한 범죄를 다루었어요.

조선 전기

삼사
조선 시대에 언론을 담당하던 세 기관

사실 조선은 신하들의 나라라고 해도 과언이 아니랍니다.
왕이 맘대로 나랏일을 결정할 수 없었죠.
신하들이 왕권을 견제할 수 있는 여러 시스템이 있었어요.
그중 하나가 바로 사헌부, 사간원, 홍문관의 삼사!

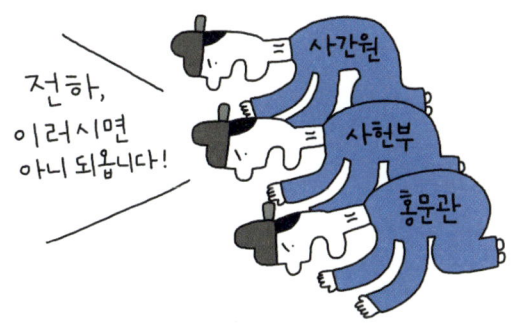

사헌부는 관리들의 비리를 감찰하는 곳이고,
사간원은 왕의 잘못에 대해 "전하, 이러시면 아니 되옵니다.
제 목을 먼저 치시옵소서." 이러는 곳이고,
홍문관은 왕과 경연을, 왕세자와 서연을 열어, 나랏일과 학문을 논하는 곳이었어요.

삼사에서 들고일어나면
아무리 왕이라도 귀를 기울여야 했어요.
왕이 들어줄 때까지 간청을 하기도 했고요.
물론 삼사의 간언은 신하들을 향하기도 했어요.
왕도 신하도 같이 견제!
견제와 균형! 이것이 조선 정치의 핵심이랍니다.

삼사 중 사헌부와 사간원 관원에게는 5품 이하의 관리 임명을 승인하는 권한이 있었어요.

8도

조선 시대 지방 행정 구역

고려가 5도 양계였다면 조선은 8도 체제였어요.
여기서 질문! 경상도의 어원은?
경주와 상주의 앞 글자를 딴 거죠.
그럼 충청도는? 충주와 청주의 앞 글자!
대부분 도 이름을 도에서 가장 중요한 지역의
앞 글자를 따서 만든 거죠.

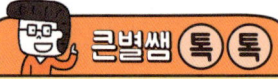

8도 가운데 경기도는 주요 도시의 앞 글자를 조합하지 않고 '서울에 가까운 주변 지방'이라는 뜻을 담아 이름을 붙였어요.

조선 8도 체제의 특징은 고려와 달리
지방관이 전국에 파견되었다는 거예요.
8도에는 관찰사를 파견하고,
그 아래 부·목·군·현에는
수령(사또)을 보냈죠.

왕의 대리인이 왔으니
고려 때 지방의 실질 지배 세력이었던
향리는 권력을 뺏기겠네요. 맞아요!
향리는 그냥 수령 비서예요. 힘이 거의 없죠.
고려 향리는 나라에서 땅도 받았는데
조선 향리는 무보수! 그러니 어떻겠어요?
돈은 못 받는데 일은 해야 하고…….
어? 그런데 작긴 하지만 권력이 있네요?
아주 약간이요. 그러니 그걸 이용해
백성들 재물을 빼앗고 괴롭히기도 했죠.

유향소 留鄕所
머무를 유 / 시골 향 / 관청 소

수령을 보좌하고 향리를 감찰하는 양반 자치 기구

왕이 지방 곳곳에 수령을 파견했으니
이제 지방은 왕을 모시는 수령의 세상? 착각은 금물! !

중앙도 견제와 균형의 원리가 작동되듯, 지방도 같아요.
지방에는 조선 건국에 동참하지 않고
고향으로 돌아온 온건파 사대부들이 있었어요.
이들이 똬리를 틀고 그들만의 세력을 만들고 있었죠.
이들의 입김을 담아 내는 곳이 바로 유향소랍니다.
향촌에 있다 해서 머무를 유留 시골 향鄕 유향소!

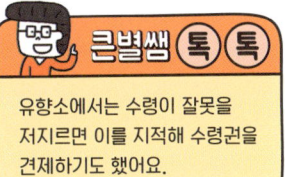
큰별쌤 톡 톡
유향소에서는 수령이 잘못을 저지르면 이를 지적해 수령권을 견제하기도 했어요.

이곳 유향소에서 <u>마을 기강을 바로잡고, 수령의 통치를 도왔죠.</u>
왕이 파견한 지방관은 유향소의 움직임을 중앙에 보고했고요.

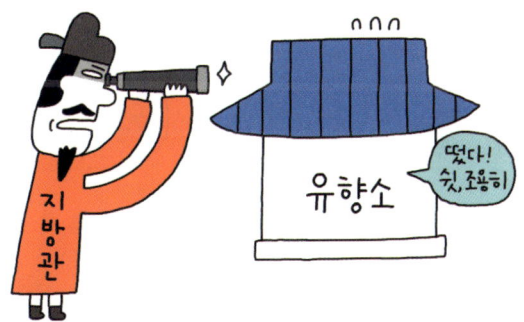

서로 감시하고 또 감시해요. 아~ 이것도 부족해!
아예 서울에 유향소 전담 기구인 경재소를 설치합니다.
서울에 있다 해서 서울 경京 있을 재在, 경재소.
<u>경재소는 서울에서 유향소를 원격으로 감시하는 역할을 했죠.</u>

조선 전기

과거 (科擧)

문과·무과·잡과로 이루어진 조선의 관리 등용 제도

조선은 과거의 나라죠.
조선이 고려보다 발전한 시대라고 할 수 있는 이유는
신분보다 실력이 더 중시되었기 때문입니다.
물론 조선에도 음서가 있었지만
음서 출신은 높은 자리까지 올라갈 수 없었거든요.

조선 시대 과거는 문관을 뽑는 문과,
무관을 뽑는 무과, 기술관을 뽑는 잡과로 나뉩니다.
문관과 무관을 합쳐 양반이라고 했죠.

큰별쌤 톡톡

잡과는 외교, 의학, 법, 천문, 지리 등을 담당하는 기술 관원을 선발하는 시험으로, 문과나 무과에 비해 낮은 대우를 받았어요.

조선은 유교의 나라였기 때문에
불교 승려를 대상으로 한 승과는
거의 치러지지 않았어요.

과거는 원칙적으로 3년에 한 번 치렀어요.
과거의 꽃은 당연히 문과겠죠.
최종 합격자는 단 33명뿐!
그중 전국 수석이 바로 **장원 급제**!

교과서 위주로 공부했어요.

성균관 成均館

이룰 성 / 고를 균 / 객사 관

유학 교육을 맡은 조선 시대 최고 교육 기관

과거는 소과와 대과로 나뉩니다.
소과는 지금의 수능이라고 보시면 돼요.
소과에 합격한 사람을 진사, 생원이라 하죠.
이들 중 일부가 성균관에 들어가게 됩니다.

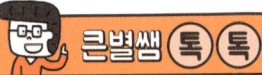

성균관은 조선만의 교육 기관은 아니에요. 본래 고려 최고 교육 기관이었던 국자감이 고려 충선왕 때 성균관으로 이름을 바꾸거든요. 성균관의 역사가 고려 때부터 시작되었다는 것!

이 성균관 학생들이 열심히 공부해서
대과를 봐요. 지금의 행정 고시 같은 거예요.
여기서 최종 합격자가 가려지고요.
물론 성균관에 다니지 않아도 소과 합격증만 있으면 대과를 볼 수 있어요.
대학교 다니지 않아도 행정 고시를 볼 수 있는 것처럼요.
그래도 대과 합격자 중 다수가 성균관 출신이기는 했어요.

성균관 학생들은 혜택도 많았어요.
먹여 주고 재워 줬을 뿐 아니라 학비에 학용품까지 공짜였어요.
또 조정에서 잘못된 결정을 하면 성균관 학생들이
휴학하거나 시위를 해서 이를 바로잡기도 했죠.

조선 전기

173

훈구 勳舊
세조의 집권을 도와 권력을 장악한 공신 세력

조선의 통치 제도를 공부했으니 다시 정치사로 돌아가 볼까요?
조선을 건국한 세력이 급진파 사대부라고 했죠?
이들이 중앙 정계에서 권력을 잡고 조선이라는 나라의 체제를 만들었죠.
이후 세조가 계유정난을 일으켜 권력을 장악하는데,
이때 공을 세운 사람들이 공신이 되어 권력을 독차지하게 됩니다.
대표적으로 한명회가 있죠.

급진파 사대부는 고려의 개혁 세력이었습니다.
썩은 고려를 바꿔야 한다고 생각했어요. 그래서 조선을 건국했죠.
그러나 권력의 단꿈에 너무 오래 젖어 있었던 것일까요?
그들도 개혁의 대상으로 삼았던 권문세족과 다를 바 없이 변해 버렸습니다.
더 많은 것을 가지고 싶어 하고, 더 많은 것을 원했죠.
개혁 세력으로 시작했으나 대지주가 되면서 변화에 둔감해집니다.
이제, 이들은 어떻게 될까요?

훈구라는 말은 본래 훈구 공신(勳舊功臣), 훈구 대신(勳舊大臣) 등 오랫동안 공을 많이 세웠다는 긍정적인 뜻을 지닌 일반 용어였어요.

사림 士(선비 사) 林(집단 림)
조선 중기에 성리학을 기반으로 정치를 주도한 세력

어찌 되긴. 퇴출이지.
초심을 잃은 세력은 역사에서 늘 퇴출! OUT
인생도 그렇답니다. 꼭 명심하세요.

훈구의 비리를 공격하며 성장한 세력이 바로 사림입니다. 이들이 누구냐?
조선 건국에 동참하지 않았던 온건파 사대부들의 후예죠.

이들은 향촌 유향소에서 입김을 키우다가
과거를 통해 서서히 중앙 정계로 올라옵니다.
특히 언론 기능을 담당하는 **삼사**를 장악해 들어가죠.
여기서 훈구의 비리를 하나씩 밝혀 가며 점점 훈구를 압박합니다.

정권 실세였던 훈구파의 위기!
이들은 과연 이 위기를 어떻게 방어했을까요?

사림이 조선 정계에 진출하기 시작한 건 15세기 말, 성종 때부터예요.

조선 전기

175

사화 士禍
선비 사 / 재앙 화

조선 시대에 사림이 반대파에게 몰려 화를 입은 사건

훈구라고 앉아서 당할 수는 없겠죠.
사림과의 전면전을 벌입니다.
사화士禍, 사림이 화를 입다!
사화는 크게 네 차례 있었어요.
순서를 기억하세요. **무갑기을**.

무오사화는 사림의 대표 김종직이 쓴
〈조의제문〉이라는 글 때문에 발생하죠.
〈조의제문〉은 신하인 항우에게 죽임을 당한
초나라 왕 의제를 추모하는 글이에요.
훈구는 사림이 항우를 세조에,
의제를 단종에 빗댄 것이라며
세조를 공격했다는 이유로 김종직과 관련된
사람에게 사약을 내려요!
이때 수많은 사림이 목숨을 잃습니다. ㅠㅠ

갑자사화는 연산군이
"우리 엄마(폐비 윤씨) 죽인 놈들 다 나와" 하며
휘두른 칼날에 사림이 푹푹 쓰러진 사건입니다.

사실 폐비 윤씨 사건을 주도한 것은 훈구였는데,
여기에 연관된 사림들도 많은 피해를 입었죠.

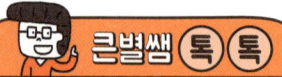

연산군의 어머니 폐비 윤씨는 성종의 두 번째 왕비로 책봉됐지만 투기가 심하고 저주를 일삼았다는 죄목으로 폐위된 뒤 사약을 받고 죽었어요.

무오사화와 갑자사화로 사림은 물론 훈구까지 내친 연산군은
이제 더 무서울 것이 없습니다.
백성들의 논밭을 사냥터로 만들고, 날마다 화려한 연회를 즐기죠.
보다 못한 내시 김처선이 죽음을 각오하고 직언합니다.
그러자 연산군은?
김처선의 가슴에 화살을 쏩니다.

브레이크 없는 절대 권력은 오래가지 못합니다.
결국 신하들이 연산군을 몰아내고 중종을 왕위에 올리죠.
이게 중종반정이에요. Point

어? 반정? 이때도 공신이 생기겠네요.
맞습니다. 또 하필 반정을 주도한 세력이 훈구였어요.
역시 반정도 해 본 사람이 잘하는 건가?
아무튼 중종반정 이후로 훈구가 또 권력을 마음대로 휘둘러요.

이에 중종은 결단을 내립니다.
사림파 조광조를 구원 투수로 올리죠.

조광조
중종 때 왕도 정치를 주장하며 개혁을 추진한 인물

조광조는 정계에 들어서자마자
훈구파를 거세게 몰아붙이는 개혁을 단행합니다.
우선 중종반정 때 공을 세우지도 않았는데
훈장을 탄 사람들의 자격을 뺏으라며 '**위훈 삭제**'를 주장합니다.
반정을 주도한 세력이 훈구이니 결국 훈구가 그 대상이 되겠군요.
그리고 도교 행사를 주관하는 **소격서를 폐지**하고,
지방 사림이 중앙에 더 많이 올라올 수 있도록 **현량과를 실시**합니다.

흠……. 가만 있을 훈구가 아니죠? 그즈음 궁궐에서 기묘한 일이 일어납니다.
궁궐 나뭇잎에 주초위왕走肖爲王이란 글자가 새겨져요.
주 자와 초 자를 합치니 조趙 자가 되네요. 해석하면 '조씨가 왕이 된다!'
헉! 설마 그 조 씨가 조광조? 이건 훈구의 음모?

큰별쌤 톡톡

34세에 대과에 합격한 조광조는 중종의 신임을 받아 37세에 사헌부에서 가장 높은 대사헌 자리에 올라요. 승승장구하던 조광조가 죽은 건 그로부터 고작 4년 후. 파란만장하지요.

네, 훈구는 조광조가 왕이 되려는 역모를 꾸민다고 주장하여
조광조를 비롯한 사림파를 몰아내는 데 성공합니다.
이것이 바로 **기묘사화**.

서원
선현의 제사와 교육을 담당한 사립 학교

무오사화와 갑자사화는 연산군 때, **기묘사화는 중종 때**,
마지막 **을사사화는 명종 때** 일어납니다.
을사사화는 명종의 외척인 소윤이 인종의 외척인 대윤을 제거하며 벌어지는데요.
갑자사화 때처럼 훈구끼리의 싸움인데 이번에도 사림이 휩쓸립니다.
이렇게 네 번의 사화를 겪으면서 사림은 엄청 피해를 보죠.

하지만 사림은 불사조처럼 다시 살아납니다.
결국 16세기의 주인공이 되지요. 왜일까요?
향촌에서 서원을 통해 끊임없이 인재를 키워 냈거든요.
서원에서 공부한 학생들은 과거를 보고 중앙 정계로 진출해요.
이들이 훈구의 공격을 받아도 다른 이들이 또 도전하죠.
결국 사림이 정치의 주역으로 성장하게 됩니다.

향촌에서 교육과 제사까지 담당했던
인재 양성의 산실, 서원.
사림의 집권은 서원이 있었기에
가능했답니다.

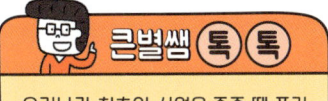

우리나라 최초의 서원은 중종 때 풍기
군수 주세붕이 안향에게 제사하기
위해 만든 백운동 서원이에요.

이것까지 알면 **진짜 역사왕**

흥청이 망청이라, 연산군

조선 왕들 가운데 '조'나 '종'으로 끝나는 묘호를 받지 못한 사람이 두 명 있죠. 반정으로 왕위에서 쫓겨난 연산군과 광해군입니다. 광해군에 대해서는 다른 평가가 많이 있는 반면, 연산군은 여전히 희대의 폭군으로 평가 받고 있습니다. 《조선왕조실록》〈연산군일기〉에는 연산군이 사치와 향락으로 나라의 재산을 탕진하고 패륜적인 행동을 한 내용이 낱낱이 드러나 있습니다. 물론〈연산군일기〉가 연산군을 끌어내린 중종 대에 작성되었으니 연산군에게 불리한 내용을 많이 쓰기는 했을 겁니다. 그래야 중종반정의 정당성이 확보되니까요. 하지만 실록이 원칙상 없는 사실을 지어내지는 않기 때문에 사실이 아닌 것은 없다고 봐야 합니다.

연산군은 늘 여자들을 밝혔습니다. 그 사실을 잘 보여 주는 말이 바로 흥청망청! 돈이나 물건을 마구 쓸 때 흥청망청이라는 말을 쓰죠. 흥에 겨워서 신나게 놀 때도 쓰고요. 흥청은 사실 연산군이 뽑은 특별 기녀들입니다. 이 흥청 때문에 나라가 망했다는 뜻에서 흥청망청이라는 말이 생긴 거지요.
연산군은 운평 1,000명, 흥청 300명을 뽑으라고 지시하며 궁궐에서 운영하는 기녀 제도를 확대 개편해요. 흥청은 운평보다 급이 높은 기녀로, 운평 중에서 뽑힌 몇몇이 흥청이 되어 궁궐에 들어가는 겁니다. 기녀만 1,300명!
운평과 흥청을 선발하는 데는 기준이 있었습니다.
첫째, 예뻐야 한다.
둘째, 음악을 잘해야 한다.
셋째, 활발해야 한다.

이것까지 알면 진짜 역사왕

연산군은 이 조건에 맞는 기생을 뽑기 위해 조선 팔도에 채홍사라는 관리를 파견합니다. 처음에는 각 고을의 관비와 기생을 대상으로 했으나 나중에는 개인 몸종이나 양갓집 부녀자들까지 강제로 잡아갔다고 해요.

이때 왕의 기녀인 흥청이 쓰는 돈을 흥청을 보낸 고을에서 내게 했어요. 당시 흥청은 월급도 받고 몸종도 거느리며 말 그대로 흥청망청 호화로운 생활을 했어요. 그러니 흥청이 나온 고을은 죽어나는 거죠. 장녹수가 대표적인 흥청이에요. 장녹수는 결혼도 여러 번 하고 자식도 두었지만 연산군이 기녀를 뽑는다는 이야기를 듣고, 춤과 노래를 배워 흥청이 됩니다.

결국 연산군은 중종반정으로 폐위되어 유배지에서 쓸쓸한 죽음을 맞습니다. 그는 역사에 폭군으로 기록됐을 뿐 아니라 흥청망청이라는 부끄러운 말까지 남겼네요.

향약
향촌의 자치 규약

사림이 서원을 통해 계속 인재를 배출하며
결국 중앙 정치를 장악하게 되었다고 했죠?
서원과 더불어 사림의 세력 기반이 된 것이 있습니다.
바로 향약인데요.
향촌 사람들이 지켜야 할 규칙을 정해 놓은 것이죠.

향약은 유교의 예절과 풍속을 백성들에게 뿌리내리게 하고, 마을 사람들이 서로 돕고 살도록 하려는 목적으로 만들어졌으나 점차 농민 통제의 수단으로 변질되었어요.

사림은 향약을 만들고 향촌의 농민들이
향약을 잘 지키는지 감독했습니다.
향약이 지켜지지 않으면 사람들을 벌주거나
마을에서 쫓아내기도 했어요.

이를 통해서 농민들을 다스리고 향촌 사회를 통제한 것이죠.
서원을 통해서 인재 배출. 향약으로 농민 장악!
세상은 이제 사림의 것이 됩니다.

붕당 朋 黨
벗 무리
붕 당
정치·학문적 입장이 같은 사람들이 모여 구성한 집단

훈구와 피비린내 나는 권력 투쟁을 거쳐
16세기 선조 때 드디어 사림이 정권을 장악합니다.
사림은 수가 많다고 했죠. 그런데 관직 수는 정해져 있죠.
그러니 관직을 놓고 치열하게 방석 뺏기 시합을 할 수밖에요.
그중 특히 인기 있었던 게 이조전랑 자리입니다. 인사권을 쥔 관직이죠.

쫓아낸 훈구의 처리 방법을 놓고 의견이 분분합니다.
확실히 제거해서 뿌리를 뽑아야 한다는 강경파와
한때 함께했던 사람들인데 너무하지 않냐는 온건파!
결국 사림은 강경파 동인과 온건파 서인으로 나뉩니다.
붕당 정치의 서막이 오른 것이죠.

동인은 주로 이황과 조식의 학문을 따르는 사림들이었고, 서인은 이이와 성혼의 학문을 따르는 사림들이 중심을 이뤘어요.

동인과 서인이라는 이름의 유래는 생각보다 단순합니다.
동인의 대표인 김효원이 동쪽에 살고 있어서 동인,
서인의 대표인 심의겸이 서쪽에 살고 있어서 서인이에요.
처음에는 동인이 먼저 권력을 장악합니다.
대의명분에 맞게 잘못된 정치를 개혁해야 한다고 주장했으니까요.

그러다가 서인에서 동인으로 넘어온 정여립이 역모를 준비한다는
상소가 올라오면서 서인이 권력을 쥐게 됩니다.

정여립 모반 사건을 처리하면서 힘을 얻은 서인의 대표 인물이 정철입니다.
그런데 정철이 선조에게 광해군을 세자로 책봉하라고 건의를 해요.
서자인 광해군보다는 적자인 영창 대군을 마음에 두고 있던 선조는 노발대발!
권력은 다시 동인에게로!

권력을 잡은 동인들은 서인을 어떻게 대할까를 두고 또 싸워요.
철저하게 배척하자는 북인과 사정 좀 봐주자는 남인으로 나뉘죠.
결과는? 철저한 배척을 주장한 북인의 승리!
북인은 광해군이 즉위하면서 권력의 중심에 서게 됩니다.
하지만 서인이 주도한 인조반정으로 광해군이 쫓겨나면서
조선 후기는 다시 서인과 남인의 시대로!
헉헉. 정말 복잡하네요.

이것까지 알면 **진짜 역사왕**

공존과 견제의 정치 체제, 붕당

혹시 조선이 당파 싸움 때문에 망했다는 이야기 들어 보셨나요? 일제 식민사관의 영향으로 만들어진 말이죠. 일제가 우리 주권을 빼앗은 것을 정당화하려면 뭔가 그럴듯한 논리가 필요했거든요. 그래서 조선은 일제가 아니어도 망할 수밖에 없었다는 이야기를 합니다. 그 근거로 조선의 붕당 정치가 이용된 거죠. 한국인은 원체 싸우기를 좋아하는 민족이라 결국 정치 다툼 때문에 망할 수밖에 없다는 게 그들의 논리였죠.

하지만 내내 당파 싸움만 일삼은 나라가 500년을 간다? 그건 불가능합니다. 동서고금을 통틀어 500년 이상 지속된 나라는 몇 안 됩니다. 특히 건국 후 200년이 지나고 큰 전란을 두 차례나 겪었음에도 300년을 더 버틸 수 있었던 건 조선이라는 나라를 유지하게 하는 뭔가가 분명 있었다는 겁니다.

붕당의 붕(朋)은 벗, 친구를 뜻하고, 당(黨)은 정당을 말하죠. 결국 붕당은 마음이 맞는 사람끼리 만든 정당이라는 뜻이지요. 붕당 정치에서는 싸움도 상소문을 통해 공개적으로 이루어졌습니다. 또 한 세력이 권력을 독차지하지 못하도록 소수파도 목소리를 낼 수 있는 환경이 갖춰졌죠. 공존이 바탕이 되는 정치 체제였던 겁니다. 각 붕당은 정치와 학문 면에서 서로 다름을 인정하며 비판과 견제를 통해 더 나은 정치를 펼치고자 했습니다.
붕당 정치가 왜곡으로 치달은 것은 조선 후기 숙종 대에 환국과 정쟁으로 한 당이 힘을 독점하면서부터입니다. 일제의 식민사학자들이 말한 붕당의 폐해는 이 시기의 단편적인 모습일 뿐입니다.

과전법 科田法
등급 밭 법 과 전 법
전·현직 관료에게 경기도 지역의 과전을 준 제도

이제 경제에 대해 알아볼까요?
관리들 월급으로 땅을 주는 건 땅의 소유권을 준 게 아니라
그 땅에서 나오는 세금을 거둘 권리인 수조권을 주는 거라고 했죠?

조선도 마찬가지입니다.
위화도 회군으로 권력을 장악한 태조 이성계는
급진파 사대부와 손을 잡고 토지 개혁을 실시합니다.

과전법은 권문세족의 토지를 거둬들여
관리들에게 과(직급)에 따라 전(토지)을 나눠준 제도입니다.
신진 사대부의 경제 기반을 마련하기 위해 실시했죠.

고려 말에 시행된 이 제도는 조선 세조가 직전법을 시행할 때까지 유지됩니다.
과전법은 현직 관리뿐 아니라 전직 관리에게도 수조권을 나누어 주었습니다.
오직 경기도 땅에 한정해서요.
이 제도, 시간이 지나면서 문제가 생기는데요.
과연 무슨 문제일까요?

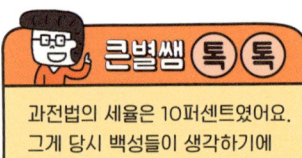

과전법의 세율은 10퍼센트였어요. 그게 당시 백성들이 생각하기에 괜찮은 수준이었거든요. 태조 왕건이 고려를 세울 때도 조세를 10분의 1로 고정했었죠.

직전법

등급에 따라 현직 관리에게만 수조권을 부여한 토지 제도

질문의 답은 찾았나요?
경기도 땅만 주는데, 전직과 현직 모두에게 지급하니…….
네, 시간이 지날수록 수조권 토지가 부족해지겠죠.

과전은 나라를 위해 일하는 대가로 준 것이므로 세습이 안 됩니다.
전직이든 현직이든 관리가 죽으면 국가에 반납해야 했지요.
그런데 관리였던 남편이 죽고 홀로 남은 아내에게 준 수신전과,
고아가 된 관리의 자녀에게 준 휼양전은 세습이 가능했어요.
그러니 새로운 관리들에게 줄 땅이 부족해질 수밖에 없죠.

그래서 세조, 결단을 내립니다! "현직만 받아! 수신전과 휼양전 없애!"
마치 공무원 연금 개혁과 같은 것이죠.
지금 일하는 관리에게만
수조지를 주겠다는 것이 직전법의 핵심!

 직전법에 대한 양반들의 반대가 만만치 않았을 텐데, 이게 시행된 걸 보면 세조 때 왕권이 상당히 강화되었음을 알 수 있어요!

관수 관급제

官 관청 관
收 거둘 수
官 관청 관
給 줄 급
制 제도 제

지방 관청에서 직접 조세를 거두어 관리에게 지급하는 방식

현직 관리에게만 수조권을 주는 직전법을 시행하니
관리들이 현직에 있을 때 승부를 보려 하네요.
퇴직 후에 먹고살 길이 막혔으니
모두들 제 살길 찾아 아등바등!
농민에 대한 수탈이 점점 심해집니다.

이에 성종은 관리들이 과도하게 세금을 걷는 것을 막기 위해
<u>지방 관청에서 직접 농민에게 세금을 거두고</u>
<u>이를 관리에게 지급</u>하는 관수 관급제를 시행하도록 합니다.
이 단계에서는 아직 수조권과 수조지의 개념이 남아 있었어요.

그러나 이도 잠시, 결국 직전법이 폐지되면서
16세기 즈음 수조권 제도는 완전히 없어집니다.
대신 관리들에게는 녹봉이라는 급여가 지급되었죠.

관수 관급제는 을묘왜변과 임꺽정의 난 등으로 정치가 혼란했던 명종 때부터 제대로 운영되지 못하고 유명무실해졌다가 임진왜란 이후 완전히 폐지되었어요.

공법 貢法
바칠 공 / 법 법

조선 세종 대에 만든 토지에 대한 세금 제도

농사를 짓다 보면 어느 해는 풍년이 들어 수확량이 많고,
어느 해는 흉년으로 농사가 잘 안되기도 합니다.
또 기름진 땅에서는 농작물을 많이 거둘 수 있지만
척박한 땅에서는 그러지 못하겠죠.

그런데 같은 기준으로 세금을 걷으면 어떻게 될까요?
맞아요. 농민들 사이에 불만이 쌓일 겁니다.

그래서 위대하신 세종이 공법을 마련합니다.
<u>핵심은 전분6등법과 연분9등법!</u>
전田(땅)을 비옥도에 따라 6등급으로 나눈 것이 **전분6등법**이고,
연年(해)을 풍년인지 흉년인지에 따라 9등급으로 나눈 것이 **연분9등법**이죠.
이에 따라 수확량이 많은 풍년에는 **1결당 최대 20두**를,
수확량이 적은 흉년에는 **1결당 최소 4두**를 내야 했습니다.

> **큰별쌤 톡톡**
> 세종은 공법을 만들면서 무려 5개월 동안, 전 백성을 대상으로 여론 조사를 실시하고 그 결과를 제도에 반영했다고 해요. 정말 대단하죠!

조금 복잡하죠?
네, 그래서 시간이 흐르면 모두 1결당 4두만 내는 방식으로
서서히 바뀌게 됩니다.

조선 전기

방납 防納
막을 방 / 바칠 납

농민에게 대가를 받고 공물을 대신 납부해 주는 일

공법은 조세와 관련된 세법이라면
공물은 각 지역의 특산물을 바치는 것이죠.

 16세기가 되면 이 공납 제도가 썩을 대로 썩어요. 으~ 냄새~
왜? 관리와 상인들이 손잡고 온갖 비리를 저질렀거든요.
예를 들어 백성들이 특산물을 구해 바쳐도
수령이 온갖 핑계를 대며 받아 주지 않는 거예요.
<mark>오직 수령에게 뇌물을 준 방납업자 물건만 받는 거죠.</mark>

그런데 이 물건은 비싸요. 백성들은 울며 겨자 먹기로
방납업자의 물건을 사서 바칠 수밖에요. 이게 바로 **방납**!
생선 한 마리의 방납 가격을 쌀 10두로 정했다는 이야기도 있어요.
생선 한 마리가 20킬로그램짜리 쌀 한 포대와 맞먹는 가격이었다는 거죠.

조선 전기

큰별쌤 톡톡
방납은 본래 농민이 그 지방에서 생산되지 않는 물품을 공납으로 배정받은 경우, 상인이나 아전이 이를 대신 마련하여 납부하는 일이에요.

대립
대가를 받고 다른 사람의 군역을 대신하는 일

자, 이제 역에는 어떤 문제가 생겨났는지 알아보죠.
역에는 군대 가는 군역과 노동력 제공하는 요역이 있어요.
이 가운데 군역에서 문제가 생깁니다.
조선이 1392년에 건국되어 1592년 임진왜란이 일어날 때까지
200년간 큰 전쟁이 없었어요.
그러다 보니 군대에 가도 훈련을 받을 필요가 없고,
하는 일이 죄다 요역이 됩니다. 이 현상을 '군역의 요역화'라고 해요.

백성들 입장에서는 요역에도 동원되고 군대 가서도 또 요역을 하는 셈이에요.
그러니 무슨 수를 써서라도 군대에서 빠지려고 해요.
그래서 돈을 주고 빠집니다. 이걸 '방군수포제'라고 해요.
다른 사람한테 돈 주고 대신 가도록 하는 방법도 있어요. 그게 바로 대립!
대립 비용이 점점 올라 자기가 직접 군역을 지려고 해도
관리들이 이를 막고 대립 비용을 받기도 해요.
결국 백성들만 이리 치이고 저리 치이고…….
아무튼 다들 군대 안 가면 어떻게 돼요? 자연히 군사력이 약해지겠죠.
이게 임진왜란 초기에 조선이 크게 밀리는 원인 중 하나가 됩니다.

조선 후기에 상평통보 사용이 활발해지기 전까지는 돈 대신 옷감이나 쌀을 사용했어요. 이때도 군역을 면제받는 대가로 옷감(군포)을 바쳤죠.

양천제
모든 백성을 양인과 천인으로 구분하는 신분 제도

경제 너무 어렵죠? 이번에는 조선 사회를 알아볼까요? GO
아시다시피 조선은 신분제 사회죠.
세조 때 시작해서 성종 때 완성된 《경국대전》에 신분 규정이 있어요.
어떻게? 백성을 양인과 천인으로 나눠요. 이게 바로 양천제!
그런데 시간이 지나면서 양인이 **양반**, **중인**, **상민**으로 나뉘어요.
이걸 우리는 **반상제**라고 합니다. 양반과 상민으로 다시 구분한 거죠.
법적으로는 양천제지만 현실에선 반상제가 운영된 거예요.

조선은 양천제를 법률로 딱 정해 놔요.
양인에게 권리와 의무를 부여해 나라의 기반을 마련하려고 한 거죠.
권리는 과거를 볼 수 있는 권리! 법적으로 양인이면 과거 응시가 가능했어요.
하지만 과연 농민이 과거를 볼 수 있었을까요? 아니었을 것 같죠.
의무는 뭘까요? 바로 납세의 의무! 다만 양반은 국역 면제의 특권을 가져요.
대표적인 국역은 군역. 쉽게 말하면 양반은 군대 면제였던 거죠.
결국 힘든 요역, 군역은 일반 농민이 다 지네요. ㅠㅠ

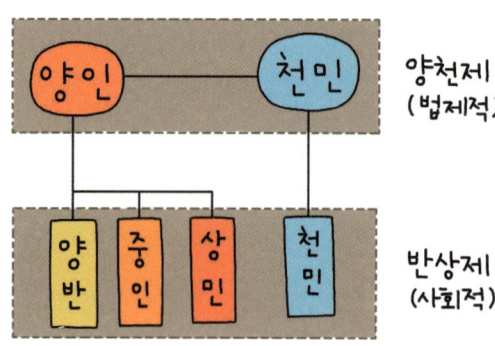

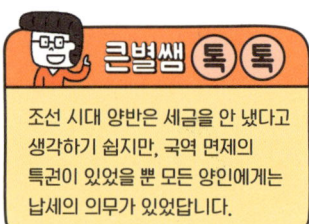

큰별쌤 톡톡
조선 시대 양반은 세금을 안 냈다고 생각하기 쉽지만, 국역 면제의 특권이 있었을 뿐 모든 양인에게는 납세의 의무가 있었답니다.

반상제 班 常 制
나눌 반 / 항상 상 / 제도 제

양반, 중인, 상민, 천민으로 구분하는 조선의 사회 신분 제도

반상제를 더 깊이 들여다볼까요?
우선 양반은 문반과 무반을 합쳐서 이르는 말이죠. 고위 관리들입니다.
중인은 하급 관리와 기술관이에요. 사또는 양반이고, 이방은 중인인 거죠.

상민은 일반 백성들이라고 보시면 됩니다.
전체 인구 대부분이 백성이죠. 이 사람들 직업은요?
대부분 농민입니다. 조선은 농업 국가였으니까요.

천민 중 대다수는 노비입니다. 노비는 사람대접을 못 받았어요. ㅠㅠ
재산으로 취급되어서 사고팔 수도 있고 자식한테 물려줄 수도 있었어요.
고려 시대 백정은 일반 농민을 가리키는 말로 양인입니다.
그런데 조선 시대 백정은 소 잡고, 돼지 잡는 일을 하는 천민으로,
천민 중에서도 가장 낮은 대우를 받았어요.

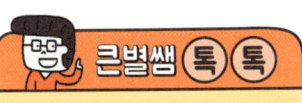

노비는 각 지방의 관청에 소속되어 노동력을 제공하는 관노비와 개인이 소유한 사노비로 나뉩니다.

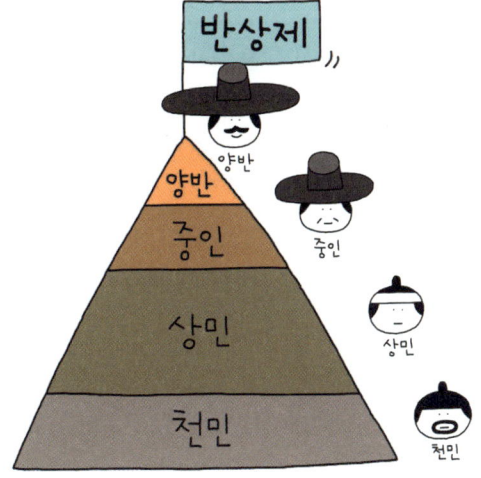

조선 전기

신량역천

身 몸 신 **良** 어질 량 **役** 부릴 역 **賤** 천할 천

양인의 신분이지만 천한 일에 종사하는 사람

그런데 조선에 조금 특이한 신분이 있어요.
신량역천. 신량역천은 <mark>신분은 양인인데 하는 일(역)은 천한</mark> 사람들입니다.
그러니까 비천한 일을 하는 양인이라고 보시면 됩니다.

고려 시대에도 이런 사람들이 있었죠.
신분은 양인인데 양인에 비해 차별받는 향·부곡·소에 사는 사람들!
이들처럼 조선 시대에도 신분은 양인이지만
온갖 멸시를 받으며 힘든 일을 하는 사람들이 있었답니다.

예를 들면 수군! 배에서 노 젓는 일을 하는 사람이요.
노를 젓는 건 정말 힘든 일이라 많은 사람이 피했다고 해요.
그 외에도 봉수를 올리는 사람, 역을 관리하는 사람도 있답니다.
어렵고, 더럽고, 위험한 3D 업종 종사자들!

훈민정음

訓 民 正 音
가르칠 백성 바를 소리
훈 민 정 음

세종이 창제한 우리나라 고유의 글자

자, 이제 조선 전기의 문화를 봅시다.
15세기에는 자주적이고 실용적인 문화가 발달합니다.
조선을 건국한 세력은 나라를 부강하게 만드는 게
아주아주 중요하다고 생각했거든요.
이런 배경에서 1443년 세종이 훈민정음을 창제합니다.
우리가 한글이라고 부르는 훈민정음은
백성을 가르치는 바른 소리라는 뜻입니다. ☺

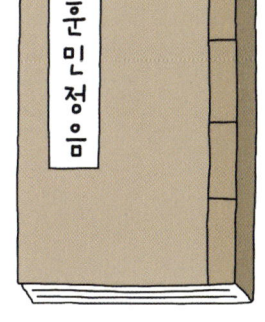

그전까지는 우리말을 표현하기 위해 한자를 사용했잖아요.
한자는 너무 어려워요. 일반 백성이 사용하기 쉽지 않죠.
세종은 백성들이 자기 생각을 글로 표현하지 못하는 걸 안타깝게 여겨서
오랜 연구 끝에 훈민정음을 창제합니다.
훈민정음은 단 28자로 되어 있어 누구나 쉽게 배울 수 있었어요.

하지만 양반들은 훈민정음 반포를 반대했어요.
한자를 두고 다른 글자를 만들어 쓰는 것은
오랑캐나 하는 일이라면서요.
하지만 세종은 뜻을 굽히지 않고
훈민정음을 반포하죠. ✏

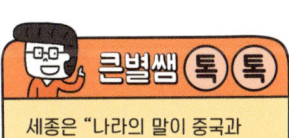

큰별쌤 톡톡
세종은 "나라의 말이 중국과 달라 문자가 서로 통하지 않으니 내 이를 딱하게 여겨 스물여덟 자를 만들었다"라며 훈민정음을 만든 이유를 설명했어요.

세종 대왕 덕분에 지금 우리가 어려운 한자가 아닌
과학적이고 실용적인 한글을 사용할 수 있게 되었네요.
감사합니다. 세종 대왕님!!

삼강행실도

임금과 신하, 부모 자식, 부부 사이에 모범이 되는 이야기를 엮은 책

조선은 그래도 성리학의 나라죠.
고려를 무너뜨리고 조선을 세운 신진 사대부가
핵심 사상으로 삼은 학문이
바로 성리학이었잖아요.
신진 사대부는 조선의 모든 사람이
성리학 윤리에 따라 살길 바랐어요.
그러려면 일반 백성들에게도
성리학 윤리를 전파해야겠죠!

하지만 문제가 있네요.
백성들 대부분은 글을 모르니 책을 읽을 수 없어요.
그럼 어떡하죠? 세종이 누구냐! 방법이 다 있죠.
세종은 백성들에게 유교 윤리를 가르치기 위해 《삼강행실도》를 편찬해요.
《삼강행실도》의 도는 그림 도圖 자예요.
즉 《삼강행실도》는 우리나라와 중국의 **효자, 충신, 열녀의 이야기를
글과 그림으로 설명한 책**이라는 뜻이죠.
글을 모르는 사람들도 그림을 보고 유교 윤리를 이해할 수 있도록 말이에요.

그런데 《삼강행실도》에는 여성의 희생을 강요하는 내용이 많아요.
정조를 지키기 위해 죽음을 선택한 여성들을
열녀라고 칭송했지요.
나라에서 여성들에게 죽음을 장려한 걸까요?
성리학 사회에서 여성의 존재는……. 에구…….

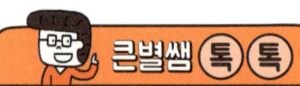

성종 때는 《삼강행실도》의 내용을 한글로 풀어쓴 《삼강행실도 언해본》도 펴낸답니다.

농사직설 農事直說
농사 일 곧을 말씀
농 사 직 설

조선의 실정에 맞는 농사법을 소개한 책

조선의 사상적 기반이 성리학이었다면 경제적 기반은?
바로 농업이죠! 조선은 **농업**을 **중시**했어요.
사농공상士農工商이라고 해서 농사짓는 사람들을
물건 만드는 장인이나 장사하는 상인들보다 더 대우했어요.

자, 농사가 이렇게 중요하다면 우리의 세종, 가만 있지 않았겠죠?
세종은 우리 경험이 담긴 농서(농사 책)를 만들라고 지시합니다.

그전에는 농서가 없었냐고요? 있었죠.
고려 시대에 중국 원나라에서 들여온 《농상집요》라는 책이 있었잖아요.
하지만 《농상집요》는 중국의 땅과 기후에 맞는 농사법을 담은 책이라
조선 땅의 풍토와 기후에는 적용할 수 없는 부분이 많았어요.
그래서 세종이 학자들에게 우리 땅에 꼭 맞는 농서를 만들라고 지시한 거예요.

학자들은 각 지방에서 농사를 잘 짓는 농민들을 찾아 농사법을 물어보고
그 노하우를 기록했어요. 그렇게 탄생한 것이 바로 이 책, 《농사직설》!

조선 전기

《농사직설》에는 주요 곡식을 재배하는 법뿐 아니라 논밭을 가꾸는 법, 농기구 사용법, 퇴비 만드는 법 등 농사에 필요한 다양한 정보들이 담겨 있어요.

칠정산

七(일곱 칠) 政(정사 정) 算(계산 산)

조선 시대에 한양을 기준으로 만든 역법서

온갖 분야에서 우리만의 자주적인 기술과 문화를 이룩한 세종.
세종은 천체의 움직임을 살펴 시간과 날짜를 구분하는 역법에도 손을 댑니다.
역법서인 《칠정산》 편찬을 통해서요!

쉽게 말하면 달력과 같은 거예요.
예전에는 이 역법서를 중국에서 받아 왔어요.
하지만 **역법**이라는 건 천체의 움직임을 통해 계산하는 건데,
어디에서 관측하는지에 따라 그 결과가 달라지잖아요.
그러니 중국 달력을 받아 와도 별 도움이 안 됐죠.

세종은 한양을 중심으로 한 역법서를 만들도록 지시해요.
그 결과물이 바로 《칠정산》.
이렇게 15세기는 우리의 경험과 기술을 토대로
수많은 문화유산이 쏟아져 나온 시기랍니다.

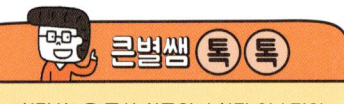

《칠정산》은 조선 최고의 수학자 이순지와 김담이 원나라와 명나라, 아라비아 역법을 참고해서 만들었어요.

측우기 測雨器
비의 양을 측정하는 기구

세종의 업적은 정말 끝이 없습니다. 측우기 알죠?
가만히 보면 그냥 깡통이에요. 그리 대단해 보이지 않죠.
그런데 이 측우기가 왜 그리 대단한 걸까요?
그건 통에 자를 대고 그은 눈금이 있고,
이를 통해 비의 양을 기록한 데이터가 있기 때문입니다.
그 데이터를 분석해서 가뭄이나 홍수를 예측할 수 있으니까요.

세종 대에는 해시계(앙부일구), 물시계(자격루) 등
다양한 측정 기구도 발명되었답니다.

이 시기 과학 기술 발달에는 천민 출신 과학자 장영실의 존재도 한몫했죠.
기술 발전을 위해서라면 신분의 높고 낮음에 관계없이 능력을 펼치게 했던 세종!
세종 때 과학 기술과 민족 문화가 꽃피울 수 있었던 것은
인재를 발견하는 세종의 높은 안목 덕분이 아니었을까요?

조선 전기

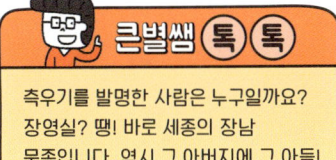

큰별쌤 톡톡
측우기를 발명한 사람은 누구일까요?
장영실? 땡! 바로 세종의 장남
문종입니다. 역시 그 아버지에 그 아들!

분청사기

粉(가루 분) 青(푸를 청) 沙(모래 사) 器(그릇 기)

회청색 흙 위에 흰 흙가루를 발라 문양을 그리고 유약을 씌운 자기

조선 초기를 대표하는 도자기는 바로 분청사기예요.
분청사기의 분粉 자는 분장한다는 뜻이에요.
<u>청자를 만드는 흙으로 그릇을 빚고,</u>
<u>그 위에 하얀 흙을 발라 구운 도자기죠.</u>

이 분청사기, 자세히 보면 대박이에요.
거기 그려진 문양들을 보면 자유분방하고 뭔가 친근해요.
분청사기의 매력은 <u>소박하고 자연스러운 멋이죠.</u>
실용적인 조선 초기의 분위기가 느껴지는 것 같죠?

그런데 16세기가 되면
성리학을 절대적 기준으로 삼는 사림이 정권을 잡으면서
이런 분청사기보다는 백자가 유행하죠.
16세기 선비들의 고결한 정신을 투영한 듯
깨끗하게 하얀 순백자.
미술은 이렇게 시대를 반영하나 봅니다.

큰별쌤 톡 톡

분청사기의 바탕흙은 청자를 만드는 데 쓰이는 회청이에요. 겉으로는 하얗게 보이지만 분청사기의 근본은 청자라는 말씀!

조선 전기

고사관수도
高士觀水圖
높을 선비 볼 물 그림
고 사 관 수 도

물을 바라보는 고매한 선비의 모습을 그린 강희안의 산수인물화

15세기 선비들은 어떤 사람들이었을까요?
〈고사관수도〉에서 확인할 수 있습니다.
물론 그림 속 선비는 조선 사람이 아니에요.
옷이며 머리가 조선의 것이 아니죠.
그러면 중국인이냐?
딱히 그렇게 말하기도 어려워요.
어쩌면 그림 속 선비는 어느 곳에도 속하지 않은,
마음속에만 존재하는 인물인지도 몰라요.
여유롭게 턱을 괴고 물을 바라보는 선비의 모습에서
물 흐르듯 자유롭게 살고 싶다는 마음이 느껴지나요?

이번엔 15세기의 산수화를 봅시다.
대표 그림으로 안견이 그린 〈몽유도원도〉가 있죠.
〈몽유도원도〉란 꿈속에서 거닐던 도원(복숭아나무 정원)을 그린 그림이라는 뜻이에요.
안견이 세종 대왕의 셋째 아들인 안평 대군의 꿈 이야기를 듣고 사흘 만에 완성했대요.

16세기로 들어가면 그림 주제가 달라져요.
사군자가 유행하죠.
지조 있게 절개를 지키는 성리학자를
최고로 치는 시대이기에
지조와 절개를 상징하는 사군자
(매화, 난초, 국화, 대나무)를 많이 그린 거죠.

〈몽유도원도〉는 현재 일본 덴리 대학교에
소장돼 있어요. 임진왜란 때 약탈된 것으로
추정하기도 해요.

이황과 이이
조선을 대표하는 성리학자

이황

이이

16세기 사림은 성리학을 절대 진리로 여기고 성리학의 가르침을 실천하려고 노력합니다. 이 시대를 대표하는 인물이 바로 이황과 이이예요.

이황은 《성학십도聖學十圖》라는 책을 씁니다.
그림 도圖 자 보니 느낌 오죠?
성리학 원리를 알기 쉽게 그림으로 그려서
왕에게 알려 주는 책입니다.
이황은 근본적이고 이상주의적인 성향이 강해요.
그래서 사물의 본질을 의미하는 '리理'를 더 중시하죠.
이황의 사상은 일본에 전해져 일본 성리학에 큰 영향을 줘요.
일본에서는 그를 동방의 주자라고 부르기도 했어요.
주자는 성리학을 집대성한 인물인데
그만큼 이황의 학문이 뛰어나다는 뜻이죠.

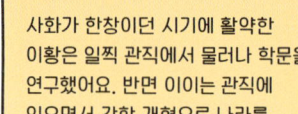

큰별쌤 톡톡

사화가 한창이던 시기에 활약한 이황은 일찍 관직에서 물러나 학문을 연구했어요. 반면 이이는 관직에 있으면서 강한 개혁으로 나라를 바꾸려 했어요.

이이도 왕을 위해 성리학의 요점을 모은 책을 씁니다.
이름은 《성학집요聖學輯要》!
이이는 이황에 비해 '기氣'의 중요성을 강조합니다. 기는 보이는 기질!
이이의 사상은 이황에 비해 현실적이고 개혁적입니다.
그래서 '리'뿐만 아니라 겉으로 드러나는 현상인 '기' 역시 중요하게 생각했죠.
이이는 수취 제도 개혁 등 다양한 개혁안을 제시하기도 해요.

사대교린

큰 나라는 섬기고 이웃 나라와는 대등하게 교류하는 외교 정책

조선은 큰 나라 명에 사대하고
일본, 여진 등 이웃 나라와는 가깝게 교류한다는
사대교린을 외교 원칙으로 삼았어요.

조선은 건국 초기에 명나라와 대립했지만 태종 대부터는 좋은 관계를 유지합니다. 당시 명나라는 정치·군사·경제 면에서 아주 강한 나라였거든요.

사대라고 하면 많은 사람이 부정적으로 생각해요.
하지만 조선의 사대 외교는 "무조건 중국 최고!" 하는 성격은 아닙니다.
중국의 인정을 받아 왕권을 다지고 안정적인 국제 지위를 얻으려고 한 거죠.
중국의 선진 문물을 들여와서 나라도 발전시키고요.
조선의 실리를 위해 선택한 것이 사대 외교!

여진, 일본과는 당근과 채찍을 동시에 사용하며 관계를 유지했어요.
먼저 여진에는 국경 지역에 무역소를 열어 교류했지만
여진의 침략과 약탈이 계속되자 세종 때 **4군 6진**을 설치하죠.
일본과도 마찬가지였어요. 건국 초부터 왜구의 약탈이 계속되자
세종은 왜구의 소굴인 **쓰시마(대마도)**에 **이종무**를 보내 **토벌**하도록 해요.
그러고는 일본과 관계 단절! 그런데 일본이 제발 교역하게 해 달라고 사정하네요?
그래서 제포(창원), 염포(울산), 부산포의 삼포를 열어 제한적으로 교류를 허용합니다.

삼포왜란

三(셋 삼) 浦(개 포) 倭(왜국 왜) 亂(어지러울 란)

삼포에 거주하던 왜인들이 활동 제한에 불만을 품고 일으킨 폭동

15세기는 일본과 교린 관계가 잘 이루어졌어요.

그런데 16세기가 되면서 상황이 극도로 나빠집니다.
1510년에 삼포에 살던 왜인들이 폭동을 일으켰거든요.
이들은 삼포에서 이루어지는 무역량으로는 부족하다고 여긴 거죠.
"더 원한다! 더 달라!" 이겁니다.

왜인들은 쓰시마(대마도) 도주의 도움을 받아서
제포와 부산포를 함락시키고 염포까지 넘봅니다.
이게 중종 대인 1510년의 일이에요.
조정에서는 곧장 군사를 보내서 이들을 토벌하지만
이 일로 조선의 군사와 백성들이 272명이나 죽죠.

> **큰별쌤 톡톡**
> 삼포왜란의 여파로 잠시 삼포가 폐쇄되고 일본과의 교역이 중단됐지만, 일본의 요구로 규모를 줄여 다시 교역을 시작해요.

가까스로 해결은 했지만 이 사건은
16세기 조선과 일본의 불행한 역사의 전주곡이 되었습니다.

무역량이 부족해!
더 줘!
3포 왜란

비변사

조선 시대에 외적의 침입 등 변방의 일에 대비하기 위해 설치한 관청

삼포왜란은 시작에 불과했습니다. 크고 작은 변란이 끊이지 않았죠.
정부로서는 신속하게 대처할 필요가 있었습니다.

그래서 '**변방을 늘 대비하며 준비할 수 있는 기구**'로
비변사를 만들었어요.
난리가 터지면 뭐든 빠르게 결정해야 하는데
절차 밟다 보면 때를 놓칠 수 있잖아요.
그래서 여기에 고위 관료 모아 놓고
국방상 중요한 일을 빠르게 결정하도록 한 거죠.

> 조선 후기에 가면 비변사가 의정부를 대신해 국정 전반을 총괄하는 최고의 관청이 됩니다. 기억해 두세요!

사실 비변사는 문제가 있을 때 생겼다가
해결되면 해체되는 임시 기구였습니다.
그런데 결국 더 큰 사달이 나죠.
1555년 명종 때 **을묘왜변**이 터졌습니다.
왜구가 배를 70여 척이나 끌고
남해안을 침입해요.
이건 거의 임진왜란의 전초전이라고
할 정도로 큰 사건이었습니다.

이 사건으로 비변사는 항상 있는,
상설 기구가 된답니다.

임진왜란

壬 아홉째 천간 임
辰 열둘째 지지 진
倭 왜국 왜
亂 어지러울 란

1592년 일본이 조선을 침입하여 7년간 이어진 전쟁

 16세기 삼포왜란, 을묘왜변으로 영 불안하더니
결국 터졌습니다. 임진왜란!

일본은 조총을 앞세워 부산에서부터 파죽지세로 밀고 올라옵니다.
그런데 백성을 지켜야 할 임금과 양반들은 허둥지둥 도망가기 바빠요.
늘 백성의 부모라 자처하던 양반네들의 이런 모습에
백성들은 얼마나 큰 실망을 했을까요.

임진왜란은 도요토미 히데요시가
명나라를 정벌하러 갈 테니
조선에 길을 빌려 달라고
요구하면서 시작된 전쟁입니다.

육지에서 조선군은 계속 졌어요.
전쟁 준비를 제대로 못 했거든요.
하지만 바다에서는 달랐습니다.
이순신의 수군과 거북선이 딱 버티고 있었기 때문이죠.
이순신은 일본이 쳐들어올 것을 예상하고 철저하게 전쟁을 준비했습니다.
그래서 일본은 바다에서 영 힘을 못 써요.

육지에서도 구원군이 등장합니다. 전국 각지에서 일어난 의병이 바로 그들이죠.
누가 시킨 것도 아닌데 의병은 나라를 지키기 위해 스스로 무기를 들었습니다.

거기에 명나라의 지원군까지 도착하니 조선은 이제 반격할 일만 남았습니다.
실제로 반격에 어느 정도 성공합니다. 평양성과 한양도 되찾고!
남해안으로 밀려난 일본은 명나라와 **휴전 협상**을 합니다.
그런데 협상이 제대로 되지 않아요. 결국 일본이 조선을 다시 침략합니다.
이걸 **정유재란**이라고 하죠.

이때, 이순신이 "신에게는 아직 12척의 배가 남아 있습니다"라는 말을 남기고
일본 배 130여 척을 깨부수었던 **명량 대첩**이 벌어진답니다.
조선은 그동안 군제를 개편하고 성곽과 무기도 보강했어요.
그 덕분에 정유재란 때는 일본의 침략을 잘 막아 냅니다.
그 와중에 전쟁을 일으킨 도요토미 히데요시가 죽어 일본군은 철수하고요.
철수하는 일본군을 조선 수군이 노량 앞바다에서 무찌르면서 전쟁은 막을 내립니다.

통신사 通信使
조선 시대에 일본에 보냈던 외교 사절단

通 통할 통
信 믿을 신
使 사신 사

임진왜란으로 조선은 일본과 관계를 끊었죠.
그런데 도요토미 히데요시가 죽고
일본에 새롭게 등장한 에도 막부가
조선에 교류를 청합니다.
"우리 다시 친하게 지내면 안 될까?" 하고요.

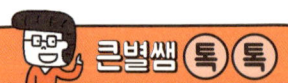

조선은 일본과 국교를 회복합니다.
막부의 요청으로 외교 사절단인 통신사를 파견하죠.
막부는 통신사를 통해 **권위를 인정**받고자 했거든요.
통신사는 **조선의 선진 문물을 일본에 전달**하는 역할도 했고요.
그 덕분에 통신사는 일본에서 어마어마한 인기를 얻습니다.
말 그대로 국빈 대접을 받았다고 해요.

여기서 잊지 말아야 할 것!
개항 후 일본에 보낸 수신사는 통신사와는 달라요.
수신사는 일본을 통해 조선에
서양 문물을 들여오는 역할을 합니다.

큰별쌤 톡톡
통신사가 한양에서 일본의 수도인
에도까지 다녀오는 데 짧게는 5개월에서
길게는 1년 정도가 걸렸다고 해요.

안용복
조선 숙종 때 독도가 조선의 영토임을 확인한 어부

 임진왜란 이후 일본과 큰 충돌은 없었지만
일본의 보이지 않는 도발은 계속됩니다.
지금까지 이어지는 독도 도발!

안용복은 조선의 어부였어요. 그런데 어느 날부터 일본 어부들이
울릉도와 독도 쪽에 나타나서 불법으로 고기잡이를 하는 겁니다.
안용복이 여기에 항의하다가 오히려 일본으로 잡혀 가게 돼요.
하지만 안용복은 울릉도가 조선 땅이라는 **일본 막부의 확인서**까지 받아 오죠.
일본이 울릉도와 독도를 조선 영토로 인정했다는 증거를 남긴 겁니다.

3년 뒤 또 울릉도에서 일본 어선을 발견한 안용복,
이번에는 관리 복장을 하고 일본에 건너가 쓰시마 도주의 사과를 받습니다.
안용복의 이런 노력이 없었다면 지금 어찌 되었을까요?

안용복은 두 번 일본에 가는데, 갈 때마다 조선 정부에서 큰 벌을 받습니다. 두 번째로 일본에서 돌아왔을 때는 정부 문서를 위조했다는 죄목으로 유배형을 받죠.

조선 전기

4군 6진
세종 때 설치한 압록강 일대의 4군과 두만강 일대의 6진

여진족에 내린 채찍이
4군 6진 개척이라고 했죠.
당시 여진이 우리 영토를 침범해 약탈을 계속했거든요.

4군은 압록강 일대를,
6진은 두만강 일대를 말해요.
이 지역을 개척한 결과,
지금의 한반도 지도와 비슷한
영토 경계선을 확보하게 됩니다.

여진에 준 당근은 무역소를 열어
원하는 물품을 교역할 수 있게 한 거예요.

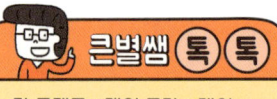

큰별쌤 톡톡
말 그대로 4개의 군과 6개의 진영이라는 뜻으로 4군은 최윤덕, 6진은 김종서가 개척했어요.

또 4군 6진을 지키기 위해 남쪽 지방에 살던 조선 백성을 이주시키는 사민 정책도 추진했죠.

한반도의 북쪽 끝, 얼마나 춥고 척박했겠어요.
백성이 있으니 지방관을 보내야 하는데
가겠다는 사람이 없어요.

그래서 여기서는 이 지방 사람을 관리로 임명했습니다.
이게 바로 **토관제**입니다.

원래 조선에서는 해당 지역 출신을 관리로 보내지 않았거든요.
하지만 이 지역만큼은 예외.

5 조선 후기

바꿔, 모든 걸 다 바꿔

왜란과 호란이라는 유례 없이 큰 전쟁을 두 번이나 치른 조선은 엄청난 변화의 소용돌이에 직면합니다. 그야말로 모든 게 바뀝니다. 혼란과 발전을 거듭하며 변화무쌍한 역사를 기록하죠. 지금 우리에게 익숙한 자본주의나 평등 사상도 이때부터 싹틉니다. 지금, 그 새로운 흐름을 만나 보시죠.

광해군

임진왜란을 수습하고 명과 후금 사이에서 중립 외교를 펼친 조선 15대 왕

개인사를 보면 광해군은 불행한 사람이었습니다.
왕이 되기엔 정통성이 부족했죠.
서자인 데다 첫째 아들도 아니었거든요.
선조 스스로가 후사가 없던 명종의 먼 친척으로
왕위에 올랐던 터라 다음 왕위는 꼭 적장자에게 물려주고 싶어 했어요.
하지만 선조의 첫 왕비는 아이를 낳지 못했어요.
적장자 없이 서자들만 있던 그때, **임진왜란**이 터집니다.
전쟁이 났으니 뒷일을 대비해야 하잖아요.
그래서 서둘러 세자를 뽑아요.
서자 중 첫째였던 임해군은 평판이 나빠서 불합격~!
똑똑했던 광해군에게 세자 자리가 돌아갑니다.
세자가 된 광해군은 정말 열심히 일해요.

> **큰별쌤 톡 톡**
> 광해군은 임진왜란 당시 의주로 피란 간 선조 대신 평안도, 강원도, 황해도 등에서 민심을 다독이고 군사를 모집하는 등 많은 공을 세웠어요.

그런데 1606년, 선조의 두 번째 왕비 인목 왕후가
아들을 낳습니다. 바로 영창 대군!
영창 대군이 태어난 뒤 선조는 광해군을 대놓고 무시합니다.
매일이 살얼음판인 상황에서 광해군은 세자로 무려 17년을 버텼어요. 대단하죠.
결국 선조는 오랜 병환 끝에 죽고 광해군이 왕위에 올랐습니다.

왕이 된 광해군은 국정을 의욕적으로 운영합니다.
전란으로 황폐해진 땅을 개간하고, 임진왜란 때 불탄 토지 대장과 호적을 정비해요.
대동법을 실시해 백성들의 세금 부담을 줄이고, 허준에게 《동의보감》을 편찬하게 하죠.
하지만 영창 대군의 존재는 계속해서 광해군의 왕위를 위협했어요.
결국 광해군은 왕위에서 쫓겨나요. 결정적 이유는? 바로 중립 외교.

중립 외교

中 立 外 交
가운데 설 바깥 사귈
중 립 외 교

광해군이 명과 후금 사이에서 실시한 외교 정책

17세기에 들어 여진족이 엄청나게 성장합니다.
후금이라는 나라까지 세우며 북방에서 명과 조선을 위협하죠.
그러던 1618년 후금의 칸 누르하치가 명나라를 공격합니다. <mark>명나라의 위기!</mark>
명은 임진왜란 때 자기네가 조선을 도왔으니 이번에는 조선이 도울 차례라고 합니다.

이때 조선 왕이 광해군! 완전 고민 빵빵.
지는 해 명나라에 줄 서느냐,
뜨는 해 후금에 줄 서느냐.
이것이 문제로다.

> **큰별쌤 톡 톡**
> 광해군의 중립 외교가 가능했던 건 외교와 중국어에 능통했던 강홍립이 있었기 때문이에요. 강홍립은 정묘호란 때도 후금과 조선이 전쟁을 끝내고 화해하도록 노력했어요.

광해군은 어쩔 수 없이 명을 돕기로 합니다.
대신 군대를 이끌고 후금과 싸우러 가는 강홍립에게 조용히 말합니다.
상황을 봐서 적절히 대처하라고요. 강홍립은 열심히 싸우다 항복하고,
조선은 본래 싸울 의도가 없었음을 알립니다.
비록 명에 대한 의리는 저버렸지만 후금의 침입을 막아 우리 백성을 살린 거죠.
이게 바로 **광해군의 중립 외교**랍니다.

조선 후기

인조반정

서인 일파와 능양군(인조)이 손을 잡고 광해군을 폐위한 사건

큰형님 명을 배신한 광해군의 중립 외교.
의리와 절개를 중시하는 성리학의 나라 조선에서는
엄청난 반발이 일어납니다.

뭐라? 임진왜란으로 망해 가던 조선을 도운
명나라의 은혜를 배신하고
짐승 같은 오랑캐 후금에 항복해?
게다가 광해군은 이복동생인 영창 대군을 죽이고,
어머니인 인목 대비를 가두지 않았나.
윤리와 의리라고는 눈곱만큼도 없는 인간이다!
폐위시키자! OUT

인조는 광해군에게 개인적인 원한이 있었어요. 동생인 능창군이 역모 혐의로 죽었고, 그 사건으로 화병을 얻은 아버지 정원군마저 목숨을 잃었거든요.

이 폐위를 주도하고 계획한 세력이 바로 서인입니다.
서인은 이 반정을 성공시키면서 광해군을 내쫓고
인조를 왕위에 앉히죠. 이게 바로 인조반정입니다.
인조는 과연 어떤 정치를 펼칠까요?

병자호란

셋째 천간 첫째 지지 오랑캐 이름 어지러울
병   자   호   란

병자년(1636)에 청나라가 조선을 침입한 전쟁

인조반정으로 광해군을 쫓아낸 인조 정부.
광해군의 정책을 부정합니다.
중립 외교를 걷어차고 강력한 친명 배금 정책을 추진하죠.

이 시점에 후금은 무서운 속도로 세력을 키우며 조선에 한마디.
"상황 파악 안 되니?" 그러고는 총공격.

인조는 강화도로 피란을 가지만
결국 후금과 형제 관계를 맺기로 약속하고
전쟁을 끝내죠. 이게 **정묘호란**.
얼마 뒤 후금은 나라 이름을 청으로 바꾸고
조선에 군신 관계를 요구하며 다시 쳐들어옵니다. 이게 **병자호란**!

> 병자호란 당시 청 태종 홍타이지는 조선에 군신 관계를 요구하며 직접 12만 대군을 이끌고 조선을 침략했어요.

병자호란이 시작되고 청군이 압록강을 건넌 지
닷새 만에 한양에 다다랐습니다.
인조는 부랴부랴 남한산성으로 도망갔지만
버틸 힘이 없었죠.

결국 최명길이 항복 문서를 써서 청에 바치고
인조는 청 태종에게 삼배구고두례
(3번 절하고 9번 머리를 조아림)를 합니다.
의리와 명분만 따지다
상처만 남기게 되었네요.

↑ 광해군 외교 정책

조선 후기

북벌 운동

청나라를 쳐서 명에 대한 의리를 회복하자는 운동

굴욕적인 항복을 한 인조.
게다가 자식과 신하들까지 인질로 청에 보냅니다.
걱정이 이만저만이 아니었죠.
그런데 인질로 간 큰아들 소현 세자가
생각보다 적응을 잘합니다.
청나라에서 구박 받고 사는 줄 알았더니 청 황실과도 잘 지내는 것 같고,
서양 문물에도 관심을 가져 귀국할 때 과학 기기나 책도 잔뜩 가져옵니다.
심지어는 조선도 청나라를 배워야 한다고 얘기해요. 인조 완전 열 받죠.

> **큰별쌤 톡 톡**
> 효종 대의 북벌 운동은 오랑캐에게 무릎 꿇은 조선이 구겨진 자존심을 지키며 무너진 나라의 기강을 잡는 방법의 하나로 활용됐어요.

그런데! 인질 생활을 마치고 9년 만에 조선으로 돌아온 소현 세자가
너무도 의문스럽게 죽어요. 귀국한 지 딱 두 달 만에!
게다가 인조는 소현 세자의 아들들이 있는데도
자신의 둘째 아들 봉림 대군을 세자 자리에 앉히죠.

그렇게 왕이 된 이가 바로 효종입니다.
이름에서도 알 수 있듯
효종은 효孝를 다했어요.
아버지의 원수! 청나라를 치겠다며
북벌 정책을 추진했거든요.
하지만 실천에 옮기지는 못해요.
군비도 늘렸는데 한 번도
시도한 적은 없다는…….
오히려 청나라의 러시아 정벌을 도왔죠.

북학론

북쪽 배울 논의할
북 학 론

청나라의 선진 문물을 배우자는 주장

소현 세자는 선견지명이 있는 사람이었습니다.
사실 청나라의 발전상은 어마어마했거든요.
그래서 일부 학자들 사이에서는 청나라를 무조건 싫어하지만 말고 배움의 대상으로 보자는 분위기가 형성됩니다.
이런 주장을 '북학론'이라고 해요.

17세기가 **북벌의 시대**였다면,
18세기는 **북학의 시대**. ✦
청나라에 다녀와 배울 건 배우자고 주장하는
북학파의 활약이 나타나게 됩니다.

북학파로 분류되는 대표적인 인물,
박지원과 박제가는 뒤에서 다시 만나 볼 거예요.

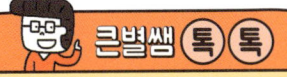

18세기 북학론자들은 상공업과 교통수단을 발전시켜 나라를 부강하게 만들어야 한다고 주장했기에 상공업 중심 개혁론자라고도 했어요.

백두산정계비
조선과 청나라의 경계를 정하고 백두산에 세운 비석

청나라와의 외교 관계에서 놓치지 말아야 할 것이 바로 백두산정계비죠. 여기서 간도 문제가 비롯됩니다. 때는 바야흐로 숙종 때. 숙종 하면 장희빈만 떠올리는데 실제론 숙종 때 청과는 백두산정계비 건립, 일본과는 안용복 사건 등 외교적으로 중요한 일들이 있었습니다.

어쨌건 간도 땅이 누구 땅이냐? 논란이 많았어요. 간도는 지금의 압록강 건너 남만주 지역이거든요. 그래서 청과 국경선 문제를 논하면서 백두산에 "서위압록西爲鴨綠, 동위토문東爲土門" 즉 서쪽으론 압록강을, 동쪽으론 토문강을 경계로 한다는 비석을 세웁니다.

백두산 높은 곳에 세워진 이 비석은 오랫동안 그 자리를 지켰으나 1931년 7월에 사라졌어요. 일본군이 가져간 것으로 추정돼요.

문제는 **토문강**. 시간이 흐르고 흘러서 토문강이 애매해져요. 왜냐하면 두만강을 토문강이라고도 하는데, 간도 쑹화강(송화강) 유역에도 토문강이 있거든요. 대한 제국 시기에 토문강의 해석을 두고 국경 문제가 다시 벌어져요. 대한 제국 정부는 간도에 관리를 파견하여 이 지역을 관리하기도 했어요. 그러나 대한 제국의 외교권을 빼앗은 일제가 청나라와 간도 협약을 맺어 간도를 청나라에 넘기고 말았어요.

오군영

조선 후기 서울과 외곽 지역을 방어하기 위해 둔 다섯 군영

자, 이제 조선 후기 정치로 가 봅시다.
임진왜란의 휴전기가 있다고 했죠?
휴전이 끝나고 다시 정유재란!

 이때 이순신의 명량 대첩, 기억하죠?
이 휴전기에 조선은 군대를 정비합니다.
중앙에는 훈련도감을, 지방에는 속오군을 편성해요.

제일 먼저 훈련도감부터 볼게요.
이 부대가 특이한 건 전부 **직업 군인**으로 구성됐다는 거예요.
나라에서 백성에게 옷감(포)을 걷고,
그 옷감으로 훈련도감 군인들 월급을 준 거죠.
직업 군인으로 구성된 부대라니 믿음직스럽죠?
이렇게 해서 다섯 중앙군 중 첫 번째인 훈련도감이 완성됩니다.

이후 네 개의 중앙군인 **총융청**, **수어청**, **어영청**, **금위영**이 추가되죠.
어영청, 총융청, 수어청은 인조 대에 후금에 대응하기 위해 설치했고,
금위영은 훗날 숙종 대에 수도 방위를 위해 만들었어요.

오군영 가운데 훈련도감, 어영청, 금위영은 수도 방어를, 총융청과 수어청은 수도 외곽의 방어를 맡았어요.

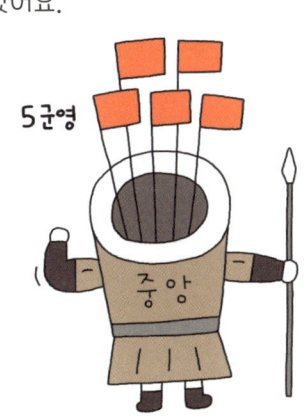

속오군

束 伍 軍
묶을 다섯 사람 군사
속 오 군

조선 후기 양인과 천민으로 구성된 지방 군대

중앙군을 봤으니, 이번에는 지방군인 속오군.
속오군 역시 임진왜란 휴전기 때 만들어집니다.

속오군의 특징은 **양반과 노비까지 다 포함**했다는 것!
사실 16세기에는 옷감을 내고 군대 안 가는 사람들이 많아서
지방의 방어 체제가 제대로 돌아가지 않았어요.
이 때문에 임진왜란 때 일본이 무서운 속도로 한양까지 올라올 수 있었죠.
일본군의 행군을 막을 만한 군대가 거의 없었다는 겁니다.

상황이 이랬으니 휴전기에는 반성하고, 대비를 좀 해야겠죠?
그래서 아예 빠지는 사람 없이, 양반부터 노비까지 전부 포함시키는
지방 예비군 체제를 만든 것입니다. 이게 바로 속오군!

큰별쌤 톡톡
속오군은 대부분 각 지방의 주민들로 구성됐어요. 평상시에는 농사와 훈련에 전념하다가 유사시에 소집되는 형태였고, 물론 급여는 없었어요.

그러나 직접 먹을 것, 입을 것을 준비해야 하는 문제와
운영 비용 문제 등으로 관리가 제대로 이뤄지지 않았어요.
거기에 양인들이 점차 빠져나가 천인들만 남게 되면서
속오군 체제 자체가 흐지부지되어 버리죠. ㅠㅠ

조선 후기

예송 禮 訟
예도 예 / 송사할 송
자의 대비가 효종과 효종비의 장례에 상복 입는 기간을 두고 다툰 논쟁

조선 중기, 정치적 입장이 같은 사람들이 모여 붕당을 만들었고,
조선 후기에 붕당 간의 대립이 잦아졌죠.
현종 때 일어난 예송은 붕당 간의 대립을 보여주는 대표적인 사건이에요.

그런데 이 예송, 좀 어이없다고 느끼실 수도 있어요.
대비가 상복을 얼마나 입어야 하는지를 놓고 싸운 거거든요.
사건의 발단은 바로 효종의 왕위 계승.

앞에서 효종이 둘째 아들이었다고 했죠? 그래서 정통성 문제가 생겨요.
장손인 소현 세자의 아들이 있는데도 둘째 아들인 효종이 왕위에 올랐으니까요.

이런 상황에서 효종이 죽는데, 새어머니인 자의 대비가 살아 있었어요.
이때 자의 대비가 상복을 얼마나 입어야 하는가를 두고 다툼이 생깁니다.

서인 : 효종은 둘째 아들이니 1년만 입으면 된다!

남인 : 효종은 왕이다! 당연히 3년을 입어야 한다!

여기서는 **서인이 이겨요!**
그런데 15년 뒤에 효종비 인선 왕후가 사망합니다.
자의 대비는 여전히 살아 있고요.
전과 같은 논리로 서인은 9개월을, 남인은 1년을 주장해요.

> **큰별쌤 톡톡**
> 예송의 핵심은 왕을 사대부와 같이 볼 것인가 아닌가예요. 본래 왕가에서는 《국조오례의》를, 사대부들은 《주자가례》의 예를 따랐는데, 이런 상황은 《국조오례의》에 없었던 거죠.

그런데 **이번에는 남인 승리!**
두 번의 예송이 진행되는 동안 왕은 효종의 아들인 현종이었어요.
현종은 당연히 아버지를 왕으로 더 대우하는 남인 편을 들고 싶었겠죠.
하지만 처음에는 왕위에 오른 지 얼마 되지 않아서
정권을 쥐고 있던 서인들 말을 따를 수밖에 없었어요.
하지만 세월이 흘러 어느 정도 왕권을 다진 다음에는 남인 편을 든 거죠!

환국 (換局)
바꿀 환, 판 국
정권을 잡은 당이 급격히 바뀌는 정치 국면

상복 입는 것 때문에 정권까지 교체되다니······.
당시 상복을 몇 년 입느냐는 것은 성리학 이념을
어떻게 적용하느냐의 문제였으니 아주 중요했죠.
어쨌건 두 차례 예송을 거치면서 조선 정치인들은
권력을 주고받는 붕당 정치에 불안감을 갖기 시작합니다.
정권을 놓치면 사약을 받을 수도 있겠다는 두려움이 컸죠.

큰별쌤 톡톡
숙종 대에는 환국이 총 세 번 일어납니다. 경신환국, 기사환국, 갑술환국인데, 마지막 환국에서 서인이 권력을 차지하게 돼요.

그래서 본격적인 '너 죽고 나 살기' 식의 정치 투쟁이 전개되는데,
이때가 바로 숙종 때입니다. 숙종은 이런 상황을 잘 이용했고요.
한 번은 이쪽 당 손을 들어주고, 다음번엔 다른 당을 밀어주고!
이렇게 판을 싹싹 뒤집어엎으면서 숙종은 왕권을 강화하려 한 것입니다.
결국 서인과 남인이 번갈아 가며 권력을 독점하다가
장희빈을 앞세운 남인이 몰락하면서 서인이 권력을 잡게 됩니다.

이것까지 알면 **진짜 역사왕**

카리스마 킹 숙종, 그 후

숙종 하면 인현 왕후, 장희빈, 숙빈 최씨 등이 떠오르시나요? 이들의 이야기는 사극의 단골 소재이기도 하죠. 그래서 숙종을 세 여자 사이에서 갈팡질팡하는 유약한 인물로 오해하는 분들도 많지요. 그러나 숙종은 왕권과 신권의 조화를 중시했고, 더 나아가 조선에서 신권을 압도하는 왕권을 누린 몇 안 되는 왕 중 하나였습니다.

조선 왕실은 적장자 계승을 원칙으로 했지만 실제로 적장자가 왕위를 물려받은 경우는 27명 왕 중에 단 7명(문종, 단종, 연산군, 인종, 현종, 숙종, 순종)뿐이에요. 현종의 외아들로 태어나 왕위를 계승한 숙종은 흔들리지 않는 정통성을 가졌죠. 이러한 정통성은 숙종이 강력한 왕권을 휘두를 수 있는 기반이 되었습니다. 숙종은 열네 살의 어린 나이에 즉위했지만 바로 직접 정사를 돌보는 친정(親政)을 합니다.

숙종 즉위 당시에는 갑인예송의 승리로 남인이 집권하고 있었는데요. 당시 어렸던 숙종은 권력을 독점한 남인을 어쩌지 못했지만 곧 남인의 힘을 빼앗을 기회가 찾아오죠. 숙종 6년, 남인의 대표 허적이 집안 잔치에 왕실에서 쓰는 기름 먹인 천막을 마음대로 가져다 쓴 사건이 벌어졌거든요. 사실 숙종도 허적의 잔치에 기름 천막을 좀 내어 주라고 명했던 상황이었어요. 그런데 허적이 이미 그걸 가져다 썼다는 보고를 받자 숙종은 이때다 하고, 엄청나게 화를 내며 남인의 주요 인사들을 끌어내리고 서인들에게 힘을 몰아줍니다. 이 와중에 허적의 서자 허견이 역모을 꾀한다는 고발까지 들어와요. 이에 허적과 허견, 윤휴 등 남인의 중요 인물들이 모두 처형을 당하죠. 이를 '경신환국'이라고 합니다.

이것까지 알면 진짜 역사왕

숙종은 이처럼 왕권 강화를 위해 남인과 서인에게 번갈아 가며 권력을 몰아주는 환국 정치를 하는데 한쪽 당의 세력이 커졌다 싶으면 경고도 없이 숙청을 하고 반대편에 힘을 실어 주었지요.

1689년, 두 번째 환국인 기사환국이 일어나요. 즉위한 지 꽤 오래됐는데도 숙종에게는 왕위를 물려줄 아들이 없었어요. 딸만 둘을 낳은 첫 번째 부인인 인경 왕후가 죽고, 두 번째 부인 인현 왕후를 맞이했지만 자식이 없었죠. 그러던 중 숙종의 총애를 받던 후궁 장희빈이 아들을 낳습니다. 장희빈은 남인과 연결되어 있었지요. 숙종은 너무 기쁜 나머지 100일도 안 된 장희빈의 아들을 원자로 책봉합니다. 그러자 인현 왕후 쪽에 줄을 대고 있던 서인들이 들고일어나죠.

이때 송시열이 반대 상소를 올려요. 당시 송시열은 서인의 대표로서 인조부터 효종, 현종, 숙종까지 네 명의 왕을 모시며 신하들의 절대적 지지를 얻고 있었어요. 정치적 영향력이 큰 송시열을 눈엣가시처럼 여겼던 숙종은 원자 책봉을 반대하고 나온 송시열에게 옳다구나 사약을 내립니다. 결국 원자는 세자로 책봉되고 장희빈은 왕비가 되었으며 인현 왕후는 궁 밖으로 쫓겨납니다.

이후 한 번의 환국이 더 있었는데요. 1694년의 갑술환국입니다. 왕비 자리까지 오른 장희빈, 기세등등했겠죠. 장희빈이 너무 거만하게 굴자 숙종의 사랑이 변합니다. 무수리 출신인 최씨와 사랑에 빠지죠. 숙종은 최씨를 후궁으로 맞이하여 애정을 쏟습니다.

이것까지 알면 **진짜 역사왕**

이에 위기의식을 느낀 장희빈과 남인은 서인이 역모를 꾀한다고 고발합니다. 서인 역시 이에 질세라 남인이 역모를 꾸미고 서인에게 덮어씌운다고 맞고발을 하죠. 숙종은 남인 편을 들어주는 척하다가 결국 서인 편을 듭니다. 이 일로 많은 남인이 죽임을 당하거나 유배되었어요. 숙종은 인현 왕후를 복위시키고 장희빈을 빈으로 끌어내립니다. 이후 인현 왕후가 죽자 인현 왕후를 저주해서 죽였다며 장희빈에게 사약을 내리죠. 이로써 남인은 완전히 몰락합니다.

이처럼 숙종의 환국 정치로 남인과 서인은 숙종 눈치를 보며 살아남기 위해서 애썼어요. 이런 상황이었으니 살아남은 자들은 정권을 유지하기 위해 상대 당에 더 가혹한 일들을 하게 된 거고요. 숙종은 환국 정치로 강력한 왕권을 유지했고, 그 왕권을 바탕으로 대동법을 전국으로 확대 실시합니다. 상평통보를 활발히 유통하는 정책도 펼쳤지요. 하지만 이후 한 당이 권력을 독점하는 일당 전제화 현상이 일어나면서 공존의 원리는 무너지고 붕당 정치는 변질되죠.

영조
탕평파를 육성해 붕당을 없애는 탕평 정치를 한 조선 21대 왕

환국 정쟁을 거치면서 피폐해질 대로 피폐해진 정치.
숙종의 장남 경종이 일찍 죽자 뒤를 이어 왕이 된 영조는
이러한 정치 형태를 바꾸기 위해 **탕평 정치**를 내세웁니다.

탕평? 어디서 들어 본 것 같은데……. 혹시 탕평채 아세요?
미나리, 하얀 묵, 고기, 김 등을 섞어 만든 일종의 묵 무침.
탕평채가 바로 영조의 탕평 정치에서 유래했다고 전해져요.

영조는 붕당을 가리지 않고 인재를 등용했어요.
탕평책에 찬성하지 않는 관리는 내쫓았죠.
영조는 나아가 붕당의 우두머리인
산림 세력을 인정하지 않아요.
여기서 산림이란 벼슬을 하지는 않지만
학식과 덕망을 인정받아 정치적 영향력이 상당했던
지방 선비들이에요.
숙종 때의 송시열이 대표적인 산림이죠.

영조는 조선 왕 가운데 가장 오래 살고 (82세), 가장 오랜 기간 재위한(51년 7개월) 왕이에요.

영조는 붕당의 근거지인 **서원**도 팍팍 **정리**합니다.
《경국대전》의 속편이라 할 수 있는
《속대전》을 **편찬**해 질서를 세우려는 노력도 하지요.
그리고 성균관 앞에 **탕평비**를 세워
탕평 의지를 널리 알립니다.

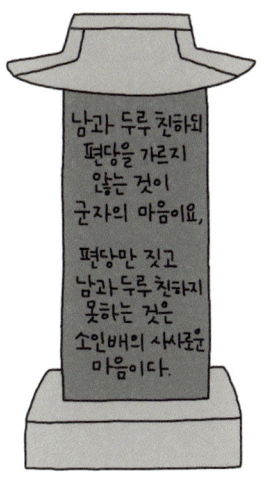

정조
노론, 소론, 남인 등을 고르게 중용한 조선 22대 왕

그런데 영조에게는 몇 가지 문제가 있었어요.
첫 번째는 미약했던 정통성. 영조는 무수리였던 숙빈 최씨의 아들이잖아요.
왕의 후궁은 대부분 지체 높은 집안의 딸이었어요.
그런데 영조의 어머니는 궁에서 청소하던 무수리였죠.
<u>어머니의 신분은 영조의 치명적인 약점.</u>

두 번째는 <u>사도 세자의 죽음</u>이에요.

영조는 친아들인 사도 세자를 뒤주에 가두어 굶겨 죽이거든요.
이유야 어찌 됐든 친아들을 참 잔인하게 죽였죠.

영조의 후계자가 된 사람은 바로
사도 세자의 아들이었던 세손, 정조예요.
하지만 세손은 살아남기 위해 아버지를 부정해야 했어요.
죄인의 아들이 왕이 될 수는 없으니까요.
그런데 세손이 왕위에 오르자마자 한 말이 뭔지 아세요?
"나는 사도 세자의 아들이다."
영조 때에는 입에 올릴 수도 없었던 이름을 꺼내
자신이 사도 세자의 아들임을 만천하에 밝힌 거죠.

> **큰별쌤 톡톡**
> 정조는 아버지 사도 세자가 죽은 후 어린 나이에 죽은 영조의 맏아들 효장 세자의 양자가 돼요.

정조 또한 할아버지 영조의 뒤를 이어 <u>탕평 정치</u>를 했어요.
그러나 영조의 탕평 정치와는 방식이 달랐어요.

영조는 탕평책을 지지하는 신하들을 중심으로 정치를 운영했지만,
정조는 붕당에 구애받지 않고 인재를 등용했지요.

정조는 또 왕권을 강화하기 위해 노력했어요.
우선 왕실 도서관인 **규장각**에서 자기편이 되어 줄 **새로운 인물을 등용**합니다.
이 규장각을 통해 재능 있는 젊은 관리를 선발한 뒤
재교육하는 **초계문신제**를 실시했어요.
자신을 지켜 줄 **장용영**이라는 군사 조직도 만듭니다.
《**대전통편**》을 **편찬**하여 법령을 정비하기도 했죠.
정조는 다양한 방면으로 개혁을 추진하면서 자신의 정치 이상을
실현할 신도시로 **수원 화성**을 만들기도 했어요.

그런데! 안타깝게도 정조는 쉰도 안 되는 나이에 갑자기 세상을 떠나요.
당시 세자 나이는 고작 11세. 과연 정조 사후 어떤 일이 벌어질까요?

조선 후기

231

이것까지 알면 **진짜 역사왕**

영조는 왜 사도 세자를 죽여야 했나?

영조는 어머니 숙빈 최씨의 낮은 신분 때문에 왕자 시절부터 주위에서 무시를 많이 당했어요. 그러다 아버지인 숙종이 죽고 형인 경종이 왕위를 이어받는 과정에서 노론과 소론의 정쟁에 휩쓸리게 되었고, 노론의 강력한 지지를 받아 경종의 뒤를 이을 후계자로 지목이 됩니다. 경종은 몸이 약하고 자식도 없었거든요. 결국 경종이 죽고 영조가 왕위에 오르게 되지만 영조는 경종을 독살했다는 의심을 받기도 합니다.

어머니의 낮은 신분과 경종의 죽음을 둘러싼 의혹은 영조가 왕이 된 후에도 엄청난 부담으로 작용합니다. 게다가 자신을 왕으로 만들어 준 노론의 눈치도 봐야 하는 상황이었죠.

그래서 영조는 완벽한 왕이 되기 위해 노력해요. 영조는 누구보다 경연에 열심히 참여했고, 나중에는 신하들의 스승이 될 정도로 학문에 힘씁니다. 또 사치를 경계하고 검소했으며 흐트러진 모습 없이 항상 단정한 태도를 보였다고 해요. 그랬기 때문에 불리한 정치적 입지 속에서도 왕권을 강화하고 조선 후기 개혁의 발판을 마련할 수 있었던 거죠.

왕이 되기 전에 영조에게는 아들이 하나 있었어요. 하지만 영조가 왕으로 즉위한 지 4년 만에 열 살 난 아들이 병으로 세상을 떠납니다. 그가 바로 효장 세자예요. 그로부터 7년간 영조에게는 아들이 없었어요. 극심한 정쟁 속에서 온갖 악조건을 뚫고 왕권을 다진 영조였기에 누구보다 자신이 이룬 것들을 제대로 지켜 줄 후계자를 기다렸습니다.

이것까지 알면 진짜 역사왕

오랜 기다림 끝에 영조는 42세라는 늦은 나이에 둘째 아들 사도 세자를 얻습니다. 사도 세자는 영조에게 크나큰 기쁨이었죠. 영조는 사도 세자를 수시로 데리고 다니면서 국정을 익히게 하고 세자를 위해 직접 책을 써 주기도 했습니다. 세자에 대한 영조의 사랑과 기대는 실로 대단했습니다. 하지만 어린 시절 영특한 모습을 보였던 사도 세자는 점점 글공부를 멀리하고 무예에만 관심을 가집니다. 영조는 세자가 자신의 기대와는 다른 모습을 보이자 혹독하게 꾸짖었을 뿐 아니라 여러 사람이 있는 곳에서 망신을 주기도 합니다.

그러던 중 영조는 사도 세자를 시험대에 올립니다. 영조는 왕권을 강화하는 방법으로 양위 소동을 벌여요. 이제 나 왕 안 하겠다 하는 거죠. 세자와 신하들로서는 그러라고 할 수 없으니 엎드려서 명을 거두어 달라고 간청할 수밖에 없죠. 이때 영조가 세자의 대리청정을 제안합니다. 세자에게 자기 대신 나랏일을 보라고 한 거예요. 영조의 양위를 막아야 하는 신하들과 세자는 어쩔 수 없이 대리청정을 받아들입니다.

이것까지 알면 진짜 역사왕

세자는 아직 어리고 경험이 부족하잖아요. 그런데 영조는 하나도 안 봐줍니다. 세자가 잘하지 못할 때마다 심하게 꾸중해요. 아버지의 다그침이 심해지자 세자는 점점 엇나가기 시작해요. 아버지를 두려워하며 이상 행동을 보이기 시작해요.

그러던 어느 날, 이러한 사도 세자를 고발하는 고변이 올라옵니다. 나경언은 사도 세자가 역모를 꾸미고 있다면서 사도 세자의 잘못된 행동을 조목조목 영조에게 고해바치죠. 이 일로 영조는 사도 세자가 20일간 평안도를 몰래 유랑하고 온 것, 자신의 후궁을 죽인 것, 여승을 몰래 궁으로 끌어들인 일들을 모조리 알게 됩니다!

이쯤 되자 사도 세자의 친어머니인 영빈 이씨가 영조를 직접 찾아가 아들을 처벌하라고 애원합니다. 세손인 정조에게까지 화가 미칠까 봐 걱정한 것이죠. 결국 영조는 사도 세자를 세자에서 폐하고 스스로 죽으라고 명합니다. 신하들이 이를 극구 말리자 뒤주를 가져오게 하여 세자를 그 안에 가두죠.

결국 사도 세자는 뒤주에 갇힌 지 8일 만에 세상을 떠납니다. 사도 세자가 노론에 비판적인 태도를 보이자 사도 세자의 왕위 계승을 꺼린 노론이 사도 세자의 그릇된 행동과 정신병을 문제 삼아 영조가 어쩔 수 없이 사도 세자를 죽인 거라고 주장하는 사람들도 있습니다. 과연 영조는 노론의 힘에 떠밀려 아들을 죽인 걸까요? 사도 세자의 비극. 그것은 왕으로서 어렵게 이룬 것들을 지키기 위해, 아들 대신 손자를 택한 군주 영조의 냉정한 판단이 아니었을까 하는 생각도 듭니다.

영정법 永定法
길 영 / 정할 정 / 법 법
조세를 풍흉에 관계없이 1결당 4~6두로 정한 법

자, 이제 조선 후기의 경제입니다. 임진왜란과 병자호란을 겪으면서 땅이 황폐해지고 농민들의 생활이 어려워졌어요. 세금을 마구잡이로 거둘 만한 상황이 아니었죠.

조선 조정에서도 문제의 심각성을 알고 있었어요. 그래서 농민들의 세금 부담을 줄이는 방향으로 여러 가지 정책을 시행합니다.

> **큰별쌤 톡톡**
> 사실 영정법은 농민들에게 큰 도움이 못 됐어요. 당시 농민 대부분이 땅을 갖지 못한 소작농이었고, 나라에서 부족한 세금을 보충하려고 온갖 비용을 추가로 걷었거든요.

우선 토지세와 관련된 영정법! '영원히 정하는 법'이라는 뜻으로 인조 때부터 실시했어요.

세종 때 만든 공법에서는 1결당 많으면 20두까지 냈었죠. 그런데 이걸 1결당 4~6두로 확 낮춘 겁니다. 풍년이든 흉년이든 상관없이 **같은 금액으로 고정!**

대동법 大同法
큰 대 / 같을 동 / 법 법
공납을 쌀로 통일하여 바치게 한 제도

세금을 줄여 준 최고의 제도는 역시 대동법이죠.
대동법은 나라에 지역 특산물을 내는 공납을
특산물 대신 쌀 등으로 내도록 한 법이에요.
공납을 걷는 기준도 집마다 얼마씩이 아니라
땅 소유량을 기준으로 1결당 쌀 12두를 내도록 했죠.

공물로 바친 물건은 대개 제철
채소, 해산물, 바닷고기, 담비나
산짐승의 가죽, 종이, 그릇
등이었어요.

이전에는 마을마다 공납의 양이 할당되면
그 마을의 가구 수에 따라 특산물을 나눠 내는 형태였어요.
할당된 특산물을 직접 구하는 것도 힘들었지만,
관리와 입을 맞춘 중개업자들이 터무니없이 높은 가격을 부르거나
중개업자를 통하지 않고는 공납을 낼 수 없게 하기도 했죠.
그런데 이제 땅을 얼마나 가졌는지가 기준이 됩니다.
땅 없는 사람은 공납을 안 내도 되는 거죠.
많이 가진 부자는 세금을 더 많이 내고요.

토지가 없는 이는 공납 면제!

대동법

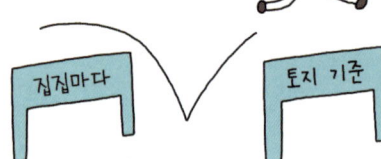

집집마다 → 토지 기준

이러니 양반들이 대동법을 좋아할 리가 없겠죠.

전국 시행에만 100년 걸립니다.
가진 자들의 저항은 없는 자들의 저항보다 힘이 세거든요.

어찌 됐건 대동법이 시행되면서 특산물을 바치지 않으니
나라에 필요한 물건들을 대신 사 줄 상인이 필요하게 됐죠. **Point**
그들을 '공인'이라고 합니다. 공인의 등장!
나라에서 돈 받아서 전국을 무대로 장사를 하겠네요.
앞으로 어떤 일이 벌어질지 상상해 보죠.

균역법 均 役 法
고를 부릴 법
균 역 법

조선 영조 때 군역의 부담을 줄이기 위해 시행한 제도

영조도 세금을 줄이는 감세 정책을 시행합니다. 바로 균역법.
군대에 가지 않으려고 다른 사람을 대신 보내거나(대립)
옷감(군포)을 내고 빠지는 일(방군수포)이 많았다고 했죠.
이런 현상이 계속되자 군역을 가는 대신
1년에 2필씩 옷감을 내게 하는 제도를 만들어요.
하지만 백성들에게는 군포를 내는 것도 큰 부담이었죠.
그래서 1년에 **2필** 내던 것을 **1필**만 내도록 깎아 준 게 바로 균역법이에요.

큰별쌤 톡톡

균역법의 시행 후에도 군포 문제는 계속돼요. 조선 후기부터 양반 수가 급격히 늘어났거든요. 양반은 군면제 기억나죠? 근본적인 해결책이 필요합니다.

감세는 좋지만 반이나 깎아 주면 나라 곳간이 비겠죠.
이걸 보완하기 위해 **어장세**, **염세(소금)**, **선박세** 등
본래 왕실에서 받던 것을 나라에서 받는 것으로 바꿉니다.
또 **선무군관포**라고 해서 양반은 아닌데 돈 좀 있는 사람들에게
명예 관직을 주고 대가를 받았습니다. 토지 1결당 쌀 2두를 내는 **결작**도 거둡니다.

조선 후기 세금 제도의 개편!
조세는 영정법, 공납은 대동법, 군역은 균역법! 잘 기억해 둡시다.

모내기법

모를 못자리에서 논으로 옮겨 심는 농사 방법

어디 보자. 대동법이 1결당 12두,
균역법으로 줄어든 세금을 보완하는 결작이 1결당 2두.
가만 보니 세금을 토지에 매기고 있네요. 왜일까요?
그 이유는 조선 후기에 토지 생산력이 확 늘었기 때문인데요.
여기에는 모내기법의 확산이 큰 역할을 했어요.

모내기법의 확산은 조선 후기 사회에 엄청난 변화를 가져옵니다.
<u>생산력은 늘어났는데 노동력은 오히려 줄어들어요.</u>
모판에서 따로 키워 온 모를 물 채운 논에 줄 맞춰 심으면
맨땅에 씨 뿌려서 키우는 것보다 잡초를 제거하기가 훨씬 쉽거든요.
벼는 벼대로, 잡초는 잡초대로 나니까 눈에도 잘 띄고,
물에 잠겨 말랑해진 흙에서 잡초 뽑아내는 건 일도 아니죠.
다섯 명이 할 일을 한 명이 할 수 있다네요.
그러니 한 사람이 넓은 땅을 농사짓는 광작廣作이 가능해졌어요. 👍
그럼 나머지 네 명은요? 농지에서 밀려나 임금을 받고 일하는 노동자가 됩니다.

조선 후기

큰별쌤 톡 톡

모내기를 하면 못자리에서 모를 키우는 동안 빈 땅에 다른 작물을 키우는 이모작이 가능해요. 대개는 벼와 보리를 번갈아 키웠어요.

선대제

상인들이 수공업자들에게 돈을 먼저 주고 물건을 확보하는 제도

모내기법의 확산으로 생산력이 어마어마하게 증가하는 조선 후기. 그러다 보니 남는 생산물이 생겨요.

 남으면 어떻게 할까? 다른 물건과 바꾸면 되겠죠?

생산력의 발전은 상업의 발전으로 이어집니다. 상인이 쑥쑥 성장해요.

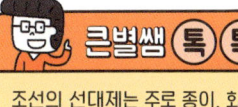 조선의 선대제는 주로 종이, 화폐, 철물, 자기 등의 제조 분야에서 이루어졌어요.

상인들은 수공업자에게 미리 돈을 주고 물건을 대량으로 만듭니다. 이런 걸 선대제라고 해요.

지금도 대형 마트에서 생산자에게 미리 돈을 주고 물건을 싸게 가져오잖아요. 그런 방식이 조선 후기에 이미 시행되고 있었던 것이죠.

어때요? 조선 후기에 자본주의가 싹트는 모습이 보이나요?

송상 松商
소나무 송 · 상인 상
조선 시대에 송도(개성)를 기반으로 성장해 전국에서 활동했던 상인

상업의 발달은 전국으로 활동하는 상인의 성장으로 이어져요.

 조선 후기에는 민간 상인들을 '사상私商'이라고 했는데, 그중에서 개성 송상이 완전 대박!

송상은 인삼을 재배하고 수출해서 큰돈을 벌었어요. 중국과 일본을 잇는 중계 무역도 담당했고요.

큰별쌤 톡톡
전국을 무대로 활동했던 사상으로는 개성의 송상 외에도 한양의 경강 상인, 의주의 만상, 평양의 유상, 동래의 내상 등이 있어요.

이들은 전국에 송방松房이라는 지점도 내요.
돈 버는 일에 있어서는
개성 송상을 따라올 자가 없다고 할 정도였죠.

송상은 상거래 도덕과 철학을 분명히 하고, 공정한 상업 규칙도 만들었어요.
또 《사개송도치부법》이라는
책을 써서 퍼뜨렸는데,
여기에는 거래 내용을 알기 쉽게
정리하는 회계 비법이 담겨 있습니다.

여러모로 송상은 전국을 무대로
활발하게 활동할 만한 상인이었네요.

공인 貢人
바칠 공 / 사람 인
대동법 실시 이후 나라에서 필요한 물품을 사서 납부하던 상인

민간 상인인 사상만 있었던 건 아니에요. 장시를 중심으로 전국을 돌아다니면서 장사하는 보부상도 있고, 나라의 허락을 받고 상업 활동을 하는 상인들도 있었어요. 한양에 점포를 열고 상업 활동을 하는 **시전 상인**과 대동법 시행으로 등장한 **공인**이 대표적이죠.

> **큰별쌤 톡톡**
> 공인은 정부에서 특권을 인정받은 상인이었죠. 그래서 공인으로 활동할 수 있는 권리가 높은 가격에 팔리기도 했어요.

공인이 등장하면서 조선 후기에 상업이 크게 발달합니다. 공인들은 한양의 시전 상인과 각 지방의 사상, 장시의 여객과 객주 등 다양한 사람과 거래를 하면서 착실히 자본을 쌓았습니다. 때로는 공인들이 직접 수공업자들을 고용해서 공방을 운영하기도 했죠.

자, 이제 엄청난 자본을 가진 상인들이 생겼습니다. 이늘은 많은 양의 물건을 도매로 사들여서 그 물건을 독점하려고 해요. 경쟁이 없으면 가격을 내 마음대로 매길 수 있잖아요. 그게 뭐든 꼭 필요한 물건이라면 후에 엄청난 이윤을 남겨서 되파는 게 가능했죠. 이렇게 물건을 독점해서 판매하는 행위나 집단을 '**도고**'라고 합니다.

상평통보

조선 인조 때 만들어져 숙종 때 활발히 유통된 화폐

상업의 규모가 커지다 보니 문제가 하나 생겨요.
좀 더 편리한 교환 수단이 필요해진 겁니다.
이전까지는 자급자족 사회라 화폐가 필요하지 않았어요.
필요한 경우가 생기면 옷감이나 쌀로
화폐 기능을 대신할 수 있었죠.
그런데 옷감이나 쌀을 화폐로 쓰기에는 문제가 있습니다.
우선 운반과 보관이 어렵죠. 너무 무겁고 잘못 보관하면 썩으니까요. ㅠㅠ
그런데 조선 후기 들어 상업이 발달하고 교환 규모가 커지다 보니
쌀과 옷감을 대체할 진짜 화폐가 필요하게 됐습니다.

동전에 새겨진 상평통보라는 말은 '언제나 일정한 가치를 유지하며 통용되는 화폐'라는 뜻이에요.

고려 시대부터 화폐를 만들어서 보급하려 했는데 잘 안 됐죠.
그런데 수요가 생기니 나라에서 나서지 않아도 자연스럽게 화폐가 유통됩니다.
이때 쓰인 화폐가 바로 유명한 **상평통보**입니다.

여기서 화폐 에피소드 하나.
초기에는 양반들이 화폐를 창고에
쌀 대신 쌓아 놓았대요.
그러니 시중에 화폐가 돌겠어요?
찍어 내면 사라지고,
찍어 내면 사라지고…….
이걸 화폐가 마르는 현상이라 하여
'**전황** 錢荒'이라고 했어요.

조선 후기

신해통공

1791년 정조가 자유로운 상업 활동을 위해 금난전권을 폐지한 정책

아무리 상업이 발달해도 조선은 성리학의 나라.
여전히 나라의 근본은 농업이고 상업은 천하게 여겼죠.
조선 정부는 상업 활동을 나라에서 통제하려고 했어요.
그래서 도성에 시전을 설치하고 허가받은 상인들만 상업 활동을 할 수 있게 했죠.
이 시전 상인들에게는 특권이 있었는데요. 바로 금난전권이라는 거예요.
말 그대로 **난전을 금지할 수 있는 권리!**
다시 말해 길바닥에서 어지러이 좌판 깔고 물건 팔면
쫓아낼 수 있는 권리라고 생각하시면 됩니다.
도성 안에서는 오직 시전 상인들만 물건을 사고팔 수 있게 한 겁니다.

그런데 우리의 정조! 이거 문제 있다고 생각합니다.
상업이 발달해서 나라 경제가 활기를 띠는데 '왜 니들만 특권을 갖냐!' 이거죠.
그런 특권은 이제 그만!
그래서 신해년(1791)에 육의전을 제외한 시전 상인의
금난전권을 폐지하는 **신해통공**을 실시합니다.

신해통공 덕분에 도시 빈민층과 가난한 상인, 중소 생산자가 보호받을 수 있었고, 상업이 더 발달하게 되었어요.

덕대

광산 소유자에게 채굴권과 운영권을 얻어 광산을 경영하던 사람

상업이 발달하니 물건이 더 많이 필요해지고,
물건 만드는 데 필요한 연료 채취도 활발해지겠죠?
그래서 조선 후기에는 광업도 활발해집니다.

덕대는 상인에게 돈을 빌려 채굴 노동자들을 고용하고, 이들에게 임금을 주는 방식으로 광산을 운영했어요.

조선 전기까지만 해도 광산은 나라에서 운영했는데,
임진왜란과 병자호란의 영향으로
백성을 요역에 동원하기가 힘들어집니다.

그래서 광산을 민간 사업자에게 넘기고 세금만 받죠.
이 과정에서 광산을 운영하는 전문 경영인이 등장합니다.
이름하여 덕대!

덕대는 광산 주인에게 채굴권과 운영권을 얻는 대신
광산 임대료와 캐낸 광물 일부를 주었어요.

공명첩
빌 공 이름 명 문서 첩
형식상의 관직을 부여하기 위해 사용한 백지 임명장

조선 후기 사회는 어땠을까요?
임진왜란과 병자호란 이후 조선은 엄청난 위기를 맞습니다.
우선 나라 곳간이 텅텅 비어요.
전쟁하느라 쓰고, 전쟁 때문에 세금 못 걷고. 이걸 어떻게 메꿀까?

고민 끝에 조선 정부는 돈을 받고 양반직을 파는 정책을 시행합니다.
물론 실제 관리로 근무하고 그런 건 아니고요.
명예직 정도의 양반이라고 보시면 됩니다.
에이, 그럼 그걸 왜 해? 할 이유가 있죠.
양반이 되면 군대 안 가도 되잖아요. 즉, 군포를 안 내도 된다는 겁니다.
지금 돈 좀 투자하면 평생 군포 면제!
돈 많은 사람은 군대 안 가서 좋고, 나라는 빈 곳간이 채워져서 좋고.
이런 게 바로 윈-윈!
이렇게 **공명첩**을 **발급**하게 됩니다.

사실 공명첩은 벼슬을 주는 임명장 외에도 노비 신분을 면해 주는 면천첩, 향리의 역을 면제해 주는 면향첩 등 종류가 다양했어요.

그런데 과연 좋기만 할까요? 명예 임명장이라고 해도 양반은 양반!
세금 안 내는 양반의 증가라니, 나중에 분명 문제가 생기겠죠?

양반전
兩(두 량) 班(나눌 반) 傳(전할 전)

조선 후기에 박지원이 양반 계급의 부패와 허세를 표현한 한문 소설

공명첩을 사거나 족보를 위조하는 등의 방법으로
조선 후기 가짜 양반 인구는 기하급수적으로 늘어납니다.
'온 백성의 양반화'라고나 할까요?
그럼 진짜 양반들은 어땠을까요?
조선 후기에 정쟁이 심했다고 했죠?
권력 투쟁에서 지면 끈 떨어지는 겁니다.
향촌에서 겨우 양반 행세라도 하면 다행인데
그것도 못 하는 완전히 몰락한 양반도
등장한답니다. 이들을 '잔반'이라고 해요.
농민보다 어렵게 사는 잔반도 수두룩했대요.
양반 체면에 돈 벌러 나갈 수는 없는데
어떻게든 먹고는 살아야 하니 정말 힘들었을 듯해요.

《양반전》은 박지원이 허례허식에 찌든 무능한 양반들을 비판하기 위해 쓴
소설이에요. 여기에는 양반이 증가하고 상민과 노비가 감소하는
당시의 시대상이 잘 드러나 있어요.
조건 후기에는 한글이 많이 쓰였는데,
《양반전》은 한문 소설이에요.
양반들은 여전히 한문을 썼거든요! 흠~

가난한 양반이 빚을 갚으려고 부자에게 양반 신분을
팔려고 했지만 양반의 조건이 너무 까다로워서
부자가 양반 신분을 사양한다는 내용이에요.

소청 운동

중인들이 높은 관직을 요구한 신분 차별 폐지 운동

양반은 그렇고, 중인들은 어땠을까요?
정조가 규장각에서 인재를 키웠다고 했죠.
이때 중인 가운데 서얼 출신을 많이 등용합니다.
규장각에서 책을 검사하는 검서관으로 말이죠.
이 모습을 본 기술직 중인들이 자기들도 서얼 검서관처럼 대우해 달라며
집단으로 상소를 올리는 **소청 운동**을 벌여요.
이 운동은 결국 실패하지만 조선의 신분제가
휘청대고 있었던 건 분명해 보입니다.

중인들이 소청 운동을 벌인 것은 문과 시험에 합격해도 높은 관직에 오를 수 없는 등 신분 차별을 받았기 때문이에요.

이 시기 중인들은 모여서 시 쓰는 문학 동호회 같은 것도 만들어요.
이걸 시사詩社라고 하는데, 여기서 글도 짓고, 그림도 그리면서
양반 못지않은 문화생활을 누립니다.
이 중인들이 이제 근대로 넘어오면 일을 냅니다. 기다려 보시라!

노비종모법

노비 자녀의 신분과 주인을 결정하는 기준을 어머니로 정한 법

양반의 증가로 조선 조정에서도 고민이 깊어집니다.
원래 나라에 세금 내는 계층이 일반 상민인데
이들이 양반이 되면서 나라 곳간에 구멍이 나기 시작한 거죠.
그래서 그걸 메꾸기 위해 노비들 신분을 높여 상민으로 만듭니다.

노비종모법은 조선 후기에 노비 신분의 남성과 상민 신분의 여성이 결혼하는 경우가 많아지면서 생겨난 제도입니다.

어떻게? 법을 바꾸는 거죠!
원래 아버지, 어머니 둘 중 한쪽이 천민이면 무조건 천민입니다.
그런데 이제는 <u>아버지가 노비여도 어머니가 상민이면
자식도 상민</u>이 되도록 한 겁니다. 이걸 '**노비종모법**'이라고 해요.

순조 때가 되면 더 파격적으로 <u>공노비들을 전부 해방</u>시키죠.
어쨌건 노비들은 이런 방법으로 상민이 되거나

그냥 도망쳐서 신분을 바꾸기도 했어요.
조선 후기 신분제는 이렇게 요동치고 있었답니다.

실학 實學
조선 후기에 실생활에 도움이 되는 것을 목표로 한 학문

성리학은 신분 차별이 엄격한 사회를 주장하는 학문인데
조선 후기 신분제가 이렇게 무너지고 있네요.
성리학만으로는 더 이상 조선 후기 사회를 설명할 수 없는 거죠.
그래서 나온 대안 중 하나가 바로 실학입니다.

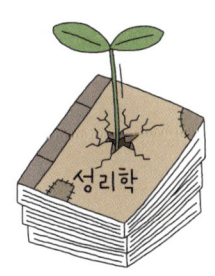

실학은 크게 **농업 중심 개혁론**과 **상공업 중심 개혁론**으로 나뉩니다.
농업 중심 개혁론자들은 땅을 올바르게 분배해
몰락한 농민들에게 희망을 주어야 한다고 주장합니다.
이에 비해 상공업 중심 개혁론자들은 생산력을 높이고
상업을 활성화해야 한다고 주장해요.

성리학이 지배하는 조선에서
참 획기적인 생각이죠?
상공업 중심 개혁론자 중에는
청에 다녀온 사람들이 많았기에
이들을 다른 말로 북학파라고 부르기도 했습니다.

큰별쌤 톡톡
실학은 실천보다는 명분을 중시하는 성리학의 관념적인 성격을 비판했을 뿐, 실학의 뿌리 또한 유학에 있음을 잊지 말아요.

농업 중심 개혁론

사회 개혁을 위해 농촌 문제 해결과 토지 제도 개혁이 필요하다는 주장

농업 중심 개혁론에서는 어떻게 하면 토지를 골고루 나눌 수 있을지 고민해요. 여러 학자가 다양한 토지 제도 개혁안을 내놓습니다.

농업 중심 개혁론자들은 실제로 농촌에서 살면서, 농민의 입장에서 농민의 삶을 나아지게 하기 위해 고민했어요.

우선 **유형원**은 균전론을 주장합니다.
사농공상(선비, 농부, 수고업자, 상인) 신분에 따라 토지를 나누어 주자는 거죠.

그런데 균전론을 시행하려면 우선 양반들이 가진 땅부터 빼앗아야 하잖아요. 그건 거의 불가능하죠.

유형원의 제자인 **이익**은 한전론을 주장합니다.
한전론은 토지 소유를 제한하자는 주장인데요.
우선 각 땅의 일부를 영업전으로 설정합니다.
영업전은 생활에 필요한 최소한의 땅으로, 사거나 팔 수 없습니다.
영업전이 있으니 쫄딱 망해도 최소한의 생계는 유지할 수 있겠죠.

그러면 토지 분배는 어떻게 하느냐?
영업전 외의 땅의 경우, 파는 것은 모두 허용하지만
살 때에는 영업전의 크기 이상은
사지 못하게 막는 겁니다.
땅을 사는 것에 한계를 두는 거죠.
이런 상황에서 거래가 계속되다 보면
사람마다 가진 땅이 거의 엇비슷해지겠죠.
유형원의 균전론보다는 더 현실적이라고 할 수 있겠네요.

그런데 **정약용**은 더 나갑니다. 여전론을 주장해요. ✦
공동 경작과 노동량에 따른 분배를 이야기하죠.
땅은 공동으로 소유하고 경작도 함께하되 일한 만큼 분배하는 거죠.
이거 어찌 보면 사회주의 협동 농장과 비슷한 느낌이 들죠.

정약용이 주장한 또 다른 토지 개혁안은 정전제입니다.
정전제는 토지를 우물 정# 자처럼 나눈 후
가운데에 있는 땅은 함께 경작하고,
여기서 나온 생산물은 세금으로 내자는 주장이에요.
역시 실학을 집대성한 정약용답게 참 많은 방안을 생각했죠?

조선 후기

251

상공업 중심 개혁론
실학사상 중 상공업 진흥과 기술 혁신을 강조하는 주장

농업 중심 개혁론자들이 토지 분배를 통해 자영농을 키우고자 했다면
상공업 중심 개혁론자들은 생산력을 높여 상업을 활성화하고자 했습니다.
즉, 피자를 크게 만들면 나눠 먹을 피자 크기도 커진다는 주장이죠. 크크크

상공업 중심 개혁론자의 대표적인 인물로 박지원과 박제가가 있습니다.
특히 《북학의》를 쓴 저자 박제가가 당시로서는 굉장히 파격적인 주장을 펼칩니다.
절약만 해서는 안 되고 적당히 소비도 해야 생산도 늘고 경제가 좋아진다고 얘기하죠.
소비를 해야 공장에서 물건도 만들고 공장 노동자들도 먹고 사니까요.

근검절약을 미덕으로 삼고,
사치를 엄하게 경계했던 조선에서
절약을 비판하고 소비를 권장하다니 대충격!

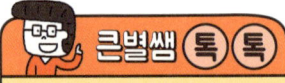

상공업 중심 개혁론을 가장 먼저 들고나온 사람은 유수원이에요. 그는 《우서》라는 책에서 상공업 발전과 기술 혁신을 강조하고, 모든 직업을 평등하게 대해야 한다고 말했어요.

이렇게 조선 후기에는
현대 사회와 비슷한 모습들이
여기저기서 나타나고 있었답니다.

곤여만국전도
명나라 말인 1602년에 선교사 마테오 리치가 만든 세계 지도

조선 전기 세계 지도의 대표라고 할 수 있는 〈혼일강리역대국도지도〉를 보면 중국이 한가운데에 떡하니 그려져 있어요. 그에 비해 아프리카나 유럽, 아라비아반도 등은 중국 옆에 다닥다닥 껌딱지처럼 붙어 있었죠. 아주 작게요.

그런데 조선 후기 들어 청에서 완전히 다른 모습의 세계 지도가 들어옵니다. 그게 바로 마테오 리치의 〈곤여만국전도〉. 이 지도를 보면 중국은 더 이상 세계의 중심이 아니에요. 중국 중심의 세계관이 와장창 깨지는 거죠.

여기에는 아시아, 유럽, 아프리카, 아메리카뿐 아니라 당시 마젤라니카라고 불렸던 미지의 남방 대륙(호주, 뉴질랜드, 남극)까지 포함돼 있어요.

결국 조선 지식인들은 깨닫습니다.
'세계의 중심은 중국이 아니군. 그럼 우리도 세계의 중심이 될 수 있겠네?'
발상의 전환은 바로 여기에서 시작되는 겁니다.

이런 생각을 바탕으로 홍대용이 '지구는 둥글고 스스로 회전한다'는 지전설을 주장합니다. 뱅뱅 도는 구에는 중심이란 게 없죠.
홍대용은 또 천문 관측기구인 혼천의를 만들기도 했어요.

거중기 擧重器
무거운 물건을 들어 올리는 데 쓰는 기계

지도뿐 아니라 기술에서도 서양 것이 주목받기 시작합니다.
물론 서양 기술을 들여오는 통로는 청나라였지요.
동서양 기술을 접목해 만든 조선 후기의 대표적인 건축물이 바로 수원 화성입니다.
정조가 야심 차게 진행한 도시 계획이 수원 화성 건설이라고 했죠?
여기에 조선의 레오나르도 다빈치, 정약용이 투입돼요.

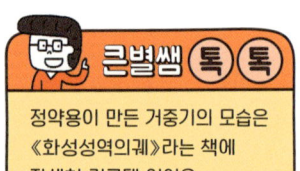

큰별쌤 톡톡
정약용이 만든 거중기의 모습은 《화성성역의궤》라는 책에 자세히 기록돼 있어요.

정약용은 16세기까지의 서양 기술을 소개한 중국 책인 《기기도설》을 읽고
무거운 물건을 쉽게 들어 올리는 기계인 거중기를 만듭니다.
도르래와 지렛대의 원리를 이용한 거죠.
덕분에 돌이나 나무 같은 무거운 자재들을 쉽게 들어 올릴 수 있었죠.
서양 기술이 화성 축조에 중요한 역할을 한 셈이죠.

물론 똑똑한 정약용과 그에게 일을 맡긴
정조가 있었기에 가능한 일!

이것까지 알면 **진짜 역사왕**

정조의 단짝, 정약용

조선 전기에 세종이 있다면, 조선 후기에는 정조가 있죠. 그만큼 정조는 능력이 뛰어났던 왕으로 평가받습니다. 하지만 왕이 아무리 대단하다고 해도 나랏일을 혼자 할 수는 없겠죠. 자신과 뜻을 함께하고, 그 뜻에 걸맞은 능력을 갖춘 신하가 필요했어요. 정조 때 그런 인물이 있었으니, 바로 정약용.

두 사람의 만남은 시작부터 예사롭지 않았습니다. 정조 7년, 세자 책봉을 기념해서 과거 시험이 열렸죠. 정조가 이때 올라온 답안지들을 보는데 눈에 띈 인물이 있었어요. 네, 정약용입니다. 합격자들을 만나는 날, 정조는 정약용에게 나이를 물었대요. 이건 굉장히 드문 일이었어요. 대과에 합격해서 벼슬길에 오를 사람도 아니고 이제 첫 시험에 합격한 청년에게 왕이 관심을 보인 거죠. 정조의 물음에 정약용이 "예, 저는 임오년 생입니다" 하고 답을 해요. 임오년은 1762년, 사도 세자가 뒤주에서 죽은 해예요. 아버지가 죽은 해에 정약용이 태어난 거죠. 정조는 이때부터 운명을 느꼈는지도 모르겠습니다.

그리고 정조의 눈은 정확했습니다. 소과 합격 후 성균관에서 공부하던 정약용은 점차 두각을 나타내요. 초시에도 여러 번 합격합니다. 답안지를 본 정조는 기특했는지 자주 정약용을 불러 선물을 주고 격려하죠. 그런데 이상하게도 정약용은 마지막 시험인 대과만 보면 떨어집니다. 무슨 일일까요? 당시 조정은 노론 사람들로 가득 찼는데 정약용은 남인이었거든요. 남인 출신 젊은 관리가 고속 승진을 한다면 엄청난 견제를 받았겠죠.

이것까지 알면 진짜 역사왕

정약용은 성균관에서 공부한 지 6년 만에 대과에 합격했습니다. 그리고 자연스럽게 초계문신(규장각에서 재교육 과정을 밟는 젊은 관리)으로 발탁! 이후 정약용은 승승장구합니다. 예문관, 사간원, 홍문관, 승정원 등 주요 관직을 거쳐 1년 만에 3품계나 초고속 승진. 하지만 이를 시기한 노론의 공격이 빗발치기 시작합니다. 정약용이 천주교 신자로 몰려 위기에 처하자, 정조는 정약용을 수령으로 임명해 지방으로 보냅니다. 정약용을 지키기 위한 최선책이었지요.

정약용은 이런 정조의 사랑에 보답합니다. 먼저 정조의 숙원 사업이던 수원 화성 축조에 큰 역할을 했습니다. 정약용의 노력으로 10년을 예상한 공사 기간은 2년 9개월로 크게 줄어들었고, 공사 비용도 4만 냥이나 아꼈죠. 정조는 정약용을 암행어사로 임명하여 민생을 살피는 일을 맡기기도 했습니다. 정조는 시간을 들여 정약용을 키웠고, 정약용은 정조가 내린 임무를 완벽하게 해내면서 환상의 콤비 플레이를 보여 주었습니다.

그러나 정약용 집안이 천주교 신자라는 사실은 계속해서 정약용의 약점이 됩니다. 결국 정약용은 유배를 떠나게 되었습니다. 물론 정조는 정약용을 잊지 않고 다시 궁으로 불러들입니다. 하지만 정조는 정약용을 다시 만나지 못하고 갑자기 건강이 나빠져서 숨을 거두고 맙니다. 이후 정약용은 다시는 벼슬길에 오르지 못합니다. 정조가 죽고 정약용은 기나긴 유배 생활을 시작하고, 조선은 세도 정치기에 접어들며 서서히 몰락의 길로 들어섭니다. 이 두 사람이 조금만 더 시간을 함께 보냈다면 조선 후기 역사는 어떻게 달라졌을까요?

한글 소설

조선 후기에 서민들 사이에서 유행한 한글로 된 소설

문화는 시대를 반영하죠.
 조선 후기 문화의 주인공은 누구?
양반? 아닙니다. 바로 서민이에요.
경제가 발전하면서 서민들도 문화를 즐길 수 있게 되었거든요.

그래서 이 시기에는 서민 취향의 문화가 발달합니다.
대표적인 예가 바로 한글 소설입니다.
아무리 돈이 많아졌대도 당장 한문 배우기는 어렵잖아요.

특히 《홍길동전》, 《춘향전》이 큰 인기였어요.
《홍길동전》은 신분의 벽에 부딪힌 홍길동이
새로운 세상을 꿈꾸는 내용이고,
《춘향전》은 양반과 기생이 신분 차이를 극복하고
사랑을 이루는 이야기잖아요. 어때요?
신분 사회에 대한 불만과 변화에 대한
갈망이 느껴지시나요?

조선 후기의 한글 소설은 대부분 입에서 입으로 전해지던 이야기나 판소리 가사를 한글로 옮겨 책으로 엮은 것이에요.

진경산수화

眞(참 진) 景(경치 경) 山(뫼 산) 水(물 수) 畵(그림 화)

조선 후기에 우리나라 산천을 소재로 그린 산수화

문화 하면 그림을 빼놓을 수 없죠.
문화가 다양해진 조선 후기답게 그림도 참 다양해졌어요.
우선 조선의 진짜 경치를 담은 진경산수화가 유행해요.
혹시 조선 전기 〈고사관수도〉 기억하세요? 물을 보고 있는 한가로운 선비.
그런데 그 선비 좀 이상했죠. 옷이나 머리 모양이 중국인 같기도 하고.
그렇습니다. 내면의 세계를 표현한 상상화였죠.
조선 전기 그림은 그만의 고유한 특성이 있지만 바탕은 중국 화풍이었어요.

그런데 조선 후기에는 상황이 달라집니다.
중국의 주인이 명나라에서 청나라로 바뀌었죠.
조선은 스스로 명나라의 전통을 계승했다고 생각했어요.
그런 자부심 속에 우리 것에 대한 관심이 높아졌고,
그 결과 조선의 자연과 사람을 그리기 시작했죠. 그래서 나온 게 **진경산수화**!
진경산수화의 대표작은 겸재 정선의 〈인왕제색도〉예요.
이름에서 알 수 있듯이 인왕산을 그린 그림이지요.
실제 풍경을 그려서 그런지 생동감이 느껴지지 않나요?

큰별쌤 톡톡
진경산수화는 실제 경치를 그대로 담을 뿐 아니라 자연 경관이 주는 감흥과 정취까지 표현했다는 것이 특징이에요.

풍속화 風俗畵
바람 풍속 그림
풍 속 화
시대의 풍습과 일반 백성들의 생활상을 다룬 그림

조선 후기의 회화 하면 김홍도와 신윤복을 빼놓을 수 없죠.
두 사람은 도화서 선후배이자 스승과 제자였고, 사이좋은 친구였어요.

두 사람의 그림은 같은 듯 달라요.
김홍도는 굵은 선으로 빠르게 그린 반면 신윤복은 가느다란 선으로 세밀하게 그렸어요.
김홍도가 배경을 거의 그리지 않았다면 신윤복은 배경을 세세하게 묘사했지요.
김홍도는 색을 거의 쓰지 않는데 신윤복은 빨강, 노랑, 파랑 등 원색을 많이 썼죠.
무엇보다 **김홍도**는 서민들의 삶을 해학적으로 그리는 데 집중했다면
신윤복은 양반들의 위선을 폭로하거나 연인들의 애절한 사랑을 표현했어요.

한글 소설을 읽으며 사회 변혁에 대한 갈증을 해소하고,
자신을 닮은 사람들이 등장하는 그림을 보면서
문화의 중심으로 우뚝 선 서민들이 그려지나요?

큰별쌤 톡톡
조선 후기 사람들의 생활 모습이 담긴 풍속화는 조선 후기 사회를 연구하는 중요한 자료로 이용돼요.

김홍도 〈무동〉

신윤복 〈단오풍정〉

민화 民畫
백성 민 / 그림 화
서민들 사이에서 유행한 실용적인 그림

풍속화의 대표 주자 김홍도와 신윤복은 뭐 하는 사람일까요?
네, 도화서 화원입니다. 왕과 나라를 위해 전문적으로 그림을 그리는 화가죠.
그러니까 두 사람 그림이 아무리 유행이라고 해도
일반 백성들이 막 사서 집에 걸 수는 없었겠죠?

그럼 백성들은 어떤 그림을 즐겼을까요?
정답은 바로 민화입니다. 이름부터 '백성의 그림'!
사실 민화는 서민뿐 아니라 양반들에게도 사랑받은 그림이에요.
민화에는 여러 가지 소망이 담겨 있거든요.
어떤 소망이냐고요? 예나 지금이나 바라는 건 비슷하죠.
건강하게 오래 살고 싶고, 부자 되고 싶고, 자식들 공부 잘했으면 싶고…….

까치와 호랑이 등 다양한 소재의 그림이 그려지는데,
대부분 **무병장수**, **부귀영화**, **가정의 행복** 등을 이루어 달라는 뜻을 담았습니다.
그러니까 민화는 보기에도 좋고 백성들의 바람도 담은 꿩 먹고 알 먹는 그림!

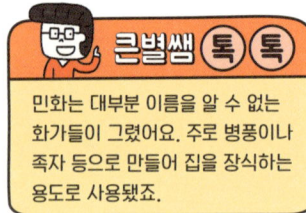

민화는 대부분 이름을 알 수 없는 화가들이 그렸어요. 주로 병풍이나 족자 등으로 만들어 집을 장식하는 용도로 사용됐죠.

정감록 鄭 鑑 錄
성씨 거울 기록
정 감 록

조선 후기 백성들 사이에 유포되었던 예언서

조선 후기 변화의 바람을 타고 백성들의 생각도 요동칩니다.
서당 교육이 활발해지고 한글 서적도 많이 나오면서
백성들이 똑똑해집니다. 어렵게 말해서 서민 의식이 성장하는 거죠!

생각해 보세요. 중국도 세계의 중심이 아니라는데
양반 중심의 세상이 계속되겠어요? 조만간 세상이 바뀌겠죠.
두 번의 전쟁으로 양반들의 무능함이 다 탄로 났고,
신분이나 벼슬도 돈만 있으면 다 살 수 있게 됐잖아요.

그런 분위기를 타고, 베스트셀러로 떠오른 책이 바로 《정감록》입니다.
이씨 세상이 망하고, 정씨 세상이 열린다는 내용이에요.
이씨가 왕이 되든 정씨가 왕이 되든 중요한 건 세상이 바뀐다는 거예요.
당시 백성들은 《정감록》 같은 책을 읽으며 사회 저항 의식을 키워 간 거죠.

참, 《정감록》에서는 새로운 수도로 계룡산 근처를 언급했는데,
이곳은 현재 세종시와 굉장히 가까워요. 신기하죠?

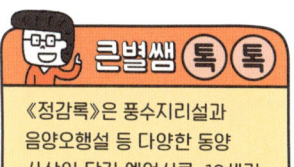

《정감록》은 풍수지리설과 음양오행설 등 다양한 동양 사상이 담긴 예언서로, 19세기 민중 운동에 큰 영향을 미쳐요.

이제 정씨 세상이 열린다.

정씨다!

서학 西學
서쪽 서 / 배울 학
서양의 학문이라는 뜻으로 조선 시대에 천주교를 이르던 말

심지어 양반이나 일반 백성이나 다를 게 없다는
평등 의식이 담뿍 담긴 종교도 유행하게 됩니다. 바로 천주교예요.
맨 처음 중국에서 천주교가 들어올 때는 학문의 형태로 들어왔어요.
조선이 이미 유교의 나라인데 종교로 들어오기는 불가능했겠죠.
자, 그래서 천주교 대신 서학! 서양의 학문이라는 뜻이죠.
그런데 백성들 사이에 퍼지면서 서서히 종교로 받아들여집니다.

천주교에서 가장 파격적인 내용은 뭘까요?
바로 천주님(하느님) 앞에선 모두가 평등하다는 거죠.
신분제 사회인 조선에서 이런 주장을 받아들일 수 있을까요?

게다가 천주교 신자가 조상의 제사를 거부하는 일이 생기자
나라에서는 사회 질서를 어지럽힌다며 천주교를 금지합니다.
자, 앞으로 있을 천주교 박해가 예상되시죠?

조선 후기

서학이라는 용어가 처음 사용된 것은 중국에 들어온 예수회 선교사들이 서양의 종교와 사상, 기술, 과학 등을 소개한 책을 한문으로 번역하면서부터예요.

동학 東學
동쪽 배울 동 학
최제우가 인내천을 기본 교리로 삼아 창시한 민족 종교

평등사상이 서학에만 있었냐? 아닙니다!
아무래도 천주교는 외국에서 들어온 종교라서 우리한테 딱 맞진 않죠.
그래서 등장한 것이 동쪽의 학문, 동학입니다.

경주 지역의 몰락 양반인 최제우가 창시한 동학은
서학에 반대하여 창시되었지만 사상의 본질은 같아요.
모두 인간 평등!
인내천을 주장하면서 사람이 곧 하늘이라고 하거든요.
모든 사람 안에 한울님이 계시니 함부로 대하지 말라는 것입니다.
또 새로운 세상이 올 거라는 후천 개벽을 주장해요.
양반 지배층들이 동학이라고 좋아할 리 없겠죠.
동학의 앞날도 밝지는 않겠네요.

동학은 동양을 대표하는 세 사상인 유교, 불교, 도교를 통합해 만들었어요.

인내천 사상
한울님(하느님)을 공경하려면 사람을 공경하라

세도 정치

19세기에 극소수의 세도가를 중심으로 국가가 운영되던 정치 형태

19세기 조선에는 경제·사회·문화 모든 면에서
변화의 소용돌이가 몰아칩니다.
이런 상황 속에서 정치는 혼란 속으로 빠져듭니다.

1800년 정조가 사망하고, 순조가 11세 어린 나이로 즉위해요. 👑
어린 순조를 대신해 영조의 두 번째 왕비였던 정순 왕후가 수렴청정을 시작하죠.
하지만 이것도 잠시, 순조가 왕비를 맞이하면서 장인 김조순이 권력을 장악합니다.
이로써 안동 김씨의 세상이 열립니다. 세도 정치가 시작된 거죠.

세도 정치로 권력을 잡은 일부 가문 사람들이
비변사를 장악하고, **온갖 비리**를 저질러요.
대표적으로 매관매직을 합니다.
돈 받고 관직을 파는 거예요.
공명첩 말고 진짜 벼슬을 팔았습니다.
큰돈을 주고 관직을 샀다고 생각해 보세요.
벼슬 받고 가장 먼저 드는 생각이 뭘까요?
투자한 돈만큼 거둬들여야겠다.
뭐 그런 거겠죠?

실제로 이 시기 관리들은 백성들 뽑아 먹으려고 난리예요.
이제 왕이 나서야죠. 순조는 안동 김씨를 견제하기 위해
풍양 조씨 가문의 딸을 세자빈으로 맞이해요.
그런데 풍양 조씨도 안동 김씨처럼
나랏일을 자기들 마음대로 하려고 하네요.

세도 정치 이전에 조선의 정치 형태는
하나의 당이 정권을 잡고 국정을 운영하는 거였어요.
물론 문제가 많기는 했지만 여기에는
뜻이 맞는 사람 여럿이 모여 있었어요.

그런데 세도 정치는 다릅니다.
가문 하나가 권력을 잡고 나라를 좌지우지하죠.
특히 세도 정치는 탐관오리의 세상!
세금을 부정하게 거둡니다.
그래서 나타난 것이 바로 **삼정의 문란**.

전정은 땅에서 걷는 세금,
군정은 군대 가는 대신 내던 포,
환곡은 일종의 빈민 구휼 제도였어요.
그런데 여기서 온갖 부정과 비리가 판을 치면서
백성들의 삶은 더욱더 피폐해집니다.

세도 정치는 순조, 헌종, 철종의 3대 60여 년간 이어지다가 고종이 즉위하고 흥선 대원군이 정권을 잡으면서 막을 내려요.

당시 조선 사회는 급격하게 변하고 있었어요.
이를 잘 조절하고 조선을 올바른 방향으로 이끌어도 모자랄 판에
세도 정권은 자신들의 배를 불리는 것에만 관심을 가집니다.
과연 삼정의 문란에서 벗어나고 싶은 민중의 마음은 어떻게 나타날까요?

홍경래의 난
19세기 평안도에서 홍경래를 중심으로 일어난 농민 봉기

삼정의 문란에서 벗어나려는 마음은
백성의 봉기로 나타납니다.
못 살겠다. 갈아 보자. 이거죠.

19세기 초 서북 지역에서 일어난
홍경래의 난은 당시 사회의 모순을
그대로 보여 줍니다.

홍경래는 과거 시험에 계속 떨어지자
벼슬길에 나가는 것을 포기했어요.
이후 각지를 다니며 세도 정치와 삼정의 문란,
관리들의 부정부패 등으로
비참해진 사회를 목격하고
사람들을 모아 봉기를 모의해요.

먹고살기도 힘든데 자연재해는 계속되고,
세도가들은 백성들 등쳐 먹겠다고 난리.
이런 것들이 합쳐지면서
정부에 대한 농민들의 불만이
봉기라는 형태로 터져 나온 거죠.

못 살겠다 갈아보자!

큰별쌤 톡 톡

홍경래의 난이 일어난 평안도 지역은 중국과 국경을 맞대고 있어서 일찍부터 상업이 발달했어요. 부유한 백성이 많았고 서민 의식도 빨리 성장했어요.

조선 후기

임술 농민 봉기

임술년에 농민들이 부패한 정권에 맞서 일으킨 봉기

19세기 초 서북 지역에서 홍경래의 난이 있었다면
19세기 중반에는 진주에서 시작되어 전국으로 퍼진 임술 농민 봉기가 일어났어요.

임술 농민 봉기의 원인도 바로 **삼정의 문란**이었어요.
당시 경상 우병사 백낙신과 진주 목사 홍병원이
온갖 이름을 붙여 농민들에게 세금을 걷었거든요.
유계춘 등이 이 사실을 관청에 알렸지만 아무 소용없었죠.

큰별쌤 톡톡

봉기의 원인이었던 백낙신은 민란이 수습된 후 전 재산을 뺏기고 전라도 고금도에 유배되었습니다. 농민 운동을 주도한 유계춘은 바로 처형당했고요.

이에 화가 난 진주 농민들이 관청을 공격하고 진주성을 점령해요.
이 소식이 비슷한 처지에 있는 다른 지역 농민들을 자극했어요.
경상도뿐 아니라 충청도, 전라도에서도 민란이 일어나고
심지어는 제주도와 함경도까지 전국이 들썩들썩!
농민들의 기세에 놀란 정부는 허둥지둥 삼정 문제를 해결할 관청을 만드는데요.
바로 **삼정이정청**입니다.
하지만 이런 임시 대책으로는 어림없었죠.
과연 기울어져 가는 조선의 운명은 어떻게 될까요?

6 개항기

조선, 자본주의 바다에 발을 담그다

문을 여시오. 흥선 대원군은 문고리를 붙들고 온몸으로 막아 내죠. 과연 조선의 선택은? 개항기의 역사는 외세를 끌어들였을 때 얼마나 혹독한 대가를 치르는지를 보여 줍니다. 이 과정에서 집권자들이 백성의 소리에 귀 기울이지 않고 이익만 챙기려 든다면 그 결과는? 100년 전 사람들의 선택이 어떤 결과를 낳았는지 같이 보시지요.

흥선 대원군

고종의 아버지로 어린 고종을 대신해 정치를 한 인물

앞서 살펴본 세도 정치기는 그야말로 총체적 난국.
하지만 반전의 기회는 있는 법!
이 비상 상황에 짜잔! 하고 등장한 인물이 있었으니
바로 '조선의 마지막 불꽃'이라 불린 흥선 대원군입니다.

아! 흥선 대원군은 고종의 아버지인데,
고종이 12살이라는 어린 나이에 왕위에 오르자 대신 권력을 잡았어요.
그러고는 곧장 개혁 정치를 시작합니다.

흥선 대원군은 국내 개혁의 목표를 두 가지로 정합니다.
왕권 강화와 민생 안정이 바로 그것!

왕권을 강화하려면 우선 세도 가문의 힘부터 빼놔야겠죠.
그래서 세도 가문의 권력을 뒷받침하는 비변사부터 폐지합니다!
대신 행정은 의정부, 군사는 삼군부에 맡겨서 권력을 분산시키죠.

대원군은 왕의 아버지에게 내리는 호칭이에요. 살아 있을 때 대원군 호칭을 받은 사람은 흥선 대원군이 유일해요.

서원 철폐

흥선 대원군이 전국의 서원을 47개소만 남기고 정리한 일

흥선 대원군은 중앙은 물론 지방 권력도 정리합니다.
바로 지방 권력 비리의 중심이었던 **서원을 철폐한 것**이죠.

사실 영조도 서원 철폐를 시도했는데 흥선 대원군은 더 독하게 합니다.
전국에 있는 서원을 전부 정리해서 47개만 남긴 것입니다. 와우!

그런데 서원이 왜 문제냐? 여기서 제사를 수도 없이 지내는데
그 제사 비용은 대개 그 지역 주민들이 감당했거든요.
유생들에겐 마음의 안식처이지만 백성들에겐 독이었던 서원.

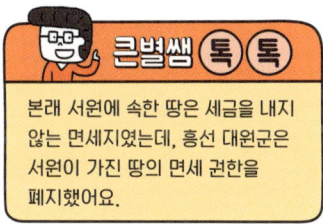

큰별쌤 톡톡
본래 서원에 속한 땅은 세금을 내지 않는 면세지였는데, 흥선 대원군은 서원이 가진 땅의 면세 권한을 폐지했어요.

유생들은 흥선 대원군의 서원 철폐 정책에 부글부글합니다.
"어찌 감히 유교의 나라에서 서원을!!"이라면서요.

양반 기득권 세력에 대한
흥선 대원군의 도전은 계속됩니다. 쭈욱~!

개항기

호포제 戶布制
집호 베포 제도제

조선 후기에 집집마다 군포를 내도록 한 제도

흥선 대원군 개혁 목표 두 번째, 민생 안정!
삼정의 문란으로 민생이 파탄이 났으니 당연히 고쳐야겠죠?

우선 토지. 전정의 개혁은 **양전 사업**으로 합니다.
양전 사업이란 토지 조사 사업이에요.
토지를 조사해 토지 대장에서 빠진 땅을 찾아 세금을 걷습니다.

다음은 군정 개혁. 이건 **호포제**를 통해 추진합니다.
호포제는 각 호, 그러니까 **집집마다 군포**를 내도록 하는 겁니다.
집집마다가 뭘 의미하죠? 바로 양반도 군포를 내야 한다는 거예요.

양반은 군역을 안 지는 게 특권이었는데 그 특권이 없어진 거죠.
특권 좀 누려 보겠다고 돈 주고 양반이 된 사람에게는
분통 터지는 일입니다.
양반들이 또 부글부글하겠네요.
서원 철폐로 부글부글,
호포제 실시로 부글부글!
이제 곧 폭발할 겁니다.

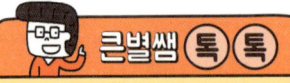
호포제의 시행으로 양반의 특권이 사라지면서 양반들의 불만이 하늘을 찌르게 돼요.

사창제
行政 單位 穀食 倉庫 制度
사 창 제

마을에 사창을 설치하여 곡식을 빌려주던 제도

삼정 중 하나가 빠졌죠?
바로 백성들을 너무나 괴롭혔던 환곡.
흥선 대원군은 환곡의 문란에 어떻게 대응했을까요?

큰별쌤 톡 톡
사창제는 흥선 대원군 때 처음 만든 제도는 아니에요. 세종과 문종 대에 시험적으로 시행된 적이 있고, 이후에도 사창을 실시하자는 주장이 계속 있었어요.

환곡은 원래 빈민 구휼 제도예요.
봄에 곡식을 빌려주고 가을에 이자를 조금 쳐서 갚도록 하는 거죠.
그런데 이자가 쏠쏠한 벌이가 되자 관리들이
이자를 어마어마하게 물리면서 문제가 생겨요.
심지어 빌리고 싶지 않다는 사람에게까지 강제로 빌리게 하죠.

 이 정도면 관리가 아니라 사채업자에 가깝죠!
이렇듯 환곡은 세금이 아닌데 세금처럼 걷어 갔어요.

흥선 대원군은 우선 관리의 개입을 막는 제도를 만듭니다.
대신 마을에서 덕망이 높은 민간인에게 빈민 구휼 창고 관리를 맡깁니다.
이걸 사창제 라고 해요. 어때요?
백성을 위해 개혁의 칼을 뽑은 흥선 대원군의 의지가 느껴지나요?

개항기

273

경복궁 중건
흥선 대원군이 임진왜란 때 불타 없어진 경복궁을 다시 세운 일

흥선 대원군이 민생을 위한 일만 했느냐?
그건 아니에요. 여러분 경복궁 가 보셨나요?
낮에도 아름답지만 밤에 보면 더 오묘하고 아름답죠.
경복궁은 궁궐 중 가장 으뜸인 궁으로,
조선을 세울 때 지은 궁궐이에요.

흥선 대원군 때 다시 지어진 경복궁을 일제 강점기에 일제가 의도적으로 훼손합니다. 지금은 복원이 이루어져 원래의 모습을 되찾고 있습니다.

그런데 조선 시대에 가장 많이 사용된 궁궐은 창덕궁이에요.
경복궁은 임진왜란 때 불탄 후 오랫동안 다시 짓지 못했거든요. ㅠㅠ
두 번의 전쟁으로 나라 살림도 어려워져서
큰돈이 드는 대공사를 시작하기 힘들었죠.
다행히 창덕궁이 남아 있어 임진왜란 이후 조선의 왕들은 주로 창덕궁에 머물렀어요.

흥선 대원군은 왕실의 위엄을 높이기 위해 경복궁 중건을 계획합니다.
물론 돈이 아주 많이 드는 대공사였죠.
공사 비용을 어떻게 마련해야 할지 깊은 고민에 빠진 흥선 대원군.
(원납전)이라는 기부금을 걷습니다. 원할 원願 자에 바칠 납納 자!
원해서 내는 돈이라는 뜻이죠.

나중에는 원하지 않는데도 강제로 걷어서
원 자가 원망할 원怨 자로 해석되었다고 하네요.

흥선 대원군은 또 상평통보의 100배 가치를 지니는 당백전을 발행해요.
돈이 부족하다고 돈을 막 찍어 내면 문제가 생기겠죠?
맞아요. 시중에 돈이 많아지면 돈의 가치는 떨어지고,
물가가 오르는 인플레이션이 발생하죠. 물가가 오르면 어떻게 돼요?
백성들 먹고살기 더 힘들어지죠.

거기다 경복궁 공사에 백성들을 데려다 씁니다.
전국의 장인들도 강제로 데려와요.
그뿐만 아니라 양반들 묘지림에서 나무도 베어 갑니다.
여기에 좋은 목재가 많았거든요.
유교 국가에서 조상들 무덤 나무까지 가져가다니~
부글부글 끓던 냄비가 폭발해 버리죠.

양반뿐 아니라 백성들 사이에서도 흥선 대원군에 대한 원성이 높아지게 됩니다.
결국 흥선 대원군은 자리에서 물러나고 고종이 직접 정치를 하게 됩니다.

제국주의 帝國主義
임금 나라 주인 옳을
제 국 주 의

경제력과 군사력을 앞세워 약소국을 식민지로 삼는 대외 팽창 정책

19세기에 세도 정치와 삼정의 문란이 아주 심했을 때,
흥선 대원군이 등장해 왕권을 강화하고 민생을 안정시켜 국내 정치를 다독였지요.

그럼 이번엔 국외로 시선을 돌려 보죠.
난리가 났네요. 19세기는 서세동점의 시기.
바로 서양 제국주의 세력이 동쪽에 있는 나라들을 침략하고 점령하는 시기였죠.
아편 전쟁 이후 영국은 강제로 중국의 문을 열었고,
일본 역시 미국 페리 제독에게 함포 빵빵 맞고서는 강제 개방!

> **큰별쌤 톡톡**
> 일본은 강제 개방 후 메이지 유신으로 동양에서 유일하게 근대화에 성공해서 제국주의 국가가 됩니다. 그때의 일본을 일본 제국주의, 줄여서 일제라고 부르죠.

부모 나라 중국이 힘없이 무너져 가고
일본에도 개혁의 바람이 부니
우리라고 서양의 침략을 피해갈 수 있겠어요?
자, 서세동점의 위기에 처한 조선 정부는
과연 어떤 선택을 할까요?

병인박해

1866년에 일어난 천주교도 박해 사건

아편 전쟁에서 청나라가 패배했다는 소식은 조선을 충격에 빠뜨립니다.
그 후 프랑스와 영국, 청나라 사이에서 중재를 맡은 러시아가
중재 대가로 연해주를 차지하고 조선과 국경을 접하게 되죠. 이건 더 충격!
당시 러시아는 얼지 않는 항구인 부동항을 얻기 위해 혈안이 돼 있었어요.
그 때문에 조선을 호시탐탐 노리고 있었죠.

불안감을 느낀 흥선 대원군은 '이이제이(오랑캐는 오랑캐로 제압한다)' 정책을 택해요.
러시아를 제압할 다른 오랑캐로 프랑스를 끌어들이려 하죠.
당시 조선에는 천주교를 포교하는 프랑스 신부들이 많았거든요.
프랑스 신부를 이용해 프랑스와 접촉하려던 시도는 별 소득 없이 끝나고,
오히려 이 사실이 알려지면서 유생들의 강력한 저항에 부딪히게 됩니다.

정치적 위기를 맞은 흥선 대원군! 위기를 극복하려면
그가 서양을 증오한다는 걸 보여 줘야 합니다. 그래서 일으킨 것이 병인박해.
흥선 대원군은 프랑스 선교사 9명과 수많은 신자를 처형하죠.
이 소식을 전해 들은 프랑스, 과연 어떤 반응을 보일까요?

병인박해의 희생자 대부분은 조선의 천주교 신자들이었어요. 1866년부터 1871년까지 무려 8,000명이 넘는 신도들이 처형됐다고 해요.

제너럴셔먼호 사건
1866년 평양에서 통상을 요구하던 미국 상선이 침몰한 사건

이번에는 서양 세력이 조선 평양의 대동강 근처에 나타납니다.
서세동점이 맞긴 맞네요. 여기 불쑥, 저기 불쑥.
출몰한 제너럴셔먼호는 미국인이 운영하는 상선이었어요.
당시 서양인들 사이에는 동양에 대한 환상이 있었대요.
동양에 가면 무덤만 파도 보물이 있고,
어떻게든 통상을 하면 떼돈을 벌 수 있다고요.
아~ 그래서 줄기차게 찾아왔던 거군요!

당시 조선에서는 서양에 대한 경계심이 높았어요. 병인박해로 곧 프랑스 함대가 쳐들어올 거라는 소문이 퍼져 있었거든요.

평양 관민들은 제너럴셔먼호가 길 잃은 배인 줄 알고 처음에는 극진히 대접했어요.
예나 지금이나 우리 민족 하면 정! 아니겠어요?
그런데 통상 요구를 거절하자 <u>제너럴셔먼호의 선원들</u>이 **난동**을 부리기 시작해요.
경고를 무시하고 평양에 배를 댔을 뿐 아니라 민간인에게 총까지 쏴요.
더 이상 강을 타고 올라오지 말라는 경고를 무시하고
조선 관리를 납치하고 민간인을 죽이기까지 하죠.
이런 상황이 되자 당시 평안도 관찰사였던 **박규수**가 결정을 내립니다.
저들을 살려 보내지 않기로! 그리고 시작된 화공 작전.
결국 제너럴셔먼호는 불타 가라앉고,
배에 타고 있던 선원들도 전부 사망하게 됩니다.

병인양요 丙 寅 洋 擾
셋째 천간 셋째 지지 큰 바다 어지럽힐
병 인 양 요

병인박해를 구실로 프랑스 함대가 강화도를 침범한 사건

병인박해로 프랑스 신부가 죽었다는 소식이 전해지자 당연히 프랑스에서 난리가 납니다.
프랑스는 "조선이 선교사 9명을 학살했으니, 조선인 9,000명을 죽이겠다"라며 군함을 이끌고 강화도를 침입하죠.

프랑스군은 강화도에서 철수하며 외규장각을 불태우고 외규장각 도서를 약탈했어요. 외규장각 도서는 현재 장기 임대 방식으로 국내에 반환되었어요.

신식 무기로 무장한 프랑스군에 비해 조선군의 상황은 무척이나 열악했어요.

하지만 우리가 어떤 민족입니까. 끝까지 물러서지 않습니다.
한성근은 **문수산성**에서, **양헌수**는 **정족산성**에서 프랑스군을 공격해요.
계속된 조선군의 반격에 결국 프랑스는 강화도를 떠납니다.

그런데 이때 프랑스군이 외규장각에 있는 책과 보물들을 약탈해 가죠.
이건 분명 온전히 돌려받아야 하는 우리 문화유산입니다. 잊지 마세요.

개항기

오페르트 도굴 미수 사건
1868년 독일 상인 오페르트가 남연군의 무덤을 도굴하려 한 사건

 이번에는 좀 더 황당한 사건이 일어납니다.
바로 충청도 덕산에 있는 남연군의 묘가 서양인에게 도굴될 뻔한 사건!
남연군이 누구냐? 바로 흥선 대원군의 아버지입니다.
독일인 오페르트는 남연군 묘를 파서 유골을 빼앗은 다음,
이를 통해 흥선 대원군에 통상을 요구하겠다는 계획을 세운 거죠.

서해안에 상륙하여 충청도 덕산으로 들어온 오페르트 일당은
밤에 몰래 도굴을 시도합니다.
그러나 남연군 묘는 도굴 방지 시스템이 되어 있었죠. 바로 석회!
시멘트보다 몇 배나 단단한 석회로 마감한 무덤은 그야말로 난공불락.
밤새 삽질을 해 봐도 성과는 없는데 서서히 날은 밝아 오는 상황.
결국 오페르트는 도굴에 성공하지 못하고 부랴부랴 철수합니다.

자, 이 사실이 조선 조정에 알려졌을 때 어떤 반응이 나왔을까요?
이런 짐승만도 못한 것들! 이거겠죠.

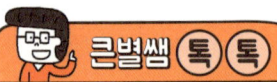

독일인 오페르트는 1866년에 이미 통상을 요구했지만 두 번이나 거절당해요. 이에 오페르트는 140명이나 되는 도굴단을 이끌고 남연군 묘를 도굴하는 만행을 저지르죠.

신미양요

辛 未 洋 擾
여덟째 천간 여덟째 지지 큰 바다 어지러울
신 미 양 요

제너럴셔먼호 사건을 구실로 1871년 미국 함대가 강화도에 침입한 사건

이번에는 다시 미국 차례.
제너럴셔먼호가 불타고 미국인들이 죽었다는 소식을 들은
미국 역시 프랑스서럼 군대를 보내 강화도를 침략합니다.
이것이 바로 1871년 신미양요.
조선 조정에서는 병인양요 때와 마찬가지로
끝까지 싸울 것을 명합니다.

신미양요 당시 미군은 광성보를 함락하고 어재연 장군의 수자기 (군 깃발)를 빼앗아 갑니다. 이 수자기는 2007년 장기 임대 방식으로 국내에 반환되었어요.

병인양요에서는 양헌수와 한성근이 활약했듯이
신미양요에서는 **어재연과 이름 없는 수많은 병사**가 죽을힘을 다해 싸웁니다.
실제로 조선인 수백 명이 죽어요. 하지만 미국도 큰 소득 없이 물러나죠.
흥선 대원군, 신미양요가 끝난 직후 전국에 척화비를 세웁니다.
"서양 오랑캐들과 사이좋게 지내자고 주장하는 것은 나라를 파는 것이다."

강화도에 가면 이때 전사한 이름 없는 병사들의 묘지를 볼 수 있어요.
이들이 무시무시한 총과 대포에 맞서 열악한 무기를 들고
목숨 바쳐 지키고자 했던 건 과연 무엇이었을까요?

개항기

최익현
위정척사파를 이끈 유학자이자 항일 의병장

병인양요와 오페르트 도굴 사건, 신미양요 등을 거치며
흥선 대원군의 통상 수교 거부 정책은 더욱 단단해졌어요.
유생들은 흥선 대원군의 통상 수교 거부를 적극 지지했지만 국내 정책에는 불만이었죠.
기억하죠? 서원 철폐와 호포제, 경복궁 중건 등등!

결국 고종이 직접 정치를 할 수 있는 20대가 되자
최익현이 **흥선 대원군 탄핵 상소**를 올립니다.
이제 고종이 직접 정치를 하라는 내용이었죠.
결국 최익현의 상소는 흥선 대원군이 물러나는 데 큰 역할을 합니다.

최익현은 철저한 원칙주의자였습니다. 고종이 직접 정치를 하는 데
가장 큰 역할을 했음에도 고종이 추진한 강화도 조약에는 목숨을 걸고 반대했어요.
일본과 서양 세력은 한통속이라고 주장하면서요.
이후 최익현은 **위정척사파**를 이끌어가죠. 최익현은 **을사늑약**이 체결되자
직접 **의병**을 일으켜 일본과 맞서 싸우기도 하지요.

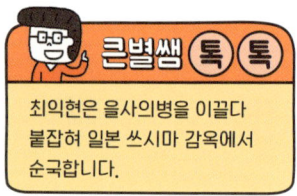

최익현은 을사의병을 이끌다
붙잡혀 일본 쓰시마 감옥에서
순국합니다.

강화도 조약

1876년 조선이 일본과 맺은 우리나라 최초의 근대적 조약

흥선 대원군이 물러나고 고종이 직접 정치를 하게 되면서
명성 황후와 그 가문인 민씨 일파가 적극적으로 나서서 권력을 잡습니다.

이런 조선의 변화를 빠르게 눈치챈 나라가 바로 일본.
지금이야말로 꽉 닫힌 조선을 열어젖힐 절호의 기회라고 본 것이죠.

일본은 미국에 당한 그대로 조선에 문호 개방을 요구합니다.
페리 제독이 흑선을 끌고 왔듯이 운요호를 보내 살짝 간을 봅니다.
조선으로서는 외국 배가 허락 없이 들어왔으니 경고 사격을 할 수밖에 없죠.
그런데 일본은 오히려 자기네 배를 공격했다며 대포를 쏴 댑니다.
순식간에 초지진을 무너뜨리고 인천 영종도 일대에 군대를 상륙시키기까지!
일본은 계속 **무력**을 쓰면서 **조선의 문호 개방을 요구**하죠!

흥선 대원군이 있었다면 계속 싸웠겠지만 세상이 바뀌었습니다.
이때 통상 수교론자들이 어느 정도 성장한 것도 한몫했지요.
결국 조선은 일본과 조약을 체결해요. 바로 조일 수호 조규, 일명 강화도 조약.

조약의 첫 항부터 일본은 조선이 자주국이라며 한껏 치켜세우죠.
그러나 이는 청나라와 조선의 관계를 끊어
자신들의 행위에 제한을 없애려 한 것일 뿐.
조약의 내용을 자세히 들여다보면 불평등한 내용이 수두룩했습니다.

우선 부산 외 2개 항구를 개항한다는 조항이 들어가요.
이에 따라 **부산**, **원산**, **인천이 개항**되었죠.
또 **해안 측량권**과 **치외 법권**(영사 재판권)까지 보장해 줬죠.
특히 치외 법권은 일본 상인이 죄를 지어도
조선 법으로 처벌할 수 없다는 거예요.

결국 강화도 조약은 국가 대 국가라는
대등한 관계에서 체결된
최초의 **근대적 조약**이라는 점에서 의미가 있지만
실상을 들여다보면 명백한 **불평등 조약**이었답니다.

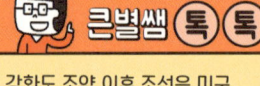

강화도 조약 이후 조선은 미국, 영국, 프랑스 등 서양 강대국들과도 차례로 수호 통상 조약을 맺어요. 하지만 첫 단추를 잘못 끼운 탓인지 하나같이 불평등한 약이었습니다.

통리기무아문

1880년 개화 정책을 추진하기 위해 설치한 관청

강화도 조약 체결 후 조선 정부는
개화파 관료를 중심으로 본격적인 개화 정책을 추진합니다.
자, 일을 하려면 이 일을 전담하는 관청이 있어야겠죠?
그게 바로 **통리기무아문**입니다.

그럼 통리기무아문에서 제일 먼저 해야 할 일은 무엇일까요?
개화를 하려면 뭘 어떻게 해야 하는지 알아야겠죠.
다른 나라부터 살펴봐야겠네요.
그래서 일본에 **조사 시찰단**, 중국에 **영선사**를 파견해요.
또 강력한 신식 군대를 새로 만듭니다. 이름하여 별기군!
별기군이 무슨 뜻이냐고요? '별난 기계를 가진 군대'냐고요? HAHAHA
사실은 '특별한 재주를 가진 군대'라는 뜻입니다.
신식 군대가 생겼으니 옛날 군대는 찬밥 신세!
조선 후기 중앙군인 5군영을 2영으로 줄입니다.
일종의 구조 조정이죠. 조선에 실직자 대량 발생!
남은 2영의 구식 군인들도 별기군에 비해 차별받기는 마찬가지!
어, 이거 나중에 큰 문제가 되겠군요.

통리기무아문은 개항 이후 대외 관계 변화에 대응하기 위해 설치되었으나 군사 업무와 일반 국정을 총괄하는 기구로 발전했어요.

조사 시찰단

1881년 일본의 근대 문물을 배우기 위해 조선 정부가 파견한 사찰단

통리기무아문 설치 후 일본에 조사 시찰단이 파견되었죠.
예전에는 이들을 '신사 유람단'이라고도 불렀어요.
하지만 한가하게 유람하러 간 게 아니니 이 말은 쓰지 말아 주세요.

박정양, 어윤중, 홍영식 등 젊은 개화파 관리들이 중심이 된 조사 시찰단은
고종의 은밀한 명령을 받고 부산을 통해 일본으로 가요.
처음에 이들은 자기가 뭘 하러 가는지도 몰랐대요. 암행어사인 줄 알았다네요.
당시 유생들이 외국과의 수교를 강하게 반대했으니
고종으로서는 일본에 시찰단을 보내는 일도 비밀스럽게 진행할 수밖에 없었어요.
이들은 약 3개월 동안 **일본의 근대 문물**을 살피고 조선에 돌아왔어요.

한편 고종은 **외국의 선진 무기 기술**을 배우도록 중국에 **영선사**를 파견해요.
경비 부족과 임오군란의 발발로 일부는 예정보다 빨리 돌아오게 되었지만
근대식 무기 공장인 기기창을 설치하는 데 큰 영향을 주었죠.

조사 시찰단의 조사는 '조선의 선비'라는 뜻이에요. 시찰은 '두루 돌아다니며 실제 현장의 사정을 살핀다'는 의미고요.

박문국

넓을 박 / 글 문 / 관청 국

조선 말에 신문과 잡지 등의 인쇄와 출판을 담당했던 관청

통리기무아문을 설치하고 조사 시찰단과 영선사를 파견한 후 조선에는 본격적으로 근대 기관들이 들어서기 시작해요.

특히 1883년에 집중적으로 세워집니다. 오호~!
인쇄 기술을 도입한 **박문국**, 화폐를 찍어 내기 위해 세운 **전환국**, 무기를 만들기 위해 **기기창**도 세우지요.
특히 박문국에서는 우리나라 최초의 근대적 신문인 《한성순보》가 발간돼요.
그리고 이듬해인 1884년에 근대적 우편 업무 기관 **우정총국**이 세워지죠!

지금 일상에서 당연하고 편리하게 이용하는 시설들이 바로 이 시기에 시작된 겁니다. \시작/

어때요? 조선도 준비만 잘하면 좋은 결과를 낼 수 있겠죠?
근대화가 멀지 않았다고요.
과연 조선의 운명은 어떻게 흘러갈까요?

박문국은 갑신정변 때 시설이 불에 타면서 없어졌다가 1885년 다시 설치되어 《한성주보》를 펴내기도 했어요.

개항기

위정척사 운동

衛(지킬 위) 正(바를 정) 斥(물리칠 척) 邪(간사할 사) 運(옮길 운) 動(움직일 동)

성리학을 지키고 서양 종교와 사상을 물리치자는 운동

강화도 조약으로 조선의 문이 열렸습니다.
그 후 고종이 젊은 개화파 관리들과 여러 개화 정책을 추진했죠.
하지만 여기에는 반대가 많았습니다.
대표적으로 정통 성리학 사상을 고집하는 유생들,
이들을 **위정척사파**라고 불러요.
위정척사 운동은 시기별로 목적과 상황이 조금씩 달라요.

1860년대

프랑스와 미국이 문을 열라고
함대 끌고 와서 위협하는 상황!
위정척사파의 구호는?
'통상 수교 반대한다!'
이때는 흥선 대원군이 결사 항전 지시!
병인양요, 신미양요 기억하죠?

1870년대

앗! 상황이 달라졌어요.
흥선 대원군이 권력을 뺏기고
일본과 조약을 체결하려는 상황.
이때 최익현이 들고일어나
'일본과 서양 세력은 한통속'이라는
왜양일체론을 주장해요.
하지만 결국 강화도 조약은 체결되죠.

개항기

1880년대

이젠 일본이 아니라 미국, 영국 등 서양 강대국들과 수교하려고 하네요. 수신사로 파견된 김홍집이 《조선책략》이라는 책을 가지고 오면서 미국과 수교하자는 주장이 힘을 얻은 상황. 위정척사파는 이만손을 중심으로 〈영남 만인소〉를 올려요.

1890년대

위정척사 운동은 외세의 경제적, 군사적 침략에 반대했죠. 이 운동은 이후 일본 국권 침탈에 저항하는 항일 의병 운동으로 계승됩니다.

조미 수호 통상 조약

1882년 조선과 미국이 수교와 통상을 목적으로 맺은 조약

1880년대를 뒤흔든 책이 있었으니 앞서 언급했던 《조선책략》.
2차 수신사로 일본에 간 **김홍집**이 청나라 외교관 **황준헌**에게 받은 책입니다.
여기에는 러시아의 조선 침략을 막기 위한 3가지 조언이 있었어요.
중국과 친하게 지내고 일본과 결합하며 미국(미방)과 연결한다.
뭐 중국과는 원래 친했고, 일본은 강화도 조약 맺었고.
근데 미국과 연결? 이것 때문에 유생들이 들고일어납니다. 집단 상소를 올리죠.
하지만 조선은 1882년에 **조미 수호 통상 조약**을 **체결**합니다.

조미 수호 통상 조약은 크게 3가지 내용을 담고 있어요.
어려울 때 돕겠다는 거중 조정.
그리고 관세! 강화도 조약과는 달리 관세 조항이 들어왔군요.
문제의 최혜국 대우. 조약을 맺은 나라에 최고의 혜택을 주겠다.
다른 나라에 준 좋은 조건은 자동으로 적용시켜 준다는 말이죠.
조선이 서양과 맺은 최초의 조약인 조미 수호 통상 조약 역시 **불평등 조약**이었네요.

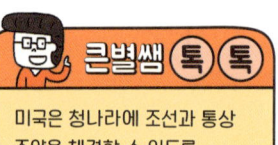

미국은 청나라에 조선과 통상 조약을 체결할 수 있도록 도움을 요청했고 청나라의 알선으로 조미 수호 통상 조약이 체결되었어요.

임오군란

구식 군인들이 신식 군대와의 차별에 불만을 품고 일으킨 난

개화 정책에 대한 불만은 일반 백성들 사이에도 있었어요.
왜? 개항 이후 일본으로 **곡물이 제한 없이 수출**되어
곡물 가격이 올랐고 **개화 정책 추진을 위한 비용**을 세금으로 마련했거든요.

한편 별기군 설치와 함께 구식 군인들이 무더기로 해고된 것도 모자라
남은 구식 군인들도 별기군에 비해 낮은 대우를 받죠.

 심지어 13개월 만에 봉급으로 받은 쌀에는 모래와 겨가 섞여 있었다고 해요.
이에 구식 군인들의 분노가 폭발하여 임오군란이 일어납니다.

명성 황후가 피신하는 상황까지 오자 고종은 아버지에게 도움을 요청합니다.
흥선 대원군은 군란 수습을 맡으며 다시 **정계**에 **복귀**하죠.
명성 황후는 임오군란을 진압하고자 청나라에 도움을 요청해요.
이때다 싶은 **청나라**는 **군대**를 끌고 들어와서 **임오군란을 진압**하고
흥선 대원군을 군란의 책임자로 몰아 끌고 가 버립니다.

임오군란이 일어났을 때 구식 군인들은 별기군을 지휘했던 일본 교관을 죽이고 일본 공사관을 공격합니다.
임오군란으로 피해를 입은 일본은 강하게 항의하죠.
일본 국민을 보호할 수단이 필요하다!
그래서 체결한 게 바로 **제물포 조약**!
일본은 이 조약을 계기로 조선에 군대를 주둔시킬 권리를 얻어 냅니다.

임오군란을 진압한 청나라 역시 엄청난 걸 얻어 가는군요.
바로 **조청 상민 수륙 무역 장정**. 세상에 공짜는 없거든요.

조청 상민 수륙 무역 장정의 체결로 청나라 상인들이 개항장뿐 아니라 조선 땅 깊숙이 들어와 상업 활동을 할 수 있게 되었죠.
외세의 힘을 빌린 대가를 혹독하게 치르게 되었네요.

개화파

강화도 조약 이후 개화 정책을 이끌었던 정치 세력

임오군란을 진압해 준 청은 대놓고 조선 정치에 간섭을 시작합니다.
그러자 개화파 중 김옥균을 필두로 하는 급진 개화파가 불만을 가져요.
개화 정책을 추진하는 과정에서 개화파가 **온건 개화파**와 **급진 개화파**로 갈라졌어요.
급진 개화파는 일본 메이지 유신을 모델로 삼습니다.
서양의 기술, 사상, 제도 등 모든 것을 받아들이자고 주장했죠.

그런데 청나라가 사사건건 간섭이니 불만이 커진 겁니다.
게다가 청나라에서 파견된 외교 고문 묄렌도르프가 개화 정책에 필요한 돈을
화폐 발행으로 해결하자고 해요. 여기에 김옥균은 결사반대.
김옥균은 당백전의 사례에서 확인했듯 화폐를 발행하면
인플레이션이 발생할 거라고 생각했거든요.

대신 개화에 필요한 돈은 자기가
일본에서 빌려 오겠다고 합니다.
그런데 일본이 갑자기 돈을 안 빌려준다네요?
위기에 몰리게 된 **급진 개화파**!

온건 개화파는 청나라의 양무운동처럼 천천히 단계적으로 개화를 추진하고자 했어요. 대표 인물로는 김홍집이 있어요.

갑신정변

1884년 급진 개화파가 근대 국가 수립을 목표로 일으킨 정변

위기에 몰린 급진 개화파가 일으킨 사건이 바로 **갑신정변**!
마침 청나라 군대 일부가 베트남에서 프랑스와 싸우기 위해 빠져나간 상황이었습니다.

절호의 기회!

김옥균, 박영효, 홍영식, 서재필 등 급진 개화파가
이 기회를 놓치지 않고 근대 우편 업무를 하는
우정총국 개국 축하 파티에서 정변을 일으킵니다.

정변이라는 말은 혁명이나 쿠데타처럼 합법적이지 않은 형태로 이뤄진 정치 변동을 뜻해요.

급진 개화파는 민씨 세력과 친청파 관리들을 제거하고
고종과 명성 황후를 창덕궁에서 경우궁으로 피신시킵니다.
그리고 개화당 정부를 수립하고 개혁 정강을 발표하죠.
개혁 정강의 주요 내용을 한번 살펴볼까요?

우선 **정치** 면에서 **입헌 군주제**를 지향합니다.
왕은 있지만 헌법에 의해 일정한 제한을 받는 것으로
지금도 많은 군주국이 채택하고 있죠.
대표적으로 영국이 그렇습니다. 가까운 일본도 그렇고요.

경제 정책으로는 **상인들**의 **특권 폐지**를 요구합니다.
그래서 보부상을 관리하는 **혜상공국도 폐지**하라고 하죠.
또 국가 **재정**을 **오직 호조에서만 관리**하게 해요.
예전에는 여러 관청이 담당해서 세금이 이중삼중으로 걷히기도 했거든요.
토지와 관련된 세금을 매기는 법인 **지조법 개혁**도 주장합니다.
관리들의 부정을 막아서 백성들의 삶을 안정시키고자 한 것이죠.

사회 면에서는 **신분제 폐지**를 내세웠답니다.
급진 개화파는 당시까지 많은 사람을 억누르던 신분제를 폐지하고
온전히 평등한 세상을 만들고자 했죠.
가난한 백성이 아니라 고위 관료의 자제들에게서 이런 외침이 나오다뇨.
변화의 방아쇠가 당겨진 것 같나요?

그런데 명성 황후가 또 청나라에 도움을 요청합니다.
결국 창덕궁에서 청나라군과 일본군의 전투가 벌어지는데
상황이 불리해지자 일본은 바로 군대를 철수시킵니다.

이때 홍영식은 고종 옆에서 죽고, 나머지는 일본으로 망명을 갑니다.
김옥균도 나중에 민씨 세력에서 보낸 자객의 총에 맞아 죽습니다.

정변이 진압되자 일본은 갑신정변 중에
자기네 공사관이 불탄 것을 핑계로
한성 조약을 체결하여 많은 **배상금**을 얻어 냈어요.

한편 창덕궁에서 맞붙은 두 나라는 위험을 감지합니다.
그래서 **톈진 조약**을 맺어 조선에 주둔시킨 양국의 군대를
동시에 철수하고, 앞으로 **조선**에 **군대**를 보낼 때는
반드시 **사전**에 서로에게 **통보**하기로 약속합니다.

남의 나라 땅에서 자기네끼리 쿵짝쿵짝 뭐 하는 건지…….
이 조약이 나중에 청일 전쟁의 빌미가 되거든요. 에휴~
이렇게 갑신정변은 3일 천하로 끝나고 말아요. ㅠㅠ

거문도 점령
영국이 러시아를 견제하려고 조선의 거문도를 불법 점령한 사건

임오군란도 청나라가 진압, 갑신정변도 청나라가 진압.
이러면 청나라의 내정 간섭이 얼마나 심해질지 짐작이 가죠?
결국 청나라를 불러들인 민씨 정권도 부담을 느끼게 됩니다.
그래서 **청나라를 견제**할 또 다른 세력을 찾죠. 그게 바로 **러시아**!

그런데 조선이 러시아와 몰래 조약을 체결하려 하자
러시아의 남하 정책을 꺼리는 영국이 끼어듭니다.
영국은 1885년에 조선 땅 거문도를 불법적으로 점령해
여기에 군사 기지를 세우고 함대와 병력을 주둔시킵니다.
아니 정말, 남의 나라에서 왜들 이러는 겁니까?

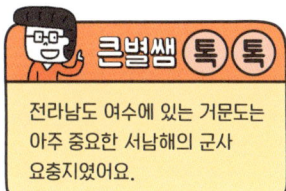

전라남도 여수에 있는 거문도는 아주 중요한 서남해의 군사 요충지였어요.

결국 청나라의 중재로 영국이 거문도에서 철수하지만
이번에도 청나라의 도움을 받게 되었네요. 조선은 어쩌다 이런 신세가 됐을까요?
직접 힘을 키우기보다는 외세에 의존해서 문제를 해결하려 했기 때문이죠.
외세에 의존하지 말고 스스로 힘을 키워야 한다는 사실! 우리도 명심합시다.

교조 신원 운동

처형당한 교조 최제우의 억울함을 풀기 위해 동학교도가 벌인 운동

청나라의 내정 간섭을 받는 조선 정부는 백성을 지키지도 못하면서
개화 정책 한다고 나라에서 세금은 왕창 걷어 가요.
여기에 곡물 가격까지 무섭게 올라서 백성들은 먹고살기가 더 힘들어진 상황.
참고 견디기에는 상황이 너무 안 좋습니다. 백성들 이대로 가만있지 않겠죠.

이런 상황에서 동학은 인간은 누구나 평등하다고 주장해요.
지배층의 수탈에 시달리던 농민층에 호응을 얻을 수밖에 없겠죠.
그런데 정부는 동학을 사악한 종교라며 탄압합니다.
동학교도는 세상을 어지럽히고 백성을 속였다는 죄목으로
처형된 동학의 창시자 **최제우의 억울함을 풀어주고**
종교의 자유를 얻기 위해 교조 신원 운동을 펼칩니다.

그런데 집회가 계속되면서 '탐관오리를 벌하라!'
'일본과 서양을 몰아내자!' 하는 정치 주장도 등장해요.
뭔가 서서히 끓고 있는 것 같지 않나요?

동학은 최제우의 처형 이후 정부의 탄압을 받았지만 2대 교주 최시형의 노력으로 경상도, 충청도, 전라도 지역을 중심으로 다시 세력을 키웠어요.

동학 농민 운동

東學農民運動
동녘 배울 농사 백성 돌릴 움직일
동 학 농 민 운 동

1894년에 동학 교도와 농민들이 힘을 합쳐 일으킨 농민 운동

부글부글 끓던 물은 1894년 **전라도 고부**에서 터집니다.
고부 군수 **조병갑**의 가혹한 수탈로 농민들이 들고일어난 것이죠.
다른 저수지가 있는데도 조병갑이 세금을 더 걷으려고
만석보라는 저수지를 만들게 합니다.
농민들이 노동력 들여서 완성했더니 이용료랍시고 세금을 더 내라고 합니다.
완전 열받는 거죠. 이름하여 **만석보 사건**! 결국 "조병갑을 잡아라!"

이때 그 유명한 **사발통문**이 등장.
밥그릇인 사발을 뒤집어 놓고 동그랗게 이름을 적어요.
어디서부터 썼는지 모르니 주동자를 알 방법이 없네요. 허허.
사발통문을 쭈욱 살펴보면 익숙한 이름 하나가 보여요.
녹두 장군 전봉준. 그를 중심으로 들고일어난 거죠.
조병갑은 도망가고 관아에 쳐들어간 농민들은 창고를 열어 곡물을 나누고…….
이 사실을 알게 된 정부에서는 새 군수를 보내 사태를 수습하려고 했어요.

개항기

그런데 이 고부 농민 봉기를 조사하러 내려온 **안핵사 이용태**가
꺼져 가던 불씨에 다시 불을 지핍니다.
봉기 주동자들을 잡아들이기 시작한 겁니다.
이러면서 농민들이 다시 들고일어나는데, 바로 백산 봉기예요.
이때가 실질적인 동학 농민 운동의 출발점이라고 보시면 됩니다.
무장하여 봉기한 동학 농민군들은 관군을 차례로 쓰러뜨립니다.
황토현 전투는 물론 황룡촌 전투에서도 승리하죠. 승승장구~

드디어 전주성까지 함락하게 됩니다. 전주성은 전라도의 중심 도시죠.
여기를 장악했다는 건 전라도 전체를 장악한 것이나 다름없어요.
전라도가 어떤 곳이죠? 한반도에서 곡물이 가장 많이 나는 곡창 지대죠.
당황한 정부는 또다시 청나라에 도움을 요청해요. 이런.

그런데 청나라군만 오는 것이 아니었습니다.
갑신정변 때 체결한 톈진 조약 기억하시나요?
톈진 조약에 따라 청나라가 군대 보낸 걸 일본에 통보하는데,
일본도 자국민을 보호해야 한다면서 군대를 보낸 겁니다!

자칫하면 우리나라 땅에서 청나라와 일본이 전쟁을 벌일 태세!
놀란 조선 정부는 부랴부랴 농민군과 협상을 하죠.
그래서 체결한 것이 **전주 화약**.

전주 화약 이후 농민들은 자치 기구인 **집강소**를 설치해
폐정 개혁을 실천해 나갑니다.
정부도 가만히 있지만은 않습니다.
농민들의 개혁 요구를 수용하기 위해 **교정청**을 설치하죠.

이제 조선 정부는 청·일 양국에 요구합니다.
"우리 이제 안 싸울 거야~ 그만 가도 돼~"
그런데 일본은 조선에 들어올 때부터 딴마음을 품고 있었어요.
일본은 군대 철수 요구를 무시하고 **경복궁을 점령**하고 **청나라를 공격**합니다.
조선 땅에서 청나라와 일본의 전쟁인 청일 전쟁이 일어나게 된 것이죠.

전쟁에서 이길 것 같자 일본은 교정청을 폐지하고,
자신들의 요구대로 움직일 개혁 기구로 군국기무처를 세워요.

일본군의 경복궁 점령 소식을 들은 농민군은 다시 봉기합니다.
제1차 봉기 때는 지배층의 수탈과 **봉건적 사회 질서에 저항**하는 성격이 강했다면
제2차 봉기 때는 일본군 타도라는 **반외세 반침략적 성격**이 더 강합니다.

동학군과 일본군이 만난 곳이 바로 공주 우금치.
10만 농민군을 기다리는 건 최신 무기로 무장한 일본군과 관군.
강력한 화력 앞에 우금치 전투는 패배로 끝나게 됩니다.
민중들이 직접 목소리를 낸 개혁 운동은 이렇게 막을 내립니다.

이것까지 알면 **진짜 역사왕**

과부의 재가를 허하라!

1894년 동학 농민 운동이 일어납니다. 민중이 반봉건, 반외세를 주장하며 일으킨 아래로부터의 개혁 운동.
농민군의 핵심 주장은 토지의 균분, 신분제 폐지, 그리고 과부 재가(재혼) 허용!

고려 시대만 해도 아~무 문제없었던 여성의 재가가 조선 시대에는 매우 부정적으로 여겨져요. 성종 때 '재가녀 자손 금고법'이 만들어집니다. 재가한 여성의 자식은 과거 시험을 볼 수 없도록 하는 거죠. 여성이 재혼을 하면 자식의 앞길을 막는 게 됩니다. 그러니 누가 재혼을 하겠어요. 아, 물론 남성의 재혼은 상관없었습니다. 남성은 첩도 들일 수 있었으니까요.

조선 시대에는 〈자녀안(恣女案)〉이라는 문서가 있었어요. 품행이 나쁘거나 세 번 이상 재혼한 양반집 여성의 이름과 행동을 적는 거죠. 자(恣)는 방자할 자로, 제멋대로라는 뜻이거든요. 다시 말해 〈자녀안〉은 방자한 여인 명단인 겁니다. 여기에 이름이 올라가면 가문의 영광이 아니라 가문의 쪽박! 조선 시대에 여성 인권이 어땠는지 아시겠죠?

사실 여성의 재가 금지는 여성 인권뿐 아니라 여성의 생계까지 위협하는 심각한 문제였습니다. 생각해 보세요. 조선에서 혼자 사는 여성이 뭘 해서 먹고살 수 있을지. 과부의 재가 금지는 마땅히 없어져야 할 봉건적 구습이었던 겁니다. 어때요? 모두가 평등한 세상을 꿈꾸었던 농민군이 반드시 개혁해야 할 내용으로 과부 재가를 들고나온 이유, 이제 아시겠지요?

갑오개혁
1894년 조선의 정치·경제·사회 제도를 근대식으로 고친 개혁 운동

경복궁을 점령한 일본의 감시 속에 **군국기무처가 설치**되고, 이 군국기무처에서 이제 **제1차 갑오개혁**이 추진됩니다.

정치적으로는 **개국 기년**(1392년 조선 건국 기점)을 쓰고, 조선의 의정부 6조 체제를 **의정부 8아문 체제**로 바꿉니다.
그리고 **궁내부를 설치**해서 왕실 사무를 관리하도록 하죠.
왕실과 국가를 분리하는 겁니다.
경제적으로는 **도량형을 통일**하고 **재정을 탁지아문**에서 맡아보게 합니다.
조세를 돈으로 내는 금납화를 시행하죠.
또 나라가 은을 가진 만큼만 화폐를 찍어 내는 **은 본위제도** 시행합니다.

가장 중요한 건 **신분제를 폐지**한 겁니다.
양반, 상민의 구분을 없앤 거죠.
이 외에도 **연좌제 폐지, 조혼 금지, 과부의 재가 허용** 등 많은 변화가 이루어집니다.

사실 1차 갑오개혁 때에는 청일 전쟁 중이라 일본의 간섭을 덜 받았어요.
그 덕분에 비교적 자주적으로 개혁을 추진할 수 있었지요.
그런데 청일 전쟁에서 승기를 잡은 일본이 **본격적인 내정 간섭**을 위해
군국기무처를 폐지하고 친일 인사 박영효를 내각에 집어넣습니다.
박영효, 김홍집 연립 내각이 구성된 거죠. 박영효 기억하시죠? 갑신정변의 주역!
일본에 우호적인 인물을 내세워 개혁을 추진한 것이죠.

우선 종묘에 가서 〈독립서고문〉과 〈홍범 14조〉를 발표하도록 합니다.
조선의 독립과 개혁 의지를 밝히라는 뜻이었죠.
이때가 바로 2차 갑오개혁이 진행되는 시점입니다.
정치적으로는 의정부 8아문 체제를 **내각 7부**로 바꾸고,
재판소를 설치해 **지방관**의 **사법권**을 **박탈**합니다.

그리고 전국을 8도 체제에서 **23부 체제**로 바꿔요.
전반적으로 지방 권력을 약화하는 방향으로 갑니다.
사회적으로는 **교육 입국 조서를 반포**해 근대 교육의 시작을 알립니다.

지금은 너무나 당연한 제도들이 이 시기에 틀을 갖춘 거죠.
자, 개혁은 쭈욱~ 계속됩니다.

을미개혁 乙未改革
둘째 천간 여덟째 지지 고칠 고칠
을 미 개 혁

1895년 을미사변 직후 구성된 친일 내각이 추진한 개혁

1895년 청일 전쟁이 일본의 승리로 끝납니다.
전쟁에서 승리한 일본은 청나라와 시모노세키조약을 맺어 청나라의
랴오둥반도를 차지합니다. 그러나 일본의 지나친 세력 확대를 우려한
러시아가 프랑스, 독일과 함께 랴오둥반도를 청나라에 돌려주라고 협박하죠.
이게 바로 **삼국 간섭**입니다.
서양 강대국 셋이 얘기하니 일본도 어쩔 수 없죠. 바로 깨갱~

이를 지켜본 명성 황후, 러시아를 통해 일본을 견제하고자 합니다.
조선에서의 영향력을 잃을까 두려웠던 일본은
명성 황후를 시해하는 **을미사변**을 일으키죠.
한 나라의 왕비를 무참히 살해한 야만적인 일을 저지른 거예요.
이후 친일 성향의 내각이 구성되고 **을미개혁**이 추진됩니다.

여기서 개국 기년 대신 **건양**이라는 **연호**를 사용하고, **태양력**을 도입합니다.
이때부터 지금 우리가 쓰는 양력을 사용하기 시작한 것이죠. \시작/

> 큰별쌤 톡 톡
> 을미개혁은 다른 말로 '3차 갑오개혁'이라고도 했어요. 하지만 이때의 개혁은 을미사변 직후 일본이 주도한 것이라 백성들의 반발이 심했어요.

을미개혁의 핵심은 **단발령**이죠.
남성의 상투를 자르라는 명령인데요.
머리카락을 길러 상투를 트는 것은 우리의 오랜 전통이었죠.
내 몸의 모든 것은 부모에게 물려받은 것이라
다치지 않게 소중하게 여기는 것을 효도로 여기던 시대였는데
상투를 자르라니, 있을 수 없는 일이죠.
단발령이 내려지자 유생들이 엄청나게 반발을 합니다.
'머리카락을 자를 바에는 차라리 머리를 잘라라!'
이러면서 스스로 목숨을 끊는 사람도 생겨요.

자, 일본이 명성 황후를 시해한 을미사변과 단발령이 포함된 을미개혁!
여기에 엄청난 저항이 일어납니다.
이에 분노하여 전국에서 유생들이 의병을 일으키죠.
을미년에 일어난 의병, **을미의병**입니다.

아관 파천

1896년 고종이 러시아 공사관으로 거처를 옮긴 사건

을미사변 이후 고종은 엄청난 신변의 위협을 느낍니다.
당시 고종은 독살의 위협에 시달리며 극도로 불안한 생활을 했어요.
그러면서 을미개혁으로 단발령이 시행되는 모습과 그에 따른 사회 혼란을 지켜봤죠.

이러한 상황에서 **고종은 결단**을 내립니다. **아관 파천을 단행**한 건데요.
을미의병 진압을 위해 한성을 지키던 일본 병력이 일부 빠져나갑니다.
일본의 경비가 허술해진 틈에 고종이 러시아 공사관으로 거처를 옮긴 거죠.
일본은 뒤통수를 세게 얻어맞은 기분이었을 거예요.
고종은 이렇게 명령합니다.
"이제까지 일본 주도로 시행된 개혁은 무효다."
단발령? 그거 강제로 하지 않는다. 갑오·을미개혁의 중심에 있던
김홍집도 처단하라. 이때 김홍집은 군중들이 던진 돌에 맞아 죽어요.

하지만 아관 파천 역시 외세에 기댄 결정이었을 뿐이죠.
러시아가 고종을 보호해 주는 대가로 온갖 이권을 요구했거든요.
우선 압록강과 두만강 주변의 나무를 베어 쓸 권리, 즉 **삼림 채벌권**을 가져갑니다.
그러자 **최혜국 대우**를 요구한 다른 나라들도 나서서 여러 이익을 챙기죠.

개항기

조선 후기에는 러시아를 '아라사'라고 불렀어요. 여기서 아관은 러시아 공사관이라는 뜻이에요.

이것까지 알면 진짜 역사왕

고종의 한 수

어려서는 아버지에게 눌려 기를 못 펴고, 커서는 부인의 그림자에 숨어 살아야 했던 왕. 고종이 재위했을 때의 한반도는 근대화라는 급격한 변화를 맞이하고 있던 시기였어요. 그 같은 혼란 속 아관 파천에 숨겨진 고종의 뒷이야기를 들려 드릴게요.

을미사변 이후 고종은 언제 죽을지 모른다는 두려움에 떨었어요. 그래서 선택한 곳이 러시아 공사관입니다. 외교하러 들른 것이 아니라 도망친 것이죠. 어찌 보면 정말 치욕스러운 사건입니다. 조선의 왕을 데리고 있던 러시아는 기세등등. 각종 이권을 독차지합니다. 그러자 다른 나라들은 '러시아에만 특권 주냐? 우리도 달라!' 얼마 안 남은 이권마저 다 뺏기죠.

아관 파천이 치욕적이긴 하지만 한편으로는 고종이 왕으로서 오롯이 홀로 서서 존재감을 드러내는 사건이기도 해요. 일본에도 한 방 먹였고요. 친러 성향을 보이던 명성 황후가 시해되면서 일본이 우위를 차지하려는 그때! 러시아와 일본이 세력 균형을 이루며 힘의 공백이 생겼고, 그 속에서 고종이 대한 제국을 탄생시키죠. 물론 광무개혁도 진행하고요.

고종

하지만 한 나라의 군주가 다른 나라의 공사관으로 도망친 것은 변명의 여지가 없어요. 또 외세를 끌어들여 문제를 해결하고자 한 것이니까요. 고종이 둔 한 수 아관 파천, 여러분은 어떻게 평가하시나요?

독립 협회
1896년 서재필, 이상재 등이 만든 근대적 사회단체

아무리 일본의 위협이 있다고 해도 한 나라의 왕이
다른 나라 공사관에 계속 머무를 수는 없죠.
왕 체면도 깎이고, 나라 꼴이 말이 아니죠.
러시아를 비롯한 여러 나라들이 뭐라도 더 뺏자고 호시탐탐~!

때마침 서재필, 이상재, 윤치호 등이 **나라의 주체성**을 되찾고
제대로 된 **정치 개혁**을 하자고 **단체**를 하나 만들어요.
이름하여 **독립 협회**! 어찌 보면 우리나라 최초의 시민 단체라고 할 수 있죠.
우리나라 최초의 민간 신문인 《독립신문》을 창간하는 데
참여한 사람들을 중심으로 만들어진 단체입니다.
독립 협회는 고종에게 궁으로 돌아오라고 강력히 요구하죠.

독립 협회는 청나라 사신을 맞이하던 영은문 자리에 독립문을 세워
자주 의식을 드러냅니다.
강대국의 위협에서 나라를 지키려면 민중의 의식을 높여야 한다고 생각했어요.
그래서 연설회나 토론회 등을 개최하여 **민중 계몽**을 위해 노력합니다.

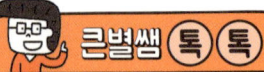

독립문 건립 기금만 내면 누구나
독립 협회의 회원이 될 수 있었어요.
그 덕분에 노동자, 농민, 학생 등
다양한 계층이 독립 협회에 참여할
수 있었어요.

환구단

1897년 고종이 황제로 즉위하면서 하늘에 제사를 지낸 곳

높아지는 환궁 요구에 고종,
덕수궁(경운궁)으로 컴백.

 그리고 1897년 황제의 나라,
대한 제국을 선포합니다.

이걸 어디서 했냐고요?
바로 **환구단**에서 합니다.
환구단은 하늘에 제사를 지내는 곳이었는데
하늘에 제사를 지낼 수 있는 사람은 황제뿐이었거든요.
그래서 조선 시대에는 환구단이 없었지요. 왕이었잖아요.
그런데 고종이 환구단을 세우고 하늘에 제사를 지낸 뒤
황제로 즉위한 겁니다.

이렇듯 환구단은 대한 제국의 상징과도 같은 곳이에요.
일제 강점기에 일제가 이를 두고 볼 리 없겠죠.
환구단을 헐고 그 자리에 조선 호텔을 세웁니다.
환구단은 사라졌지만 이곳에
환구단의 부속 건물인 황궁우가 남아 있어요.

이렇게 출범한 대한 제국은
과연 어떤 모습을 보일까요?

대개의 동양 건축물이 사각형인 데 비해 환구단은 비교적 둥근 모양이에요. 이는 '하늘은 둥글고 땅은 네모지다'라는 동양의 사상이 반영된 거예요.

나도 이제 황제야.

만민 공동회

1898년에 독립 협회 주도로 서울 종로에서 열린 민중 대회

오랫동안 활동한 단체는 아니지만 워낙 중요하고 많은 일을 한 독립 협회!
초기에는 민중 계몽에 힘쓰다가 점차 정치 활동을 하며 존재감을 드러냅니다.
<mark>독립 협회의 활약 중 가장 대표적인 것</mark>이 바로 만민 공동회의 개최.

만민 공동회에서는 러시아에 이권이 넘어가는 것을 막으려고 노력하죠.
결국 러시아가 **절영도**(부산에 위치)를 빌려
통치하겠다는 것을 막고, **한러 은행**도 **철수**시킵니다.
오호! 이제까지 우리가 큰소리 빵빵 치면서
제국주의 세력을 몰아낸 적이 있었나요?

진보적인 박정양 내각이 들어서면서
정부 관료도 집회에 참여해요.
이걸 **관민 공동회**라고 하죠.

여기서는 **헌의 6조**를 채택합니다.
입헌 군주제를 지향하고, 재정을 **탁지부**로 일원화하고,
피고의 **인권**도 존중할 것을 요구하죠.

이런 움직임에 힘입어
의회 설립 운동도 전개되어
결국 정부는 **중추원**(지금의 국회)
관제를 반포하기에 이릅니다.

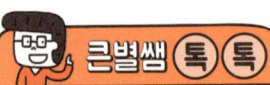

만민 공동회의 만민은 모든 사람을 뜻해요. 즉 신분, 나이, 직업, 성별에 관계없이 모든 사람이 자유롭게 나랏일을 논의하는 모임이었던 거예요.

황국 협회
독립 협회의 활동을 방해하기 위해 정부가 조직한 단체

독립 협회의 목소리가 커지는 것을 모두 환영하지는 않았겠죠?
독립 협회를 견제하기 위해 보수적인 관리들이 유언비어를 퍼뜨려요.
독립 협회가 세우려는 나라는 공화국이라고.
공화국은 입헌 군주국과 달리 황제가 없어요. 공화국의 주권은 국민에게 있죠.
이제 막 황제가 된 고종에게는 굉장히 열받는 얘기죠.

고종은 결국 독립 협회 탄압에 들어갑니다.
보부상 단체인 **황국 협회**를 앞세워서 **독립 협회를 공격**하게 하죠.
이후에는 군대를 동원해서 협회를 강제로 해산시켜 버립니다.

이게 1898년입니다.
조선이 민중과 함께 제국주의에 맞서 개혁을 펼칠
마지막 기회가 날아가 버리고 말았지요.
이제 남은 건 오직 황제 혼자뿐.
황제 혼자의 힘으로 이 어려운 시기를 헤쳐 나갈 수 있을까요?

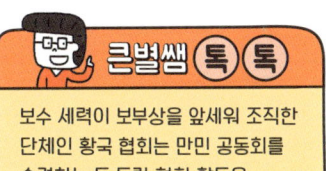

보수 세력이 보부상을 앞세워 조직한 단체인 황국 협회는 만민 공동회를 습격하는 등 독립 협회 활동을 방해했어요.

대한국 국제 大韓國國制
큰 한국 나라 나라 규정
대 한 국 국 제

1899년 대한 제국에서 공포한 일종의 근대적 헌법

고종은 독립 협회를 해산하고 **황제권 강화를 시도**합니다.
그러면서 **일종의 헌법**인 대한국 국제를 반포하죠.
이를 통해 대한 제국은 황제가 무한한 군주권을 누리는 전제 군주국임을 분명히 했어요.

황제로의 권력 집중을 보여 주는 대표적인 예가 바로 **원수부 설치**.
원수부를 설치하여 황제가 군사 지휘권을 장악한 거예요.

이렇게 대한 제국은 대한국 국제를 반포하고 개혁을 추진합니다.
'광무'라는 연호를 사용한 시기의 개혁이라 광무개혁이라고 하는데요.
과연 어떤 내용의 개혁일까요?

개항기

광무개혁
光 武 改 革
빛 굳셀 고칠 가죽
광 무 개 혁

대한 제국이 광무 연간에 추진한 근대화 개혁

광무개혁의 정신은 **구본신참**.
옛것을 근본으로 새로운 것을 받아들인다는 원칙에 따라
점진적인 개혁을 추진하지요.

광무개혁은 갑신정변, 갑오개혁의 급진성을 반성하는 것이었죠.
정치적으로 **황제권 강화** 등 보수적인 면을 보이지만
경제적으로는 **상공업 진흥**이나 **지계 발급**과 같은 개혁적인 면을 보여요.
특히, 토지 계약서에 해당하는 지계의 발급은
근대적 토지 소유권 확립을 시도했다는 측면에서 큰 의미가 있습니다.

상공업 진흥 정책을 통해 각종 공장과 회사를 설립하고,
외국에 유학생을 파견하고 학교를 세우는 등 **인재 양성**에 힘쓰죠.
광무개혁은 러시아와 일본이 팽팽히 맞선 상황에서 추진되어
어느 정도 성과를 거둡니다.
하지만 황제권 강화에만 급급하여
민권을 소홀히 했다는 한계도 있죠.

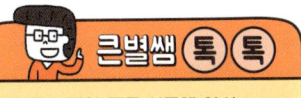

광무는 대한 제국 선포에 앞서
고종이 제정한 연호예요. 광무개혁은
러일 전쟁이 발발하면서 대부분
중단됩니다.

구본신참
옛 법을 근본으로 하고
새로운 제도를 참작한다.

광무 개혁

개항기

한일 의정서

일본이 대한 제국의 군사 요충지를 사용할 수 있다는 내용의 협정서

고종은 외세의 침략이 거세지는 상황에서
어떻게든 대한 제국을 보존하기 위해 광무개혁이라는 칼을 빼들었죠.
청일 전쟁으로 청나라까지 물리친 일본.
이제 **일본이 조선을 차지하기 위해 싸워야 할 상대는?** 러시아.

수상한 분위기를 감지한 고종, **국외 중립을 선언**합니다.
두 나라의 전쟁에 휘말리지 않겠다! 어느 나라 편도 들지 않겠다는 뜻이죠.
하지만 힘없는 나라의 선언을 누가 들어줄까요?
1904년 일본이 러시아를 공격하면서 **러일 전쟁**이 일어납니다.

일본은 전쟁을 치르기 전 조선에 조약을 맺도록 강요했는데
그게 바로 **한일 의정서**입니다.
일본이 전쟁 중 필요한 조선 땅을 마음껏 쓰도록 허락한다는 내용이죠.
당시에는 누구도 일본이 러시아를 이길 거라고 생각하지 못했어요.
그런데 놀랍게도 일본이 승리! 조선 식민지화 프로젝트가 본격적으로 시작되겠네요.

일본은 중립을 주장하는 대한 제국에 군대를 주둔시키고 한일 의정서 체결을 강요했어요. 결코 함께 '의논해서 정한' 내용은 아닌 거죠.

제1차 한일 협약
1904년 일본이 고문 정치를 하기 위해 대한 제국과 맺은 조약

러일 전쟁이 일본의 승리로 굳어지는 시점에 **일본은 또 다시 조약 체결을 요구**합니다.
본격적인 내정 간섭을 위해 밑그림을 그린 거죠.

그렇게 체결된 **제1차 한일 협약**.
여기에는 고문 파견에 대한 내용이 담겨 있어 이후 고문 정치가 실시돼요.
경제 고문은 메가타, 외교 고문은 스티븐스.

고문은 한 분야에 전문 지식과 경험을 갖춰 문제에 의견을 제시하고 조언하는 사람인 거 알죠?

메가타는 화폐 정리 사업을 주도해 수많은 한국인을 망하게 한 장본인.
스티븐스는 미국에 돌아가 '**한국은 일본의 보호를 받을 수밖에 없다**', '**한국인도 일본의 정책을 찬양한다**'라며 일본의 앞잡이 노릇을 했습니다.

결국 스티븐스는 1908년 샌프란시스코에서 장인환과 전명운에게 암살됩니다.

장인환과 전명운, 두 의사의 운명적 만남

1908년, 미국 샌프란시스코 페리 부두 정거장 앞에서 네 발의 총성이 울려 퍼집니다. 탕. 탕. 탕. 탕.
바로 장인환과 전명운이 미국인 스티븐스를 저격한 사건. 스티븐스는 1904년 체결된 제1차 한일 협약으로 대한 제국에 파견된 외교 고문이었죠. 철저한 일본의 앞잡이였던 그는 전 세계를 돌아다니면서 일본이 왜 대한 제국을 지배해야 하는지 알립니다. 그가 샌프란시스코에 온 이유도 바로 그 정당성을 미국에 알리기 위해서. 참 나~

그는 1908년 3월 21일 기자 회견을 열어 이런 말을 합니다.
"일본이 대한 제국을 보호한 후로 대한 제국에 유익한 일이 많아졌고, 일본이 대한 제국 백성을 다스리는 법이 미국이 필리핀을 다스리는 것과 같아 농민들과 백성은 일본을 환영하고 있다."
가당치도 않은 말을 잘도 하네요. 헐! 이에 미국에 있는 교민들이 찾아가 항의하자 그는 또 이런 망언을 합니다.
"대한 제국에는 이완용 같은 충신이 있고 이토 같은 통감이 있으니 한국에 큰 행복이다."
이 같은 발언에 교포들의 분노 제대로 폭발.

스티븐스가 샌프란시스코 페리 부두 정거장에 도착하자 25세의 조선 청년 전명운은 총을 겨누고 방아쇠를 당깁니다. 아~ 아쉽게 불발! 그러자 전명운은 총으로 스티븐스의 얼굴을 내려치며 몸싸움을 시작하죠. 그때 어디선가

 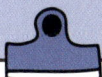

이것까지 알면 진짜 역사왕

날아온 총알. 스티븐스의 허벅지를 관통합니다. 이어서 발사된 한 발은 빗나가 전명운에게. 그리고 마지막 한 발은 스티븐스의 가슴을 관통하지요.
이 세 발의 총을 쏜 사람은? 바로 조선인 장인환입니다.

전명운은 자신의 계획이 실패할 것을 대비하여 장인환에게 뒤를 부탁했던 걸까요? 전혀 아닙니다. 그 둘은 서로 모르는 사이였지만 같은 시간, 같은 마음, 같은 목적을 가지고 같은 장소에 있었던 겁니다. 조국을 팔아먹는 친일 외국인 스티븐스를 살려서 보낼 수 없다는 그 마음이 같은 장소에서 같은 행동을 하도록 했던 것입니다. 드라마보다 더 드라마 같은 사건 아닌가요?

이 둘의 의거 결과는 어찌 되었을까요? 스티븐스는 이때 입은 총상으로 이틀 뒤 사망, 전명운은 보석으로 풀려나고, 장인환은 25년 징역형을 받습니다. 장인환과 전명운의 의거는 항일 의열 투쟁사의 첫 획을 그은 대사건이었습니다. 그 뒤를 이어 안중근, 강우규, 나석주 등이 의열 투쟁을 벌였고, 그들이 있어 지금의 우리가 있다는 사실. 꼭 기억해 주시기 바랍니다.

을사늑약

乙 둘째 천간 을 / 巳 여섯째 지지 사 / 勒 강제 늑 / 約 맺을 약

1905년 일본이 대한 제국의 외교권을 빼앗기 위해 강제로 맺은 조약

실컷 물밑 작업을 했는데도 일본은 바로 대한 제국을 식민지로 만들지 않았죠.
물론 이유는 있습니다. 청일 전쟁에서 이긴 후 일본이 당했던 삼국 간섭.
기억하시나요? 전쟁 이겼다고 욕심부리면 강대국들이 감 놔라~ 배 놔라~ 참견하죠.
일본은 여러 강대국들의 기 싸움 속에 적절한 시기를 보고 있던 겁니다.

그러던 1905년, 일본은 이토 히로부미를 보내 군대까지 동원하여
고종에게 **을사늑약 체결**을 **강요**합니다.
이걸 제2차 한일 협약이라고도 하죠.
어쨌든 고종은 을사늑약 체결에 참여하지 않습니다.

> **큰별쌤 톡톡**
> 을사늑약에는 대한 제국 최고 통치권자인 고종의 직인이 없어요. 외부대신 박제순의 직인이 있을 뿐이죠. 그러므로 을사늑약은 국제법상 무효!

을사오적(이완용, 이지용, 이근택, 권중현, 박제순)은
일본의 요구에 도장을 순순히 내줍니다.
결국 우리의 외교권은 일본에 넘어가지요.
또 통감부가 설치되어 초대 통감으로 이토 히로부미가 파견됩니다.
이제 내정 간섭을 마구 하게 될 통감 정치의 서막이 올라간 것입니다.

개항기

시일야방성대곡 是日也放聲大哭
이 날 어조사 놓을 소리 클 울
시 일 야 방 성 대 곡

을사늑약 체결 후 장지연이 《황성신문》에 발표한 논설

말도 안 되는 을사늑약 체결.
장지연이 "이 개, 돼지보다 못한 것들아"라며
《황성신문》에 〈시일야방성대곡〉을 싣습니다.
'오늘 목 놓아 통곡하노라'라는 뜻이죠.
외교권 박탈은 주권을 거의 다 내준 거나 마찬가지.
그 예로 1909년 간도 협약을 체결할 때
우리는 협상 테이블에도 나가지 못해요.
청나라와 일본이 마주 앉아 자기들끼리 쿵짝쿵짝.
결국 간도가 청나라에 넘어가죠.

을사늑약에 대한 저항은 〈시일야방성대곡〉뿐만이 아니었습니다.
고위 관리였던 **민영환**은 자결합니다.
나철과 **오기호**는 **오적 암살단**을 조직해 을사오적을 처단하고자 했고요.
의병들도 일어섭니다. 을사년에 일어난 **을사의병**!
최초의 평민 의병장 신돌석도 이때 나오죠.
그런데도 대한 제국의 국운은 계속 기울어 갑니다.

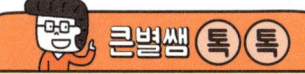

당시 장지연은 《황성신문》의 주필이자 사장이었어요. 〈시일야방성대곡〉의 보도로 《황성신문》은 간행이 정지됐고, 장지연은 체포되었어요.

이 날에 목놓아 운다

을사늑약 체결

헤이그 특사

을사늑약의 부당함을 알리기 위해 네덜란드 헤이그에 파견된 특사

고종은 을사늑약의 부당성을 국제 사회에 알리고자 합니다.
1907년 **네덜란드 헤이그**에서 열린 **만국 평화 회의**에
특사로 **이준**, **이위종**, **이상설**을 파견하죠.

그러나 일본이 이 사실을 알고 특사들이 회의장에 들어가지 못하게 막아요.
결국은 실패. 일본은 분노합니다.
을사늑약으로 외교 행위를 할 수 없는데 뒤통수를 쳤다는 거죠.
분노의 화살은 고스란히 고종에게 콕 박힙니다.
일본은 고종을 강제로 퇴위시키고 순종을 왕위에 앉힙니다.

당시 애국 계몽 운동 단체였던 **대한 자강회**가
고종 강제 퇴위 결사 반대! 목이 터져라 외쳤지만,
일본은 보안법을 만들어 대한 자강회를 해산시켜 버립니다.
결국 고종의 마지막 저항도 실패하고 말았네요.

큰별쌤 톡톡

헤이그 특사는 세계 여러 나라 기자들 앞에서 을사늑약의 부당함에 대해 연설하는 등 여러 노력을 했지만 큰 성과를 거두지는 못했어요.

정미 7조약

1907년 일본이 대한 제국의 주권을 빼앗기 위해 강요한 조약

고종이 강제 퇴위된 후에도 조약 체결은 끝나지 않았어요.
1907년에 **정미 7조약**(한일 신협약)이 맺어지죠.

이 조약으로 통감의 권한이 무지하게 강해집니다.
또한 일본인 차관도 임명할 수 있어
일본의 고위급 관리들이 우르르 몰려옵니다.
이런 것을 **차관 정치**라고 해요.
차관은 실무 행정을 담당하는 자리거든요.
그 자리에 통감이 추천하는 일본인을 앉혀서 행정까지 맘대로 주무르겠다는 뜻.

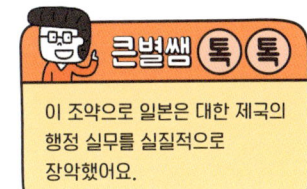

이 조약으로 일본은 대한 제국의 행정 실무를 실질적으로 장악했어요.

더 놀라운 건 군대까지 해산시켜 버렸다는 사실이에요.
정말 황당함 그 자체. 군대 없는 나라가 어디 있을까요?
군인 없이 어떻게 나라를 지키고 유지할 수 있을까요?
군사권까지 가져간 일본. 우리에게 남은 건 이제 주권뿐이네요.
한반도를 식민지로 만들기 위한 준비가 착착 진행되고 있네요.

정미의병

고종의 강제 퇴위, 군대 해산 등을 계기로 일어난 항일 의병 전쟁

일본이 우리를 잡아먹으려는 상황에서 **군대 해산은 정말 큰 충격.**
대한 제국 육군의 핵심 부대인 시위대를 이끌던 박승환은 자결을 선택합니다.
전국의 해산 군인들이 일본과 맞서 싸우면서 정미의병이 시작됩니다.
이들은 무기를 가지고 각지의 의병 부대에 합류했어요.

군인들의 합류로 의병은 규모나 전력 면에서 엄청난 성장을 해요.
무엇보다 이들은 진짜 무기를 들고 제대로 싸울 줄 아는 직업 군인이잖아요.
정미의병은 무기고를 점령하여 총기 등의 화약 무기까지 챙깁니다.
자, 이제 단순한 민중 봉기 수준을 넘어서 **의병 전쟁**이 되었습니다.

전국 의병들이 연합하여 **13도 창의군**을 결성해
서울 진공 작전도 전개하죠.
서울로 진격해 올라가 통감부를 때려 부수자는 겁니다!

비록 서울 진공 작전은 실패했지만 의병 운동은
일제 강점기 항일 무장 투쟁으로 이어집니다.

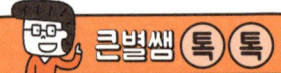

13도 창의군은 각국 공관에 의병 부대를 국제법상 교전 단체로 인정해 달라고 요구했어요. 나라를 대표해 일본과 싸우는 단체로 인정해 달라는 것이죠.

애국 계몽 운동 愛 國 啓 蒙 運 動
사랑할 애 / 나라 국 / 열 계 / 어릴 몽 / 돌릴 운 / 움직일 동
근대 교육과 산업 진흥으로 실력을 길러 국권을 회복하려는 운동

이처럼 절박한 상황에서 의병 투쟁과는 다른 성격의 저항도 있었습니다.
교육과 산업 등에서 실력을 키우자는 **애국 계몽 운동**입니다.

애국 계몽 운동은 사회 진화론의 영향을 받았습니다.
사회 진화론이란 진화론에서 말하는
약육강식과 **적자생존**을 인간 사회에 적용해
오직 실력 있는 나라만이 살아남을 수 있다고 한 주장인데요.
이런 생각에서 애국 계몽 운동가들은 실력 양성에 초점을 맞춥니다.

> **큰별쌤 톡톡**
> 사회 진화론은 제국주의를 정당화하는 근거이기도 해서, 당시 애국 계몽 운동을 안 좋게 보는 시각도 있어요.

이 시기 다양한 애국 계몽 단체들이 활약해요.
보안회는 1904년에 일본의 **황무지 개간권 요구에 반대**했고,
헌정 연구회는 1905년 **입헌 군주제 수립 운동**을 전개했어요.

헌정 연구회를 계승해 1906년 **대한 자강회**가 조직되었어요.
대한 자강회는 전국에 지회를 두고 월보를 발행하는 등 **계몽 사업**에 힘썼어요.
1907년 고종이 강제 퇴위되자 반대 운동을 전개하다가
일본에 의해 강제로 해산되었지요.

개항기

신민회 新民會
새 백성 모임
신 민 회

안창호·양기탁 등이 국권 회복을 위해 결성한 항일 비밀 결사 단체

대한 자강회가 강제 해체되고 통감부의 감시와 억압이 심해지는 가운데 사회 각계각층 인사들이 모여 비밀 모임인 신민회를 만듭니다.
신민회는 나라의 실력 향상을 위해 '국민이 새롭게 거듭나야 한다'는 뜻이에요.
1907년 설립된 신민회는 우리나라의 정치 체제로 공화정을 주장합니다.
이 주장이 일제 강점기를 지나 지금 우리 사회까지 이어지는 거죠.

신민회에서는 교육 활동으로 평양의 대성 학교, 정주의 오산 학교 등을 세웠고, 민족 자본을 키우기 위해 여러 **회사**를 **설립**합니다.
당시 가장 유력한 언론이었던 《대한매일신보》와도 연결되어 있었죠.
이런 모습들은 다른 애국 계몽 운동 단체와 큰 차이가 없죠.
신민회의 가장 큰 차별점은 **국외**에 **독립운동 기지**를 세우려고 했다는 점입니다.

큰별쌤 톡톡
일제는 1911년 일본 총독 암살 미수 사건을 조작하여 105명의 독립운동가를 감옥에 가뒀어요. 이걸 105인 사건이라고 하는데, 이 사건으로 신민회의 조직이 드러나 완전히 흩어지게 됐어요.

신민회 회원들이 압록강을 건너 **만주 삼원보**에 터전을 잡아 학교를 세우고, 군사 교육을 시작합니다.
신민회는 독립군 양성을 위해 **신흥 강습소**를 세웠어요.
신흥 강습소는 이후 **신흥 무관 학교**로 발전했고, 이곳의 졸업생들이 이후 항일 무장 투쟁에서 큰 역할을 했어요.

대한매일신보
大 韓 每 日 申 報
큰 한국 매양 날 거듭 알릴
대 한 매 일 신 보

양기탁이 영국인 베델과 함께 창간한 신문

<u>대한 제국을 상징하는 신문</u>이라면 《황성신문》과 《제국신문》이 있죠.
앞 글자만 따서 붙이면 '황제'가 되네요.
《황성신문》은 유생들이 주로 봤고요,
《제국신문》은 서민과 부녀자층이 주로 봤어요.

뭐니 뭐니 해도 <u>당시 가장 많은 독자층을 확보한 신문</u>은
러일 전쟁이 터진 1904년부터 발간된 《대한매일신보》였습니다.
아주 <u>호쾌하게 일본을 비판하고 의병 투쟁을 호의적</u>으로 실었어요.
이게 가능했던 이유는? 바로 외국인이 경영했기 때문입니다.

영국인 베델이 **양기탁** 등의 도움을 받아
이 신문을 창간하고 운영했기에,
일본이 함부로 건드릴 수 없었던 거죠.
일본은 영국과 영일 동맹을 맺고 있었거든요.
하지만 좋았던 시절도 잠시,
나중에는 **신문지법**을 만들어 외국인이 경영하는
신문도 간섭할 수 있는 길을 터놓습니다.

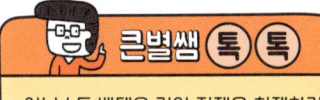

어니스트 베델은 러일 전쟁을 취재하기 위해 대한 제국에 특파원으로 온 영국 언론인이었어요.

거류지 무역

개항장에 있는 상인을 통해 다른 나라와 거래하는 무역 형태

지금까지 흥선 대원군 시절부터 일제 강점기로 넘어가기 직전까지의
정치 흐름을 살펴봤으니, 이번에는 여러 조약을 통해 경제의 흐름을 보죠.

1876년 체결된 강화도 조약에는 두 개의 부속 조약이 있어요.
(조일 무역 규칙)과 (조일 수호 조규 부록).

조일 무역 규칙에서는 곡물 유출을 제한 없이 허가하고,
부속 각서를 통해 무관세 무역을 약속했어요.
이로 인해 상인들, 농민들이 더 먹고살기 힘들어졌죠. ㅠㅠ

조일 수호 조규 부록에는 개항장에서 일본 화폐를 사용하도록 했어요.
다만 일본 상인들은 개항장에서 10리 밖을 벗어날 순 없었는데,
이 지역에서 이루어지는 무역을 거류지 무역이라고 합니다.
결국 보부상이나 객주 같은 조선 상인들이 일본 상인에게 물건을 받아
최종 소비자에게 전달하는 중계 무역 시스템!

상품의 보관 및 화물 운송을 담당하던 객주와 외국 상인에게 숙박 시설 등을 제공하던 여각 등이 거류지 무역으로 이익을 얻었습니다.

조청 상민 수륙 무역 장정

조선과 청나라 상인들이 육지와 바다에서 무역하는 것에 관한 규정

그런데 이 거류지 무역이 깨지게 됩니다.
바로 임오군란 때인 1882년 때 체결된 조청 상민 수륙 무역 장정 때문이지요.
이 조약으로 청나라 상인들이 조선 영토까지 들어와 무역을 할 수 있게 됐거든요.

그럼 일본이 가만있겠어요?
자신들도 개항장 밖으로 나갈 수 있도록 해 달라고 주장하겠죠.
결국 정부는 1882년 제물포 조약을 체결할 때 조일 수호 조규 속약을 맺어
거류지 범위를 10리에서 50리로 넓혀 줍니다. 2년 뒤에는 100리로 확대!

조청 상민 수륙 무역 장정은 강화도 조약만큼이나
어마어마한 파괴력을 갖춘 조약이에요.
항구 주변에서만 활동했던 외국 상인들이 전국 각지에서 장사할 수 있게 된 거죠.
일본인의 제한된 활동 범위 덕에 소득을 올리던 객주와 여각도 큰 타격을 받죠.
국내 곳곳까지 물건을 유통해서 돈을 벌던 도소매 상인들도 마찬가지고요.
또 무관세에 직접 판매까지 가능해지면서 조선 상품의 가격 경쟁력은 바닥으로!
안 그래도 휘청이던 조선의 산업은 더 어려워지겠군요.

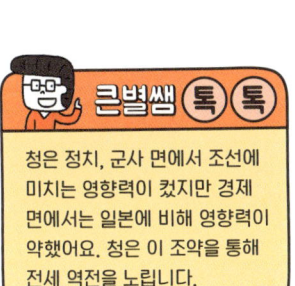

큰별쌤 톡톡
청은 정치, 군사 면에서 조선에 미치는 영향력이 컸지만 경제 면에서는 일본에 비해 영향력이 약했어요. 청은 이 조약을 통해 전세 역전을 노립니다.

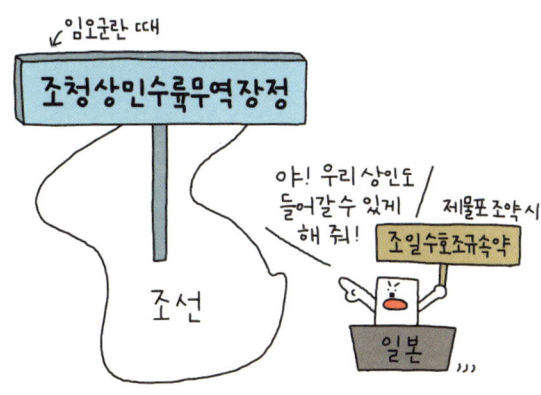

상회사 商會社
장사 모일 모일
상 회 사

개항 이후 외국 상인의 상권 침탈에 대항하여 설립된 동업 조합

개항 이후 자본력을 갖춘 외국 상인이 무지하게 들어와서 활동하죠.
조선의 전통 상인들은 경쟁 자체가 안 돼요, 안 돼.
외국 자본들이 마구 들어오니 어쩌죠?

먼저 개항 초기, 거류지 무역을 하던 때 중계 무역으로
짭짤한 재미를 봤던 **객주**와 **여각**의 상인들이 뭉쳐요.
이들이 지금의 주식회사와 같은 **상회사**를 세웁니다.
거대 외국 자본에 맞서 싸우려면 뭉쳐야 한다고 판단한 거죠.
함께 자본을 모아 규모를 키워서 대항하려 했던 겁니다.

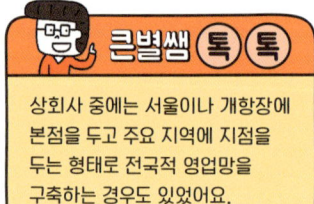

큰별쌤 톡톡
상회사 중에는 서울이나 개항장에 본점을 두고 주요 지역에 지점을 두는 형태로 전국적 영업망을 구축하는 경우도 있었어요.

1880년대 초부터 전국 곳곳에 상회사가 출현하기 시작해요.
1894년 갑오개혁 때에는 무려 40여 개나 되었대요.
대표적인 상회사로는 **대동 상회**와 **장통 상회**가 있어요.

방곡령

防 막을 방 **穀** 곡식 곡 **令** 명령 령

조선의 식량난 해소를 위해 곡물 수출을 금지한 명령

아까 조일 무역 규칙 때문에 곡물이 무제한으로 나갔다고 했죠?
그래서 1883년 **조일 통상 장정**을 체결해 그 내용을 고칩니다.
여기에 **방곡령** 규정이 들어가요.
곡물 부족 문제가 심각하다고 판단되면 지방관이 1개월 전에 통보하여
곡물 유출을 금지할 수 있는 조항이죠.

1889년과 1890년에 함경도와 황해도에서 방곡령을 내리게 됩니다.
1888년에 조선에 큰 흉년이 들어 굶주리는 백성이 많았거든요.
전국 곳곳에서 폭동이 일어났죠.

그런데 일본은 방곡령으로 일본 상인이 피해를 입었다며 배상을 요구해요.
이걸로 조선과 일본 사이에 외교 마찰이 생기죠. 이에 청나라가 중재에 나섭니다.
결국 사건은 조선이 일본에 배상금을 지불하기로 약속하는 것으로 마무리돼요.

> **큰별쌤 톡톡**
> 1889년과 1890년, 함경도와 황해도 지역 지방관 몇몇이 일본의 압력을 받은 조선 정부의 만류에도 불구하고 방곡령을 강행해요. 이 때문에 조선과 일본 사이에 외교 마찰이 생기죠.

황국 중앙 총상회
1898년 한성부 시전 상인들이 만든 단체

엎친 데 덮친다더니 개항에 이어 더 큰 문제가 생겼습니다. 🚨
임오군란 이후 조선과 청나라가 맺은 조청 상민 수륙 무역 장정!
기억하시죠? 이제 외국 상인들이 개항장의 거류지뿐 아니라
한성부 한복판까지 들어옵니다.
예전부터 온갖 특권을 갖고 한양 상권을 거머쥐었던 시전 상인들,
이제는 정말 발등에 불이 떨어졌습니다. 어쩌나요?
어쩌긴 뭘 어째요? 똘똘 뭉쳐야죠. 그래서 시전 상인들도 뭉칩니다.

이들은 특히 독립 협회와 함께 활동합니다.
황국 중앙 총상회를 조직하여 **철시 투쟁**도 전개하고요.
철시는 시장 문을 닫는 거예요. 음, 지금의 파업과 비슷하달까요? 🚪
장사 안 하면 누구 손해죠? 소비자도 손해를 입겠지만 상인이 제일 큰 손해죠.
그런데도 그 손해를 감수하고까지 단호하게 싸우려 한 겁니다.
이 황국 중앙 총상회는요, 앞서 독립 협회를 탄압한 보부상 조직인
황국 협회와는 완전히 다른 조직이에요.
황국이 들어간다고 다 같은 황국이 아니란 거죠.

황국 중앙 총상회는 1898년 독립 협회와 함께 외국 상인의 침투를 저지하는 상권 수호 운동을 벌였어요.

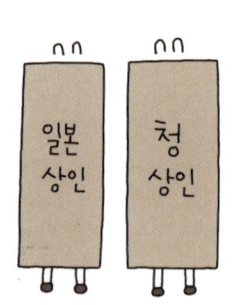

우리도 뭉치자!

보안회
보전할 편안할 모임
보 안 회

일본의 황무지 개간권 요구에 대항하기 위하여 조직된 항일 단체

아관 파천 이후 강대국들의 이권 침탈이 본격화됩니다.
나아가 러일 전쟁 이후에는 일본이 노골적으로 식민 기반을 다지려고 합니다.
땅을 빼앗고 식민지 경제 시스템을 도입하려고 해요.

먼저 **황무지 개간권을 요구**합니다.
황무지로 방치된 조선 땅을 개발해서
쓸모 있게 만들겠다는 거예요.
왜 그랬을까요? 일본 농민들을 여기 옮겨 살게 하고,
조선을 완전히 일본의 식량 공급 기지로 만들겠다!
뭐 그런 속셈이죠.

당시 일본이 개척하겠다고 한 황무지는 조선 영토의 4분의 1이나 되는 엄청난 규모였어요.

여기에 대항한 것이 **보안회**! 앞장서서 일본의 황무지 개간 요구를 반대하죠.
조선에도 농광 회사가 설립됩니다. 황무지 개간은 우리가 직접 하겠다는 거죠.
하지만 일본이 농광 회사의 허가를 취소하라고 하고,
보안회는 더 격렬하게 반대합니다.
결국 보안회와 농광 회사의 노력으로 일제의 **황무지 개간권 요구는 좌절**됩니다.

화폐 정리 사업

일본의 재정 고문 메가타가 경제 침탈을 위해 주도한 화폐 개혁 사업

하지만 끈질긴 일본은 포기하질 않네요.
이번에는 식민지 경제 체제 구축에 나섭니다.
우선 전환국에서 발행하던 화폐인 백동화를 없애려고 합니다.
대신 일본 제일 은행에서 발행한 화폐로 바꾸려고 하네요.

교환 과정에서 일제는 백동화의 가치를
제대로 쳐주질 않아요.
백동화 만원어치를 갖고 은행에 가면
5,000원짜리 제일 은행권으로 바꿔 주는 격이죠.
화폐의 가치가 반토막 난 것도 억울한데
백동화의 상태를 갑·을·병으로 구분해서
병은 아예 바꿔 주지도 않았어요.

결국 백동화를 많이 가지고 있던 상인과 은행들은 큰 타격을 입게 됩니다.
이 화폐 정리 사업을 주도한 인물이 누구일까요?
바로 제1차 한일 협약 때 경제 고문으로 파견된 메가타였답니다.

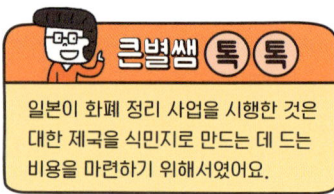

일본이 화폐 정리 사업을 시행한 것은 대한 제국을 식민지로 만드는 데 드는 비용을 마련하기 위해서였어요.

경부선

1905년 일본이 수탈을 위해 개통한 서울과 부산을 잇는 철도

일본이 만든 식민지 경제 체제는 수탈이 목적이었어요.
전국의 물자를 효율적으로 수탈하려면 철도가 필수였죠.

우리나라 최초의 철도는 1899년에 개통된 경인선인데요.
원래 미국이 놓기로 했는데 일본이 부설권을 사들여 깔아요.

이후 1904년에 러일 전쟁이 본격화되면서 전쟁 물자를 옮길 수단이 필요하게 되자 1905년과 1906년에 **경부선**과 **경의선**을 **개통**시킵니다.
이어서 **호남선**과 **경원선**까지 건설하여 X자 모양의 철도망을 확보하죠.
이를 통해 일본은 자원을 손쉽게 수탈하고, 대륙 침략의 기회까지 노릴 수 있었죠.

당시 일본은 조선의 철도 건설에 관심이 정말 컸어요.
조선의 근대화를 위해서였을까요? 전혀 아니에요.
철도가 있으면 온갖 자원과 물자를
편리하게 수탈할 수 있기 때문이었죠.

경부선은 우리나라 최대 도시인 서울과 부산을 연결하고, 대전과 대구를 경유해요. 지금도 한국 철도에서 가장 중요한 노선이죠.

국채 보상 운동

國債報償運動
나라 빚 갚을 갚을 돌릴 움직일
국 채 보 상 운 동

대한 제국 때 일본 차관 1,300만 원을 갚기 위해 전개된 운동

이렇게 착착 일본이 식민지 경제 체계를 만들어 나가자
우리도 저항합니다. 가만있을 수 없죠!!
특히 화폐 정리 사업 과정에서 일본이 대한 제국에 엄청난 차관을 제공해요.
차관이라는 건 공적으로 빌린 돈인데요. 당시 많은 지식인은
대한 제국이 일본에 진 빚이 주권을 갉아먹는다고 판단했어요.

그래서 대대적인 **나라 빚 갚기 운동**이 전개됩니다. 이름하여 **국채 보상 운동**!
국채 보상 운동은 1907년에 **김광제, 서상돈** 등의 주도로 대구에서 시작되어
《대한매일신보》를 비롯한 여러 언론사의 지원을 받아 전국으로 확산됩니다.
외환 위기 때 금 모으기 운동처럼 엄청난 반향을 일으키죠.

그러나 일본이 또 방해를 합니다.
《대한매일신보》에서 성금을 모금하는 양기탁을 횡령 혐의로 엮어요.
어렵게 모은 성금을 운동 지도자들이 쓰고 있다는 음모를 퍼뜨린 거죠.
결국 일본의 온갖 방해로 운동은 흐지부지되고 맙니다.

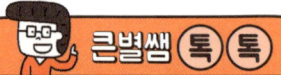

국채 보상 운동이 특별한 건 노동자,
기생, 백정, 인력거꾼 등 하층민들까지
적극 참여한 범국민적 운동이었다는
거예요.

동양 척식 주식회사
1908년 일본이 대한 제국의 경제를 착취하기 위하여 설립한 회사

보안회가 일본의 황무지 개간 요구를 좌절시켰지만 일본은 조선 땅을 차지할 욕심을 버리지 않았어요.

결국 1908년, 본격적인 땅 뺏기를 실행하기 위해 **동양 척식 주식회사를 설립**합니다.
줄여서 **동척**이라고도 해요.

동양 척식 주식회사는 국책 회사였어요. 국책 회사란 국가 정책을 수행하기 위해 만든, 그래서 나라가 팍팍 밀어주는 회사라는 뜻이에요.

동양 척식 주식회사는 땅을 싸게 사 모은 다음 일본에서 온 이주민들에게 싸게 나누어 줬어요. 일본인들이 조선에 많이 들어와야 식민지를 안정적으로 유지할 수 있으니까요.

동양 척식 주식회사는 일제 강점기에도 큰 역할을 담당하죠.
일제가 1910년대 토지 조사 사업을 통해 확보한 땅을 여기서 운영하거든요.
이렇듯 일제는 너무나도 치밀하게 조선을 식민지로 만들었어요.

광혜원

1885년 미국 선교사 알렌이 세운 우리나라 최초의 근대 병원

우리 역사에서 개항기만큼 모든 것이 급격하게 변한 시기도 드물죠.
특히 사회가 많이 바뀌었어요. 지금 우리가 누리는 문물 대부분이 이때 들어왔죠.

광혜원은 우리나라 **최초의 근대식 병원**이에요.
1884년 갑신정변 당시 명성 황후의 조카 민영익이 여러 차례 칼에 찔려
크게 다쳤어요. 이때 미국 선교사 알렌은 서양 의술로 그를 치료해 줬죠.
이를 계기로 알렌이 명성 황후의 신뢰를 얻어 광혜원을 설립할 수 있었어요.
하지만 머지않아 이름을 **제중원**으로 바꿉니다.

시간이 지나 조선 정부는 제중원 운영 비용을 부담하기 어려워집니다.
이에 정부 지원 없이 미국 선교사들이 힘을 합쳐 제중원을 운영했죠.
이들은 미국 부호인 세브란스의 후원을 받아 남대문 밖으로
병원을 옮기며 이름을 **세브란스 병원**으로 바꾸었습니다.
1900년 대한 제국 정부는 제중원이 있던 자리에 다시 **광제원**을 세웁니다.
광제원은 동서양 의술을 접목하여 운영했죠.
이후 광제원은 **대한 의원**을 거쳐 지금의 서울대학교 병원으로 연결됩니다.
그럼 국립 병원으로 출발한 광혜원의 전통을 계승한 병원은
세브란스 병원일까요? 아니면 서울대 병원일까요?

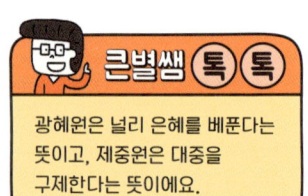

광혜원은 널리 은혜를 베푼다는 뜻이고, 제중원은 대중을 구제한다는 뜻이에요.

원산 학사
1883년 함경도 원산에 세워진 한국 최초의 근대 교육 기관

이번에는 우리나라 최초의 근대적 사립 학교인 원산 학사에요. 그런데 왜 한성이 아니라 원산에 세워졌을까요? 강화도 조약으로 부산, 원산, 인천을 개항했잖아요. 덕분에 이곳 주민들은 새 문물을 가장 먼저 접했죠. 특히 덕원, 원산 지역의 주민들이 먼저 근대 교육의 필요성을 깨닫고 학교를 설립하죠. 그리하여 1883년, **함경도 원산**에 **우리나라 최초의 근대 학교**가 세워지게 됩니다. 특히 원산 학사는 지역 주민들의 자발적인 모금으로 설립되었다는 점에서 의의가 있어요.

1880년대 중반 이후 서양 선교사들이 **배재 학당**이나 **이화 학당** 같은 사립 학교를 세웁니다. 애국 계몽 운동가들도 수많은 사립 학교를 세워 민족 교육을 시행했죠. 대표적으로 안창호가 설립한 **대성 학교**가 있어요.

그럼 나라에서 처음으로 세운 근대 학교는 어디일까요? 바로 1886년 세워진 **육영 공원**! 미국에서 초빙한 헐버트, 길모어, 번커 등이 양반 자제를 대상으로 영어, 수학, 지리 등 서양 학문을 가르쳤어요.

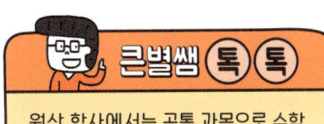

원산 학사에서는 공통 과목으로 수학, 물리, 농업, 양잠 등을 배우고, 일본어 등의 외국어와 법, 지리 등을 추가로 배웠어요.

교육 입국 조서
갑오개혁 시기에 고종이 발표한 교육에 관한 조칙

제2차 갑오개혁 과정에서 교육 입국 조서가 반포된다고 했던 거 기억하나요? 이때부터 육영 공원의 뒤를 잇는 근대 학교들이 많이 세워지게 됩니다.

지금의 초등학교에 해당하는 **소학교**,
교사 양성 기관인 **사범 학교**,
외국어 교육을 담당할 **외국어 학교** 등을 세워요.
대한 제국 시기로 들어와서는 1900년에
최초의 중등 교육 기관인 **한성 중학교**도 세워요.

고려 광종이 과거제를 도입했던 것처럼
조선 고종 역시 교육 분야에 선구적인 입장을 내놓은 거죠.
"국가의 부강은 지식의 개명에 달려 있으니
교육은 실로 국가를 보존하는 근본이라."
지금도 교육을 **백년지대계**(100년 앞을 내다보는 큰 계획)라고 표현하죠.
인재 양성은 국가와 사회 발전의 기본이라는 의미를 담은 말이에요.

개항기

고종은 의료진을 양성하는 의학교, 상공업자를 키우는 상공 학교, 광업 계통의 실업 교육을 담당하는 광무 학교도 세워요.

독사신론
민족주의 역사 서술의 기본 틀을 제시한 신채호의 논설

일본이 을사늑약을 강제로 체결해 대한 제국의 외교권을 빼앗았죠.
그렇다고 가만히 있을 우리 민족이 아니죠.
민족정신을 일깨우고자 국어와 역사를 연구하는 움직임이 활발해져요.

당시 **위인전**과 **외국의 흥망성쇠를 다룬 역사책**이 유행했는데요.
신채호가 집필한 《이순신전》, 《을지문덕전》과
이탈리아의 통일 과정을 다룬 《이태리건국삼걸전》 등이 대표적입니다.
나라가 망해 가는 어려운 시기에 우리 민족의 영웅 이야기로 애국심과 자부심을
심어 주고 외국의 교훈을 통해 우리의 위기도 극복하려 한 거죠.

역사를 애국심의 원천으로 생각한 신채호는
민족주의 역사학이 나아가야 할 방향을 제시하는 논설
〈독사신론〉을 《대한매일신보》에 연재합니다.

이 논설은 우리 민족의 역사적 정통성을 일깨웠어요.
신채호는 일제 강점기에도 맹활약을 합니다.
지켜보세요.

신채호는 한민족이 단군의 후예라고
말했어요. 당시로서는 처음으로 왕조가
아닌 민족을 중심으로 역사를 서술하여
큰 충격을 주었답니다.

신체시
현대 시의 출발점이 된 새로운 시 형식

근대 문물이 들어오면서 문학과 예술에서도
새로운 변화가 일어나요.
우선 신체시에 대해 살펴볼까요?

> **큰별쌤 톡톡**
> 기존의 시조는 반드시 정해진 글자 수를 지켜야 했는데, 그에 비해 신체시는 훨씬 자유로운 형식을 추구했어요.

신체시는 새로운 형식의 시예요.
기존의 딱딱한 형식에서 벗어난 거죠.
최남선의 〈해에게서 소년에게〉가 대표적.
이 작품에는 새로운 세계의 주인공이 될 소년들이 세상을 향해 돌진하여
부정적인 현실을 극복하고 미래를 이끌어 나갈 것을 기대하는 내용이 담겨 있죠.

소설에서도 **신소설**이 나와요.
《금수회의록》, 《은세계》, 《혈의 누》 등이 대표적이죠.
《금수회의록》은 동물들이 모여서 회의를 한다는 내용으로
인간의 불효, 탐관오리의 부패 등 사회를 날카롭게 풍자했지요.
《은세계》는 **최초의 서양식 극장**이라고 할 수 있는 **원각사**에서
연극으로 상연되기도 했어요.

개항기

대종교 大倧敎
큰 상고신인 가르칠
대 종 교

단군 신앙을 기반으로 한 우리나라 고유의 민족 종교

우리 민족은 일본의 국권 침탈에 맞서 다양한 방식으로 항일 운동을 전개했어요.
그 가운데 종교를 통한 움직임도 있었죠.
여기에 앞장선 것이 바로 **나철**이 창시한 **대종교**!
을사오적을 처단하려고 만든 오적 암살단 기억하시죠?
그걸 만든 사람이 나철, 오기호였잖아요.

나철은 민족 종교를 일으켜 민족정신을 지키려 했어요.
그래서 **단군 신앙**을 기반으로 **대종교**를 창시합니다.

대종교는 계몽 운동뿐 아니라 무장 독립 투쟁도 활발하게 전개했어요.
특히 **국외 무장 독립 투쟁의 주역** 가운데 대종교를 기반으로 한 단체가 꽤 많답니다.
대표적으로 **중광단**과 **북로 군정서** 등이 있죠.
단군의 후예들이 끝까지 나라를 위해 투쟁했단 사실을 잊지 마세요.

'대종'이란 한얼님(하느님)이 이 세상을 널리 구제하기 위해 사람이 되어 내려오셨다는 뜻이에요.

이겨내라 단군 후예들이여~

그래, 우린 유구한 역사를 가진 민족이야!

개항기

천도교 天道敎
동학을 바탕으로 발전한 종교

1894년, 두 차례의 동학 농민 운동은 실패로 끝났죠.
하지만 남은 세력이 활빈당이나 의병이 되어
일제에 대한 저항을 쭉 이어 가지요.

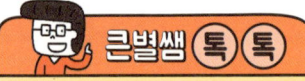

어린이날을 만든 방정환도 천도교와 관련이 있어요. 방정환은 아동 잡지 《어린이》를 창간하고, 천도교 서울지부를 이끌기도 했어요.

1905년 **동학**은 **천도교**로 이름을 바꿉니다.
동학의 3대 교주 **손병희**가 주도했죠.

이 무렵 동학의 일부 신도들이
일진회라는 친일 단체에 들어가는 일이 벌어져요.
일진회는 일본의 한국 병합을 적극 지지한 나쁜 조직!

 결국 손병희는 이들이 동학의 원래 정신을 망쳐 놓는다며
이들을 쫓아내고 천도교로 이름을 바꾼 겁니다.

천도교에서는 인내천, 즉 사람이 곧 하늘이라는 사상을 바탕으로
모든 사람은 평등하다고 주장합니다.
또한 《만세보》라는 기관지를 발행하며 **계몽 운동**에도 앞장서지요.
1920년대에는 《개벽》, 《어린이》 등의 잡지도 간행합니다.

간도 협약

사이 섬 도울 맺을
간 도 협 약

1909년 청나라와 일본이 간도의 영유권에 대해서 맺은 약속

조선 숙종 때 조선과 청나라는 두 나라 사이에 국경선을 표시하고자 **백두산정계비**를 세웠어요. 하지만 시간이 흐르면서 국경선으로 정한 토문강의 위치가 논란이 되었죠. 이게 외교 문제로 번지자 조선과 청나라는 몇 차례 협상을 진행했지만 해결되지 않았어요.

그런데 1909년, 청나라와 일본이 간도의 영유권에 대한 협약을 맺습니다. 분명 영토 분쟁이라는 중요한 사안임에도 불구하고 우리는 이 협상 테이블에 나가지 못해요. 대신 일본이 나갔죠. 일본은 철도 부설권과 탄광 개발권 등을 받는 대가로 청나라에 간도를 내줍니다.

대체 왜 그랬을까요?
1905년 을사늑약으로 대한 제국의 외교권이 일본에 넘어갔기 때문이에요. 외교권이 없기에 청나라와의 영토 분쟁도 우리가 직접 해결할 수 없었던 거죠. ㅠㅠ

대한 제국에서는 1903년에 이범윤을 간도 관리사로 임명하고, 한성에 있는 청나라 공사에게 간도의 소유권을 주장했어요.

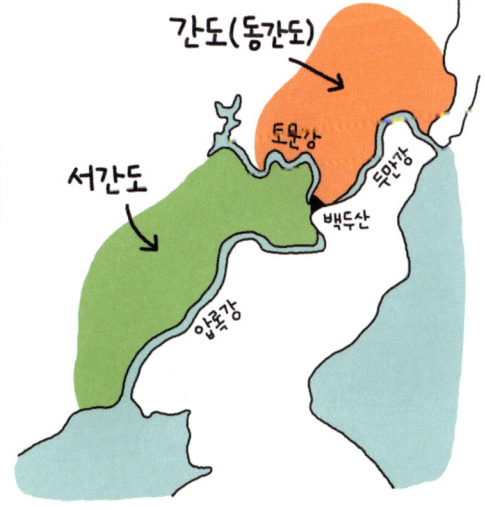

독도 獨島
홀로 독 / 섬 도

우리나라 동쪽 끝인 경상북도 울릉군 울릉읍 독도리에 위치한 섬

아, 이거 분명 우리 땅인데 일본 너무하네. 정말 너무해.
두말하면 입 아픈 우리의 땅, 독도.
독도는 울릉도에서 보이는 곳에 있습니다. 맨눈으로도 그냥 보여요.
눈에 보인다는 것은 굉장히 중요합니다.
울릉도 주민들이 옛날부터 독도를 알았고 이곳을 오갔다고 볼 수 있으니까요.
또 배를 타고 이동하거나 어로 활동을 할 때 독도를 기준으로 삼을 수도 있죠.

그런데 일본은 주인 없는 땅이라고 우기며,
러일 전쟁 과정에서 독도를 **자기네 영토로 편입**시켰죠.
1900년 이미 대한 제국이 칙령 41호를 내려
독도가 우리의 영토라고 밝혔음에도 불구하고 말이죠.

독도는 외로운 섬인가요?
우리 독도를 외롭게 놔두지 맙시다.

큰별쌤 톡 톡
독도는 비교적 큰 동도와 서도, 그리고 두 섬 부근의 작은 섬들로 이루어져 있어요. 달랑 섬 하나가 아니라는 사실!

이것까지 알면 **진짜 역사왕**

독도는 우리 땅! 누가 뭐래도 우리 땅!

독도는 우리 땅. 맞죠? 그런데 일본은 자꾸 자기네 땅이라고 우기네요. 일본 시마네현 의회는 2005년 다케시마의 날을 제정했어요. 2008년부터는 일본의 검인정 교과서에서 독도가 일본 영토라고 가르치네요. 황당 그 자체.

일본에서 계속 독도 영유권 주장을 하는 이유가 있어요. 일본은 국제 사법 재판소에 독도 문제를 제소하여 독도를 영토 분쟁 지역으로 만들려고 하는 것이죠. 우리는 이에 대비해서 독도가 우리나라 땅인 근거를 차곡차곡 쌓아 놓아야 해요.

《삼국사기》를 보면 신라 장군 이사부가 우산국을 복속시키는 내용이 있어요. 울릉도와 독도는 삼국 시대 전부터 우산국으로 불렸거든요. 일본은 여기에 뭐라고 대응할까요? 지증왕이 우산국 정벌했다고 했지, 언제 독도 정벌했다고 했냐? 세상에!

조선 시대에는 왜구의 침탈 때문에 몇몇 섬을 비워 두는 정책을 취하는데요. 울릉도와 독도 그리고 남쪽의 거제도 등이 해당됐죠. 그런데 섬을 비워 두자, 일본인들이 울릉도에 와서 불법으로 물고기를 잡아갔어요. 이에 안용복이 두 차례나 일본에 건너가 울릉도와 독도가 조선의 영토임을 주장해요. 그러고는 일본인들이 넘어오는 것을 막아 달라고 요청했죠. 각서도 받아 옵니다.

이것까지 알면 진짜 역사왕

"울릉도, 독도, 일본 땅 아니무니다. 가지 마라 데쓰."

1877년 일본 내무성이 일본 땅의 지적(땅과 관련된 여러 사항을 기록한 문서)과 지도를 만들기 위해 조사를 하면서 당시 일본의 최고 기관인 태정관에 물어봅니다. "울릉도와 독도를 우리 땅이라고 써도 돼요?" 그런데 태정관에서 이렇게 답을 줍니다. "울릉도와 독도는 일본과 관계없음을 명심할 것." 태정관의 답을 담은 문서가 바로 〈태정관 지령〉입니다. 독도는 일본 땅이 아니라고 자기네 공식 문서에 딱 써 놓은 거죠. 그런데 대체 왜 일본은 자꾸 독도가 일본 땅이라고 주장할까요?

일본 주장은 이래요. 러일 전쟁 하면서 1905년 주인 없는 섬이었던 독도를 자국 영토에 편입시켰다고요. 그런데 반박할 근거가 있거든요.

이것까지 알면 진짜 역사왕

우리나라는 광복 후 영토를 회복했어요. 물론 독도도 포함이죠.
연합국 최고 사령관 각서에 독도를 통치·행정상 일본으로부터 분리하여
한국에 반환해요!
또 샌프란시스코 강화 조약에선 "일본은 한국의 독립을 승인하고, 제주도·
거문도·울릉도를 포함한 한국에 대한 모든 권리와 청구권을 포기한다"라고
했어요.
한국의 모든 섬을 조약 문서에 쓸 수는 없잖아요? 그래서 이 조항에서는
한국의 주요 섬만 언급되어 있지요. 울릉도의 부속 섬인 독도는 당연히 한국의
영토로 포함된 거고요.

우리 독도를 더는 외로운 섬으로 두지 말고 더 많은 관심 갖도록 해요.
일본이 주장하면 당당히 대응해 주자고요.

7 일제 강점기

대한의 독립을 위하여

식민지 굴레에서 벗어나기 위한 처절한 몸부림.
지금부터 나라를 되찾기 위해 목숨 바친 이 땅의
선조들에게 감사 인사를 드리러 가 보려고 합니다.
지금 여러분과 제가 이렇게 하루하루 살 수 있는 것도
모두 그분들 덕분임을 잊지 말아 주세요. 그리고
하나 더! 우리의 작은 선택이 모여 역사를 만들고,
후대는 그 역사를 선물 받게 될 겁니다.

무단 통치

1910년대 일본이 우리나라를 강압적으로 통치한 것

1910년, **경술국치**의 해입니다.
경술년에 있었던 나라의 치욕.
일제가 강제로 국권을 빼앗고
우리나라를 식민지로 삼습니다.
다른 말로 '국권 피탈'이라고 하죠.
원하던 것을 얻은 일제는
1910년대 무단 통치를 시행합니다.
무력으로 공포 분위기를 조성하는 거죠.

이전까지 대한 제국의 국권을 간섭했던 통감 대신 **총독**이 부임합니다.
그런데 군인이 오네요. 총독은 행정 일을 해야 하는데……….
경찰 역할은 **헌병**이 합니다. 헌병도 군인이잖아요. 또 군인!
게다가 헌병들이 가벼운 죄를 저지른 한국인을
때려서 처벌할 수 있는 **조선 태형령**까지 만듭니다.
교사들도 제복 차림에 심지어 칼까지 차고 학생들 앞에 섭니다.
거리에선 헌병이, 교실에선 칼 찬 교사가 사람들을 감시합니다.
언론·출판·집회의 자유도 없는 공포의 1910년대가 시작된 겁니다.

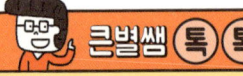

이 시기 헌병들은 직접 벌을 내릴 수 있는 즉결 심판권을 가지고 있었어요. 헌병에게 잘못 보이면 재판도 없이 벌을 받았으니 사람들이 벌벌 떨었죠.

토지 조사 사업

일제가 우리 땅을 뺏기 위해 벌인 대규모 토지 조사 사업

제일 먼저 빼앗을 건 역시 땅이겠죠. 얼마나 탐났겠어요.
식민지로 만들기 전부터 눈독 들이던 거 보셨죠?
조선 총독부는 본격적으로 **토지 조사 사업**을 실시합니다.
그들은 근대적 토지 소유관계를 확립한다는 명분을 내세워 사업을 시행하지만
실제로는 토지 매매를 원활하게 해서 일본인들이 땅 사는 것을 돕고,
세금을 확실히, 더 많이 걷고 싶었던 거였어요.

어려운 한자투성이 신고서를 만들어 놓고
기한 내에 신고하지 않으면 땅을 빼앗는 구조였어요.
심지어 신고 기한도 엄청 짧았어요.
신고하고 싶어도 못 하는 농민들이 많았죠.

일본은 토지 조사 사업을 통해 나라나 관청 소유의 땅과 아직 개간되지 않은 황무지 등을 손에 넣을 수 있었어요.

또 이 과정에서 소작농들이 농사짓던 땅에 대한
경작권이 인정되지 않습니다.
조선 시대까지만 해도 남의 땅 빌려서
농사를 짓더라도 권리를 인정해 줬어요.
오랫동안 그 땅에서 농사지었다면
땅 주인도 하라 마라 간섭하기 어려웠죠.
그런데 이제 소작이 철저히 계약제로 운영됩니다.
농사 잘 짓다가도 땅 주인이 계약 해지하면 끝!
안정적으로 농사짓던 사람들이
순식간에 비정규직으로 바뀌게 되죠.

회사령
한국에서 회사를 설립할 경우 총독부의 허가를 받도록 규정한 법령

1910년대 일제는 **민족 자본의 성장도 철저하게 통제**합니다.
한국인이 회사를 세운다?
당연히 총독부의 허가를 받아야 합니다.
그럼 허가가 쉽게 났을까요?
그럴 리가 없죠, 온갖 트집을 잡습니다.
이런 강압적인 환경에서 민족 자본이 성장할 수가 없겠죠.

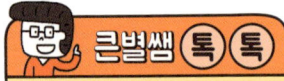
총독부는 당연하게도 일본인이 설립을 요청한 회사는 거의 다 허가해 줬어요. 어휴~ 차별!

이것도 모자라서 법령이란 법령은 이때 거의 다 만들어요.
총독부의 허가를 받아야 광물 채취가 가능토록 한 광업령.
총독부의 허가를 받아야 산에 있는 나무를 벨 수 있는 산림령.
총독부의 허가를 받아야 강이나 바다에서 어획할 수 있는 어업령 등.

1910년대 처음 식민지를 만들었으니
이렇게 법을 만들어서 통제하려는 욕구가 강했겠죠.
령령의 시대, 1910년대!

문화 통치 文化統治

3·1 운동 이후 일제가 시행한 민족 분열 통치 방식

겁주고 때려서 통제하면 말 잘 들을 줄 알았죠.
그런데 **1919년, 전국적으로 3·1 운동**이 일어납니다.
일본이 기겁을 하죠.
그래서 1920년대에는 더 교묘한 통치술이 시작됩니다.
바로 '문화 통치'죠.

무력이 아닌 문화라니 좋은 것 같죠?
실제로 자유를 좀 주는 듯했지만 그게 다 속임수랍니다.
총독은 문관도 가능? 한 번도 문관 총독이 온 적은 없습니다.
헌병 경찰은 보통 경찰로? 오히려 경찰 수는 더 늘어났죠.
한국인이 경영하는 신문사 허용? 《조선일보》와 《동아일보》가 그렇게 탄생했지만 검열과 감시는 더 심해져요.
보통학교(지금의 초등학교) 4년을 일본과 같이 6년으로?
원래 그랬어야 하는 거 아닌가요?

일제는 '문화 통치'를 통해 친일 세력을 키워서 우리 민족을 분열시키려고 했어요. 그래서 '민족 분열 통치'라고도 합니다.

산미 증식 계획

産米增殖計劃
생산할 쌀 늘릴 늘릴 꾀할 그을
산 미 증 식 계 획

일제가 한국을 식량 공급 기지로 만들기 위해 실시한 계획

1910년대에는 땅을 빼앗았으니
이제 그 땅에서 나오는 쌀을 빼앗으면 되겠네요.
그래서 시행한 게 **산미 증식 계획**입니다.

여기서 비료 개발, 수리 시설 정비, 종자 개량 같은 걸 하죠.
물론 여기에 드는 비용은 전부 우리 농민들이 내게 했죠.
결과적으로 생산량 증가에는 성공합니다.
문제는 일제가 목표로 세운 수준에는 미치지 못했다는 거죠.
그런데 일제가 목표량만큼 가져갑니다. 이게 웬일인가요?
분명 생산량이 늘었는데 한국은 **전보다 더 심한 식량난**에 시달리게 된 거죠. ㅠㅠ

그러자 일제가 대책을 세워 줍니다.
중국에서 저렴한 잡곡을 수입해서 먹으라네요. 헐

1930년대에 농촌 진흥 운동을 일으켜
무너진 농촌 사회를 일으켜 보려고 하지만 쉽지 않습니다.

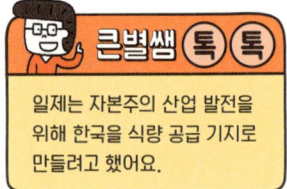

큰별쌤 톡톡
일제는 자본주의 산업 발전을 위해 한국을 식량 공급 기지로 만들려고 했어요.

회사령·관세 폐지

1920년대에 일제 자본이 한반도에 들어올 수 있도록 만든 조치

1920년대가 되면 일제 자본이 본격적으로 한반도에 상륙합니다.
일제 자본이 들어오는 데 문제가 되는 것들은 알아서 다 치워 줍니다.
우선 **회사령을 폐지**하죠.

회사령 있을 때도 일본인 회사는 다 허가해 줬으면서?
허가 받는 데 드는 귀찮음까지 없애 주겠다, 이거죠.

이 과정에서 <mark>민족 자본도 약간 기를 펴는 듯</mark>했습니다.
이때 성장한 민족 자본으로 **경성 방직 주식회사**, **평양 메리야스 공장** 등이 있죠.

그런데 이게 웬일! 1883년에 조일 통상 장정으로 만든
<mark>관세를 폐지한다</mark>고 하네요.

규모의 경제라는 말이 있습니다.
경제 규모가 클수록 이익이 크다는 뜻이죠.
그런데 관세가 폐지되면 어떻게 될까요?

일제의 거대 자본이 마구 들어와도
민족 자본이 그걸 견제하기 어려워지겠죠.

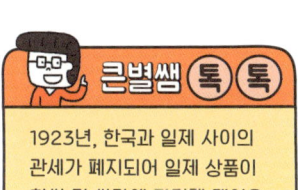

큰별쌤 톡톡
1923년, 한국과 일제 사이의 관세가 폐지되어 일제 상품이 훨씬 더 싼값에 팔리게 됐어요.

민족 말살 통치

일제가 한국인의 민족정신을 지배하여 전쟁에 동원하고자 한 통치 방식

1853년 미국에 의해 강제로 개항된 후 1920년대까지 승승장구하는 일제.
하지만 1929년 세계 대공황이라는 직격탄을 맞게 됩니다.
일제는 경제 위기를 벗어나기 위한 방법으로 전쟁을 선택합니다.
결국 1931년 **만주 사변**, 1937년 **중일 전쟁**, 1941년 **태평양 전쟁**을 일으키죠.
그런데 일제의 군사력으로 전쟁을 지속하기는 쉽지 않겠죠.
그래서 일제는 한국 사람들에게 총을 줍니다. 일본인처럼 싸우라는 거죠.

이전까지의 일제는 일본인과 한국인을 철저하게 구분했어요.
그런데 이제 전쟁에 나가서 목숨 바쳐 싸우라고 해야 하니
일본인, 한국인 구분하고 그러면 안 되겠죠?
일제는 한국인들을 일본 왕의 충실한 신하(황국 신민)로 만들고자 합니다.
먼저 일본과 조선은 같다며 '**내선 일체**'를 주장해요.
신사 참배시키고 〈**황국 신민 서사**〉를 외우게 합니다.
한국인의 **성**과 **이름**을 **일본식**으로 고치도록 강요했어요.
우리말도 쓰지 못하게 합니다.
한국인이라는 생각을 하지 못하게 하기 위해서였죠.

'내선일체'는 일본 본토를 가리키는 내지의 '내' 자와 조선의 '선' 자를 따서 만든 말로, 일본과 한국이 하나라는 뜻이에요.

남면북양 정책

한반도 남쪽에는 목화를, 북쪽에는 양을 키우도록 한 정책

 대공황에 대처하는 일본의 자세!
정치적으로는 전쟁을, 경제적으로는 남면북양 정책을 실시합니다.

남쪽에는 면의 원료인 목화를 생산하게 하고, **북쪽**에는 양을 키우도록 하는 거죠.
목화와 양모, 모두 섬유 산업의 원료예요.
즉, 일제는 한반도를 저렴한 원료 공급지로 만들어 일본의 방직 자본가들을 돕고,
전쟁에 필요한 군복 등을 많이 생산하려 한 거죠.

일제는 또 한반도 북쪽에 공장들을 집중 배치합니다.
왜냐고요? 중국하고 전쟁하는 데 필요한 군수 물자(병참)를
중국과 가까운 북쪽에서 바로바로 제공해야 하니까요.
이걸 '병참 기지화 정책'이라고 해요.
한반도 상황에 대한 고려 없이 철저히 일제를 위해
한반도를 이용한 것이죠.

남면북양 정책은 불만이 높았던 산미 증식 계획을 대신하여 한국인들을 수탈하는 수단이 되었어요.

국가 총동원법

일제가 인적·물적 자원을 총동원하기 위해 만든 전시 통제의 기본법

이 모든 정책의 중심에 일제가 1938년에 정한 **국가 총동원법**이 있습니다. 인적·물적 자원을 탈탈 털어 자신들의 전쟁에 활용하겠다는 거죠.

일제는 1937년 7월 중일 전쟁을 일으키고, 이듬해인 1938년 4월에 국가 총동원법을 공표했어요.

 강제로 사람들을 끌고 가 노동력을 수탈하는 징용,

 남자들을 군대에 강제로 끌고 가는 징집(징병), 여자들을 일본 군대의 성 노예로 만드는 일본군 '위안부',

 강제로 쌀, 철 등을 빼앗아 가는 공출, 그리고 빼앗은 것을 나누어 주는 배급.

일제는 이런 극악무도한 방법들을 국가 총동원법 제정 이후 남발하게 됩니다.

빼앗긴 들에도 봄은 오는가. 봄

독립 의군부

獨 홀로 독 / 立 설 립 / 義 의로울 의 / 軍 군사 군 / 府 관청 부

1912년 고종의 비밀 명령을 받고 조직된 독립운동 단체

1910년대는 일제의 무단 통치 시기!
잘못하면 헌병 경찰에게 끌려갔던 시기죠.
그래서 이때는 비밀 결사 활동을 주로 합니다.

대표적으로 **전라도** 지역의 **독립 의군부**가 있어요.
독립 의군부는 1912년에 고종의 명을 받아
임병찬이 주도했어요. 임병찬은
최익현의 제자로 을사의병 때 활약한 의병장이에요.
오! 의병 활동이 이어지는 거로군요.
임병찬은 황제 체제로 돌아가자고 주장합니다.
고종의 명을 받았으니 그럴 만하죠.

독립 의군부는 일본의 내각 총리대신과
한국 총독 및 주요 관리들에게
한국 강제 점령의 부당함을 알리고,
의병 전쟁을 준비하려고 했어요.

하지만 일제에 조직이 발각되어 계획은 실패하고,
임병찬을 비롯한 많은 지도자가 경찰에 붙잡힙니다.

큰별쌤 톡톡

비밀 결사는 법으로 정해진 신고를 하지 않고, 조직이나 구성원, 소재지 등을 모두 비밀로 한 조직을 말해요. 비밀 단체라는 뜻이죠.

대한 광복회
1915년 박상진이 대구에서 조직한 독립운동 단체

1910년대 대표적인 국내 비밀 결사 조직은
독립 의군부 말고 하나가 더 있습니다.
경상도의 **대한 광복회**가 바로 그것이죠.

1915년 **대구**에서 조직된 이 단체는 **박상진**이 주도했는데요.
박상진 역시 유학자인 허위의 제자로 스승을 따라 의병 활동을 했습니다.
다만 박상진은 신학문을 배우라는 스승의 권유로
서울로 올라와 근대 법률을 공부합니다.

박상진은 법조인 선발 시험에 합격해
판사가 되지만 한국이 일제에 국권을 뺏긴 후
사표를 내고 만주로 갑니다.
그는 중국의 민주주의 혁명 과정을 지켜본 뒤
대구로 돌아와 대한 광복회를 만듭니다.
정치 체제로는 **공화정**을 주장하죠.

대한 광복회는 일종의 무장 투쟁 조직입니다.
친일 부호들을 처단하고 그들로부터 군자금을 확보해
만주 지역에 무관 학교를 세우려는 계획도 가지고 있었죠.
하지만 일제의 수배를 받은 박상진이 체포되면서
대한 광복회의 활동 또한 축소됩니다.

대한 광복회의 활동은 상당히
전투적이었어요. 대한 광복회의
4대 강령은 '비밀, 암살, 폭동,
명령'이었다고 하죠.

3·1 운동

1919년 3월 1일을 기점으로 전국에서 일어난 독립 만세 운동

대한 독립 만세!
만세의 함성이 전국을 뒤흔듭니다.

제1차 세계 대전이 끝나면서 패전국의 식민지 처리 문제를 두고
미국 대통령 윌슨은 **민족 자결주의**를 주장해요.
민족 문제는 민족 스스로 해결해야 한다는 것이었죠.
여기에 1910년대 독립 의군부,
대한 광복회 등 비밀 결사 활동도
활발해지면서 우리 민족은 희망을 갖게 됩니다.
'어쩌면 독립할 수 있을지도 모른다. 우리 민족의 의지를 보여 주자!'
그래서 독립을 선언하고 만세를 부른 것이죠.
대표적인 예가 1919년 **일본 도쿄**에서 있었던 **2·8 독립 선언**.
국내에서도 3월 1일, 독립 선언과 대규모 만세 시위를 계획합니다.

> **큰별쌤 톡톡**
> 3·1 운동에 참가한 인원은 그 당시 인구의 10퍼센트나 되는 200만 명에 달했다고 해요.

이때가 마침 고종의 장례식을 준비하는 기간이라 민중이 많이 모여 있었어요.
이들에게 독립 선언의 불씨가 당겨지면서 만세 소리는 전국으로 퍼져 나갔지요.
도시에서 시골로 만세 운동이 확산됩니다.
그런데 일제는 평화적인 만세 시위를
폭력적인 방법으로 제압하려 하죠.
그 과정에서 제암리 주민
학살 사건도 벌어집니다. ㅠㅠ
잔인무도한 진압. 에휴

*고종 장례식

일제 강점기

대한민국 임시 정부

3·1 운동 직후 중국 상하이에서 수립된 임시 정부

3·1 운동은 우리 민족의 역량을 하나로 모으는 계기가 되었습니다.
하지만 이렇게 모인 민족을 체계적으로 이끌 지도부의 필요성도 느끼게 되었죠.
그리하여 연해주에는 **대한 국민 의회**, 상하이(상해)에는 **임시 정부**,
서울에는 **한성 정부**가 들어서게 됩니다.

어렵게 민족의 뜻을 하나로 모았으니 흩어지면 안 되겠죠.
어디로 모일까요? 이에 대해서는 의견이 분분했어요.
연해주 쪽은 무장 투쟁을 하려면 우리 국경과 가까워야 한다고 했고,
상하이 쪽은 외교 활동을 통해 독립을 얻어 내야 한다고 주장합니다.
결국은 한성 정부의 법통을 이어받아 상하이에 대한민국 임시 정부가 수립됩니다.

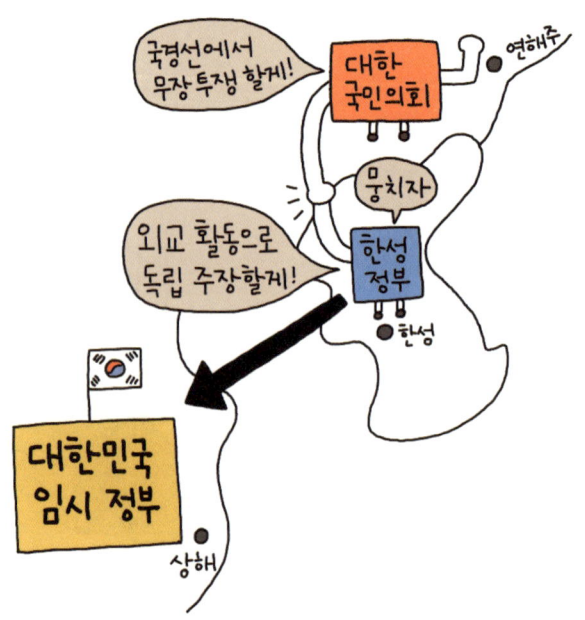

큰별쌤 톡톡
한성 정부를 중심으로 했음에도 한성, 즉 서울에 모이지 못한 이유는 서울에서는 일제의 감시와 탄압을 피하기 어려웠기 때문이에요.

연통제와 교통국
대한민국 임시 정부의 비밀 행정 조직

우리 역사상 최초로 삼권 분립에 입각한 공화정 정부인 대한민국 임시 정부.
초대 대통령은 이승만, 총리는 이동휘가 됩니다. 적절한 타협이었죠.
이승만은 **외교**를 **중시**하며 대한민국 임시 정부가 상하이에 있어야 한다고 했고,
이동휘는 **무장 투쟁**을 위해 연해주로 가야 한다고 했거든요.

가만, 삼권 분립이 뭐냐고요?
국가의 권력이 입법부, 행정부, 사법부의 세 가지로 나뉜다는 뜻입니다.
실제로 대한민국 임시 정부는 입법부인 임시 의정원, 행정부인 국무원,
사법부인 법원으로 구성돼 있었습니다.

대한민국 임시 정부는 국내에 **연통제**를 조직해 **행정 조직**을 구축하고,
교통국을 통해 **정보**와 **자금**을 조달하도록 합니다.
독립 자금 마련을 위해 **독립 공채**도 발행하고요.
국외에는 **구미 위원부**를 설치해 **외교 활동**을 합니다.
하지만 일제가 이 조직을 그냥 놔둘 리 없죠?
국내 연통제와 교통국은 얼마 못 가 흩어지고 맙니다. 흑흑 ㅠㅠ

연통제와 교통국은 물론 비밀리에 활동을 했습니다. 하지만 일제의 철저한 단속으로 1921년 조직이 발각되고 말았죠.

국민 대표 회의

1923년 대한민국 임시 정부의 활동 방향에 대해 논의한 회의

외교 노선에 입각한 임시 정부의 활동이 성과가 없자
이에 대한 비판이 제기됩니다.
대한민국 임시 정부의 주요 노선은 외교였죠.
하지만 우리나라의 노력에도 두드러지는 성과를 얻기는 어려웠습니다.
뒤숭숭한 임시 정부 분위기를 바꾸기 위해
1923년 국민 대표 회의가 열려요.

대통령 이승만이 미국에 위임 통치를 요청한 것을 강하게 비판한
신채호를 중심으로 창조파가 결성되는데
이들은 임시 정부를 해체하고 새로운 정부 조직을 만들자고 주장합니다.
반면 안창호를 중심으로 한 개조파는 정부 조직을 유지하는 부분적인 개혁을 주장하죠.
두 세력은 결국 입장 차이를 좁히지 못하고 회의가 결렬돼요.
이로써 대한민국 임시 정부의 세력도 크게 약화됩니다.

큰별쌤 톡톡
국민 대표 회의의 결렬로 임시 정부의 조직 개편을 요구했던 창조파와 개조파 인사들이 다수 임시 정부를 떠납니다.

한인 애국단
김구가 일제의 주요 인물을 암살하려고 조직한 비밀 단체

결국 이승만이 탄핵되고 박은식이 2대 대통령이 됩니다.
하지만 바로 개헌을 해서 대통령제 대신 국무령 중심의 **내각 책임제**를 도입하죠.
내각 책임제는 대통령의 권력 남용을 막기 위해 국무령과 국무원을
선출해서 견제하도록 한 정치 체제를 말합니다.
그런데 임시 정부 인사들이 계속 빠져나가네요.
결국 남은 사람들이 국무위원 중심의 **집단 지도 체제**로 다시 개헌을 합니다.
이래저래 힘든 상황.

이 위기를 극복하고자 김구는 **한인 애국단**을 조직합니다.
이봉창이 **일왕을 향해 폭탄**을 던지고,
윤봉길도 상하이 훙커우 공원에서 폭탄을 던지죠.
특히 윤봉길의 의거는 중국인들을 감동시킵니다.
중국 국민당은 이 사건을 계기로
대한민국 임시 정부를 지원하기로 한답니다.

이봉창이 도쿄에서 열병식을 보고 돌아가던 일왕의 마차를 향해 수류탄을 던졌지만 안타깝게도 명중시키지 못해 거사에 실패하고 말아요.

6·10 만세 운동

1926년 6월 10일 순종의 장례일에 있었던 학생 중심의 독립운동

3·1 운동을 과격하게 진압하고 다른 나라들의 눈치를 보던 일제는 '문화 통치'를 시행하며 한국에 대한 압박을 살짝 풉니다.
오! 숨 쉴 틈이 생겼네요. 우리 민족, 이 틈을 잘 활용합니다.
학생 중심으로 전개된 1926년 6·10 만세 운동도 그중 하나죠.

3·1 운동이 고종의 장례식을 활용했다면,
6·10 만세 운동은 순종의 장례식을 이용해요.
이 운동을 맨 처음 기획한 건 **사회주의자**들이었지만
일제의 감시 아래 있던 그들은 금방 발각되고 말았어요.
운동은 **학생**들이 이어받습니다. 이때 **천도교**에서도 도움을 주죠.

이렇게 사회주의 세력과 학생, 천도교 중심의 민족주의 진영이
손을 잡았다는 사실은 이후 **민족 유일당 운동**에 큰 영향을 미칩니다.
자본가 타도를 외치는 사회주의와 자본가를 포함한 민족 모두가 하나라는 민족주의는
손잡기가 쉽지 않거든요. 그러니까 정말 대단한 일!

* 순종 장례

6·10 만세 운동은 3·1 운동 이후 다시 한 번 일제에 맞선 뜻깊은 투쟁이었고, 광주 학생 항일 운동에 영향을 미쳤어요.

신간회

1927년에 민족주의와 사회주의 세력의 좌우 합작을 추구한 단체

1920년대에 민족주의 세력이 이끌었던 운동, 즉 물산 장려 운동, 민립 대학 설립 운동 등이 다 어떻게 됐죠? 대부분 성과를 거두지 못하죠. 그 결과 **민족주의 진영이 분열**합니다. 일본 식민 지배를 인정하고 자치권을 확보하자는 **자치론자**와 일제에 계속 저항하겠다는 **비타협적 민족주의자**로요.

한편 사회주의 세력도 1925년에 치안 유지법이 생긴 후 탄압이 너무 심해져서 활동에 곤란을 겪고 있었어요. 두 세력은 각자의 위기를 헤쳐 나가기 위해 손을 잡습니다.

이게 바로 1927년 창설된 민족 유일당 운동의 결과물인 신간회예요. 신간회는 공개 단체로 전국에 지회를 두고 있었습니다. 광주 학생 항일 운동 때에는 민중 대회를 개최해 후원을 계획하죠. 그런데 일제가 이 사실을 알고 신간회를 탄압하기 시작해요. 더군다나 주도권을 뺏기고 불만이 높았던 사회주의 세력이 해체를 주장하면서 신간회는 결국 1931년, 더 나은 방향으로 가기 위해 **해산**을 **결정**합니다.

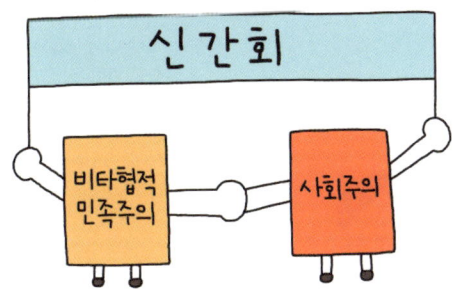

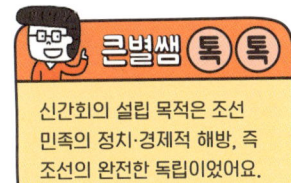

신간회의 설립 목적은 조선 민족의 정치·경제적 해방, 즉 조선의 완전한 독립이었어요.

소년 운동

방정환 등이 어린이들의 인권 보장을 위해 펼친 사회 운동

1920년대에는 사회적으로 의미 있는 활동들이 전개되었어요.
대표적인 것이 천도교 중심의 소년 운동.

방정환이 중심이 되어 어린이에게도 인권이 있음을 알리고
어린이날을 제정합니다.
《**어린이**》라는 잡지를 만들기도 했고요.
천도교에서는 인내천을 강조하니 어린이에게도 한울님이 있겠네요.
그러니 존중해야겠죠.

어린이와 학생이 다르듯이 어린이날과 학생의 날도 다릅니다.
어린이날이 사회가 어린이를 존중하고 보호하는 날이라면,
학생의 날은 학생이 더 건강한 사회를 만들기 위해
무엇을 할 수 있을지를 고민하는 날이랍니다.
여러분은 어린이인가요, 학생인가요?

방정환은 "어린이의 뜻을 가볍게 보지 마십시오. 어린이는 어른보다 한 세대 더 새로운 사람입니다"라며 어린이를 존중하자고 주장했어요.

근우회
槿 友 會
무궁화 벗 모임
근 우 회

여성의 지위 향상을 위해 노력한 여성 단체

1920년대에는 **여성 운동**도 활성화됩니다.
대표적인 단체가 **근우회**예요.
앞에서 배운 좌우 합작 단체인 신간회와
뜻을 같이한 여성 단체가 바로 근우회입니다.
그러니 근우회 역시 좌우 합작이죠.

근우회의 운동 목표는 단결을 통한 여성의 지위 향상과 식민 조국의 해방이었어요.

좌우 합작? 어떤 뜻일까요?
흔히 정치적 입장을 좌와 우로 나누는데요.
좌는 대개 사회 진보를 요구하면서 변화를 요구합니다.
일제 강점기의 좌파는 주로 사회주의 세력이에요.
우는 주로 변화보다는 사회 안정을 추구합니다.
일제 강점기의 우파는 모든 계급을 아우르는 민족주의 세력입니다.
두 세력은 생각의 차이로 충돌하기 쉬운데,
1920년대는 사회가 이 두 세력의 통합을 요구하거든요.
일제라는 공통의 적이 있으니 힘을 합쳐야 했죠. 굿굿

형평 운동
백정들의 지위 향상을 위한 운동

1920년대에는 백정 출신들도 움직입니다.
분명 제1차 갑오개혁 때 신분제는 법적으로 폐지되었습니다.
그런데 이게 법적으로만 없어졌지, 사회적으로는 완전히 사라지지 않았어요.
사람들 사이에는 여전히 차별 의식이 존재했습니다.
인식이란 쉽게 바뀌지 않는 법! 일제 강점기에도 그랬습니다.

소 잡고, 돼지 잡는 백정 출신이라고
자식들이 학교에서 놀림 받고 낮은 대우를 받는다면
어느 부모가 분노하지 않겠어요.
백정들이 실제적인 신분 차별을 폐지하라며
형평 운동을 전개하게 된 이유도 그 때문이었습니다.

형은 백정들이 고기 무게를 잴 때 쓰는 저울이고,
형평은 형을 평평하게 만들자는 뜻이죠.
즉, 모든 사람이 저울처럼 **평등한 세상**을
요구한 것이 바로 형평 운동입니다.

큰별쌤 톡톡

여러분 형평성이라는 말, 들어보셨나요?
형평성의 형평도 바로 이 저울! 즉
형평성은 '저울처럼 균형을 맞추는 성질'
이라는 뜻이에요.

물산 장려 운동
1920년대에 민족 경제를 살리고자 국산품 애용 등을 권한 운동

1920년대에는 정말 다양한 운동이 전개되었어요.
민족주의 진영에서 전개한 대표적 운동에는
물산 장려 운동, 민립 대학 설립 운동, 문맹 퇴치 운동이 있습니다.

이 중 **물산 장려 운동**은 평양에서 조만식을 중심으로 시작되었습니다.
대한 제국 시기에 국채 보상 운동은 어디에서 시작되었죠? 대구였죠.
이번에는 평양입니다.

1920년대에 일제가 회사령을 폐지하고 관세까지 폐지했다고 했죠?
민족 자본가들은 위기의식을 느낍니다.
값싼 일본 제품이 들어오면 국산 제품이 덜 팔릴 테니까요.
그런 중에 조만식 등이 국산품 애용을 주장합니다.
"우리가 만든 것, 우리가 쓰자!"
완전 호응 최고!
물산 장려 운동은 전국으로 퍼져 나갑니다.

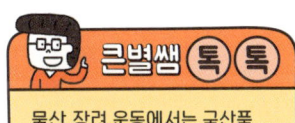

물산 장려 운동에서는 국산품 애용, 소비 절약, 자급자족, 민족 기업 육성 등을 주장했어요.

그런데 사회주의 진영에서 비판합니다.
이건 자본가들 배만 불리는 일이라고요.
물산 장려 운동의 성공으로 수요가 공급을 넘어서다 보니
일시적으로 가격이 올라, 같은 물건을 더 비싸게 사는 일도 있었거든요.
사회주의자들의 눈에는 가난한 노동자들 돈을 빼앗아
부유한 자본가들의 주머니를 채우는 것처럼 보인 거죠.

민립 대학 설립 운동

1920년대에 고등 교육 기관을 세워 민족 역량을 키우려고 한 운동

'문화 통치' 시기에 한국의 학교 제도가 일본과 같게 맞춰집니다.
이에 따라 한국인에게도 대학 교육의 길이 열리죠.
이런 흐름 속에서 우리가 세운 대학에서 우리 학생들을 가르치자는
민립 대학 설립 운동이 전개됩니다.
독립하려면 제대로 교육 받은 민족 지도자들이 있어야 하잖아요.
이를 위해 한 사람이 1원씩 내자는 모금 운동도 벌입니다.

 운동의 열기가 뜨거워지자 일제가 또 방해합니다.
그토록 원하는 대학, 자기네가 세워 줄 테니 그만하라고 하죠.
그래서 세워진 대학이 바로 경성 제국 대학(1924년)입니다.
이게 지금의 서울대학교가 되죠.
결국 민립 대학 설립 운동은 실패로 돌아갑니다.
마치 우리를 위하는 것처럼 경성 제국 대학을 세웠지만
실상은 철저한 통제로 엘리트 친일파를 키우려는 속셈이었죠.
원래 일본은 한국인에게 낮은 수준의 교육 기회밖에 주지 않았어요.

본래 근대 학교 제도의 기본은 초등에서 중·고등으로 이어지는 것인데, 1920년대 전까지 일제는 한국에 초·중등 수준의 실용 교육만 시행했어요.

문맹 퇴치 운동

일제 강점기에 지식인들이 농촌 지역에서 벌인 계몽 운동

1920년대에 민족주의 진영에서 펼친 운동 중 문맹 퇴치 운동이 있어요. 당시에는 한글을 읽거나 쓰지 못하는 문맹들이 아주 많았거든요.

문맹 퇴치 운동은 주로 **언론사를 중심으로 전개**됩니다.
조선일보사는 1929년부터 **문자 보급 운동**을 전개했고요.
동아일보사는 1931년부터 **브나로드 운동**을 진행합니다.
브나로드는 '민중 속으로'라는 뜻의 러시아어입니다.
학생, 지식인들이 민중 속으로 들어가
글자를 가르쳐 문맹을 퇴치하자는 거죠.
우리 글을 배운다는 자부심으로 민족의식을 키울 수도 있고요.

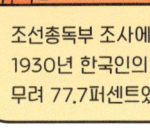

큰별쌤 톡톡

조선총독부 조사에 따르면 1930년 한국인의 문맹률은 무려 77.7퍼센트였다고 해요.

문맹 퇴치 운동을 배경으로 탄생한 소설이 있죠.
바로 **심훈**이 쓴 《**상록수**》예요.
여주인공이 농촌 계몽 운동에 힘쓰다가
과로로 죽자, 남자 주인공이
사랑하는 여자 주인공이 못 다한 일을 하는 데
평생을 바치겠다고 다짐하는 내용이죠.

그런데 이 문맹 퇴치 운동 역시
민족 운동으로 분류되어
조선 총독부의 탄압을 받습니다.
에휴~ ㅠㅠ

일제 강점기

암태도 소작 쟁의
1923년부터 전남 암태도의 소작인과 지주 사이에 있었던 쟁의

사회주의 진영에서는 어떤 운동을 했을까요?
여기서는 주로 쟁의 투쟁을 전개합니다.
쟁의는 서로 자기 의견을 주장하며 다투는 일을 말하죠.

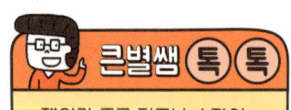
큰별쌤 톡톡
쟁의란 주로 지주나 소작인, 사용자와 근로자 사이에 일어나는 분쟁을 말해요.

소작농들은 소작료를 깎아 달라며 **소작 쟁의**를,
노동자들은 임금을 올려 달라며 **노동 쟁의**를 합니다.

소작 쟁의 중 대표적인 쟁의는 1920년대 초
전라남도 무안군 **암태도**에서 전개된 소작 쟁의입니다.
지주들이 수확량의 70~80퍼센트를 소작료로 가져가자
소작농들이 반발하여 소작료 인하를 요구하죠.
조선 시대까지만 해도 소작료는 수확량의
50퍼센트 수준이었는데 비싸도 너무 비싸잖아요.

목포와 암태도를 오가며 소작농들은 무려 한 달 동안이나 시위하고
단식 투쟁도 하면서 지주의 착취에 항의합니다.

결국 지주가 항복을 선언합니다.
소작료는 40퍼센트로,
지주는 소작인회에 거액의 기부금까지!
오! 약한 사람들이 뭉치니
이런 엄청난 결과를 낳네요. 성공

일제 강점기

원산 노동자 총파업
1929년에 함경남도 원산 지역의 노동자들이 벌인 대규모 파업

1920년대에 수많은 일본 사업가들이 한국에 들어와 공장을 세웠습니다.
당연히 많은 한국인 노동자가 고용됐죠.
물론 한국 노동자들은 일본 노동자들보다 열악한 조건에서 일했어요.
결국 이들의 불만은 노동 쟁의로 나타날 수밖에요.

대표적인 노동 쟁의가 1929년 일어난 **원산 노동자 총파업**입니다.
일제 강점기에 일어난 노동 쟁의 가운데 가장 큰 규모였죠.
여기에 수많은 외국 노동자, 심지어는 일본 노동자들도 후원금을 보내요.
'만국의 노동자여, 단결하라'라며 노동자들 사이의 연대를 보여 줬죠.

1920년대 쟁의가 주로 **먹고사는 문제**에서 시작된 **합법 투쟁**이었다면,
1930년대의 노동 쟁의는 **정치적**인 성격의 **불법 투쟁**으로 바뀝니다.
일제가 1925년에 '치안 유지법'을 만들어서 사회주의자들을 압박했거든요.
그런 이유로 1930년대의 노동 쟁의는 일제에 저항하는 정치 운동이 되었어요.

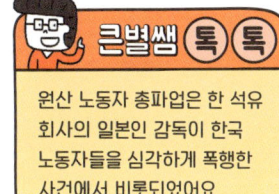

원산 노동자 총파업은 한 석유 회사의 일본인 감독이 한국 노동자들을 심각하게 폭행한 사건에서 비롯되었어요.

광주 학생 항일 운동

1929년 광주 지역의 학생들이 중심이 되어 일으킨 항일 독립운동

11월 3일은 학생 독립 운동 기념일입니다.
이 날이 왜 기념일이 되었을까요?
바로 1929년 광주 학생 항일 운동이 일어난 날을 기념해서예요.

광주 학생 항일 운동은 광주에서 기차 통학을 하던
한일 중학생들의 싸움에서 비롯되었는데요.
일본 남학생이 한국 여학생을 괴롭힌 일에서 시작되어
한일 학생들 사이의 다툼으로 번지게 되었죠.
이후 사건이 커져서 경찰까지 개입하게 되었는데
일본 경찰이 일본 학생에게 유리하게 수사하는 겁니다! 헐

이미 **민족 차별**과 **식민지 교육**에 **불만**이 쌓였던 **학생들**은
편파적인 수사 소식에 참지 않고 저항에 나섭니다.
광주에서만 2,000명의 학생들이 참여했고 전국으로 확산되어
광주 학생 항일 운동은 **3·1 운동 이후 최대 민족 운동**으로 발전합니다.

근현대사를 공부하다 보면 학생은 분명 역사의 거인이었습니다. 세상의 모순에 대해 아닌 건 아니라고 외칠 수 있었던 역사의 거인!

의열단
1919년 김원봉 등의 주도로 설립된 항일 무장 독립운동 단체

1920년대에는 정말 다양한 민족 운동이 전개되죠?
개인의 폭력 투쟁인 **의열 투쟁**도 물론 있었습니다.

대표적인 단체가 1919년 만주 길림(지린)에서
김원봉의 주도로 조직된 **의열단**입니다.
폭력 투쟁으로 일제를 무찌르는 것을 목표로 했어요.

나석주의 조선 식산 은행과 동양 척식 주식회사 폭탄 투척,
김상옥의 종로 경찰서 폭탄 투척, **김익상**의 조선 총독부 폭탄 투척 등
단원들의 많은 투쟁이 있었습니다.

그런데 김원봉은 서서히 회의를 느낍니다.
개인적인 폭력 투쟁으로는 식민 현실을
바꾸지 못한다고 생각하게 된 거죠.
그래서 군대와 당을 조직하기로 합니다.
먼저 의열단원들을 중국 황푸 군관 학교에 입학시켜요.
이후 중국의 지원으로 조선 혁명 간부 학교를 세웁니다.

큰별쌤 톡톡

김원봉은 신채호를 찾아가 의열단의
이념을 담은 글을 써 달라고 부탁해요.
그래서 나온 것이 〈조선 혁명 선언〉.
〈조선 혁명 선언〉은 이후 의열단의
행동 지침이 되었습니다.

봉오동·청산리 전투

만주 봉오동과 청산리에서 독립군 연합 부대가 일본을 이긴 전투

1920년 만주에서 항일 무장 투쟁의 총소리가 들려오기 시작해요.
두만강 근처 **봉오동**에서 홍범도가 이끄는 **대한 독립군**이 일본군을 크게 이기죠.
단단히 약이 오른 일제, 훈춘 사건을 조작합니다.
말을 타고 다니는 중국 도적들에게 돈을 주고
중국 길림성 훈춘에 있는 일본 영사관을 공격하게 한 거예요.
그러고는 이를 독립군의 소행으로 몰아 무시무시한 한국인 학살을 시작해요.
또 대규모 군대를 일으켜 만주 지역 독립군을 압박하지요.
이에 봉오동에서 이동한 독립군이 청산리에 모입니다.
청산리 전투는 김좌진이 이끄는 **북로 군정서**를 중심으로 전개돼요.
여기에 홍범도의 대한 독립군을 포함한 여러 독립군이 연합하고요.
백운평, 어랑촌 등지에서 전투가 이어졌습니다. 지리에 밝은 독립군 연합 부대가
게릴라 전술을 펼쳐 결국 일본군에 대승을 거두죠. 일본, 완전히 열받겠죠.
그래서 독립군의 근거지가 될 만한 한국인 마을들을 모조리 불태워 버립니다.
이 슬픈 사건이 바로 간도 참변! 이 사건으로 수많은 민간인이 희생되었어요.

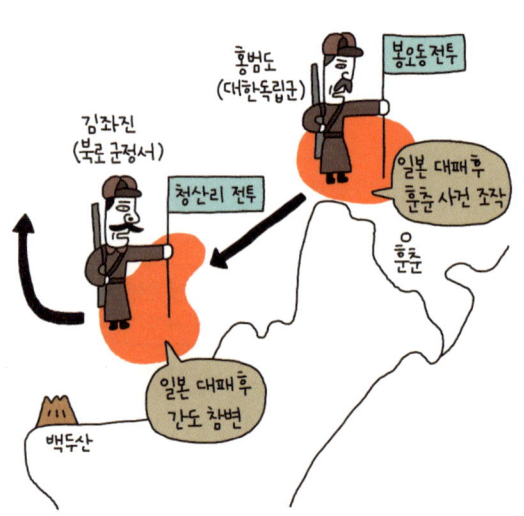

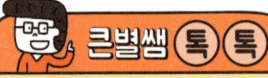

두 전투의 승리는 3·1 운동에서 보여 준 우리 민족의 자주독립 의지와 역량을 다시 한 번 전 세계에 확인시킨 사건이었어요.

자유시 참변

1921년 러시아 군대가 우리 독립군 부대를 포위하고 사살한 사건

청산리를 떠난 독립군은 북만주의 밀산에 모여
서일을 총재로 한 **대한 독립군단을 조직**합니다.
김좌진과 홍범도 모두 여기에 포함됐죠. 이제 어디로 가야 할까?

러시아가 오라고 손짓하네요.
함께 싸우자고요. 그래서 러시아로 갑니다.
그런데 일본의 항의를 받은 러시아가 입장을 바꿉니다.
강제로 독립군의 무장을 해제하려고 해요.
그러면 자기네 군대에 받아들여 주겠다고요.
그럴 순 없죠! 우리는 독립군이지 러시아군이 아니니까요.
결국 독립군이 러시아군의 공격을 받는
자유시 참변이 벌어지게 됩니다.

 조국 없는 식민지 백성들의 삶은 이렇듯 눈물과 설움의 연속!
또 떠나야 합니다. 살을 에는 추위를 뚫고!
독립군은 그들이 떠나온 만주로 다시 이동합니다.

자유시 참변은 러시아 아무르주의 도시 스보보드니에서 일어났어요. 스보보드니는 러시아어로 '자유로운'이라는 뜻이에요. 이곳에 사는 한국인들이 스보보드니를 자유시라고 불렀죠.

일제 강점기

조선 의용대
1938년 김원봉이 만든 민족 연합 성격의 항일 무장 투쟁 조직

1930년대가 되면 만주에서 독립군이 활동하기 더 어려워져요.
왜냐고요? 1931년에 만주 사변을 일으킨 일제가
이듬해 만주국이라는 꼭두각시 나라를 세우거든요.
그래서 수많은 독립운동가가 만리장성을 넘어 중국 땅 본토로 갑니다.

당시 **가장 큰 항일 무장 투쟁 조직**은 바로 **김원봉**이 만든 **민족 혁명당**이었습니다.
기억하시죠? 의열 투쟁에 회의를 느낀 김원봉이 정당과 군대를 조직하려 했던 거.
김원봉은 이를 실천했고, 그 결과물이 나온 겁니다.

민족 혁명당은 의열단, 조선 혁명당, 한국 독립당 등
민족주의 성향의 단체들과 결합해서
조선 민족 전선 연맹을 결성합니다.
조직의 덩치를 더 키운 거죠.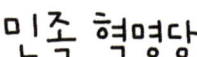
그러고는 소속 군대로 **조선 의용대**를 만들었습니다.
이 조선 의용대는 중국 정부가 관리하는 지역 안에서
제일 처음 만들어진 우리 군사 조직이었답니다.

민족 혁명당
김원봉

조선 의용대는 중국에서 일본군과
싸우는 전투에 투입되기도 했어요.
다만 실제 전투보다는 첩보나 선전,
적진 교란 등의 임무를 맡았지요.

한국광복군
1940년 중국 충칭에서 조직된 대한민국 임시 정부의 정규 군대

대한민국 임시 정부는 중국 충칭에 자리를 잡고 군대를 조직하는데요.
바로 한국광복군입니다. 한국광복군을 이끄는 총사령관은 **지청천** 장군!
1942년에는 조선 의용대 일부를 이끌고 온 **김원봉**도 참여합니다.

김구는 연합군의 일원으로 일본과 싸우기 위해
한국광복군을 만들었다고 했고, 실제로도 연합군과 함께 싸웠어요.
1943년에는 영국의 요청으로 인도·미얀마 전선에 파견되었고,
1944년에는 미국 전략 정보국(OSS)에서 요원 훈련을 받았으며
국내 진공 작전을 계획하기도 합니다.

1940년대, 일제가 판을 바꿔 보려고
마지막까지 애를 쓰지만 이미 대세는 기울었고,
일제 강점기도 끝을 향해 달리고 있습니다.
한국광복군이 이 기회를 잘 살려 준다면……

대한민국 임시 정부는 한인 애국단을 결성하고 충칭으로 자리를 옮겨 군대를 만드는 등 독립을 위한 끊임없는 노력을 펼칩니다. 그 결과 연합국과 함께 일제에 맞설 수 있었죠.

건국 강령
대한민국 임시 정부가 삼균주의를 바탕으로 발표한 건국 방침

대한민국 임시 정부는 1941년 원대한 꿈을 발표합니다.
바로 건국 강령.
조소앙이 기초를 만들고 방향을 잡았지요.

개인 간에는 교육과 경제의 평등이 있어야 하고
민족 간에는 자결주의를 지켜야 하며,
국가 간에는 불가침이 지켜져야 한다.
이것이 **삼균주의**! 멋지지 않나요?

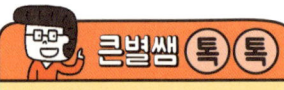

삼균주의는 대한민국을 건설하는데, 세 가지를 균등하게 하겠다는 사상이에요. 그 세 가지란 바로 정치, 경제, 교육!

이제 일본은 망할 것이고, 우리는 독립된 조국을 세울 것이다.
그럼 그 조국은 어떤 조국이어야 하는가를 보여 주는 것이지요.
임시 정부는 새로운 조국은 공화정을 기반으로 한다고 발표합니다.

이제까지와는 달리 국민이 대표를 뽑아 그 사람에게
국민의 권력을 위임하는 공화정 체제를 선포한 것입니다.
현대의 정치 체제가 그렇죠. 조금씩 광복이 다가오고 있네요.

조선 건국 동맹

1944년 조선 독립을 목표로 국내에서 조직된 비밀 결사 조직

1940년대 들어 일본의 패망이 눈앞에 다가옵니다.
그런 흐름을 읽고 일본 패망 이후의 세상을
미리 준비해야겠다고 생각한 사람들이 있었죠.

그렇게 만들어진 독립운동 단체,
여운형이 주도하여 만든 **조선 건국 동맹**입니다.
좌우 세력을 모두 받아들여 조직했죠.

조선 건국 동맹, 대한민국 임시 정부 등 다양한 단체가 일제 패망 이후 세울 나라의 형태를 국민이 나라의 대표를 뽑는 공화정으로 정했어요.

조선 건국 동맹은 일제의 감시 아래 국내에서 활동한 단체인 만큼
모든 활동이 비밀이었어요.
남은 문서도 없고, 참여한 사람들도 확실히 알 수 없었죠.
이 조직이 광복 이후 **조선 건국 준비 위원회**로 계승됩니다.

이름도 비슷비슷. 단체가 정말 많죠?
하지만 알아야 할 독립운동 단체가 많다는 건
그만큼 많은 분이 이 땅과 지금 이 순간을
우리에게 남겨 주기 위해
목숨과 젊음, 피, 땀, 눈물을 바치며
조국 독립을 위해 힘썼다는 뜻이기도 하지요.
그렇게 생각하면 조금 어렵더라도
단체 하나하나가 모두 소중하게 느껴지지 않을까요?

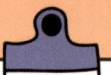

가미카제 특공대 탁경현의 〈아리랑〉

가미카제라고 들어 보셨나요? 한자로 쓰면 신풍(神風). 신이 불어 준 바람이라는 뜻이죠. 고려 말 원 간섭기에 원나라가 고려 군대를 동원해서 일본 정벌에 나갔던 거 기억하시나요? 그때 태풍이 부는 바람에 원나라는 여러모로 피해만 입고 결국 일본 정벌을 포기했었죠. 바다를 잘 모르는 몽골에는 태풍이 귀신이 곡할 바람이었지만 침략당할 처지에 있던 일본엔 신이 불어 준 바람이었던 거죠.

자, 2차 세계 대전이 끝날 무렵이었어요. 일본군은 전쟁의 형세가 불리해지자 연합군의 진격을 막기 위해 가미카제 특공대를 편성합니다. 비행기에 폭탄을 싣고 연합군의 배에 돌진하는 자살 특공대가 바로 그들이죠. 천황과 국가를 위한 희생이라는 헛된 이름 아래, 꽃다운 젊은이들은 500킬로그램의 폭탄이 실린 전투기에 몸을 실었습니다. 처음부터 귀국을 위한 연료는 주어지지 않았죠.

이 가미카제 특공대원의 한 사람인, 미쓰야마 후미히로 이야기를 해 볼까 합니다. 훈련을 마친 미쓰야마는 출격 명령을 받습니다. 그때 심정이 어땠을까요? 내일이면 비행기에 몸을 싣고 떠난다. 그 목적지는 바로 죽음……. 생각만 해도 먹먹해지네요.
그 역시 착잡한 심정이었나 봅니다. 그래서 훈련장 옆에 있는 식당을 찾아갑니다. 여기 식당 아주머니가 어머니처럼 잘 해 주었기에 마지막 인사를 전하려고요. 아주머니 앞에 선 미쓰야마는 노래 한 곡을 부릅니다.

이것까지 알면 진짜 역사왕

그가 부른 노래는 바로 〈아리랑〉. 모두 깜짝 놀랐죠. 왜요? 모두가 미쓰야마 후미히로를 일본인으로 알고 있었거든요.

사실 미쓰야마 후미히로는 경남 사천 출신의 한국인 탁경현. 그때까지 한국인임을 숨기고 살다가 죽음을 앞두고 신분을 밝힌 겁니다. 눈물을 흘리며 〈아리랑〉을 부른 탁경현은 아주머니에게 내일 밤, 호타루(반딧불)가 되어 돌아오겠다며 마지막 인사를 하고 나갑니다.

1945년 5월 11일 오전 8시, 가고시마 지란 기지를 출격한 그의 전투기는 곧 오키나와 상공에서 신호음이 끊깁니다. 가고시마 지역에서만 10여 차례의 출격에 1,024명의 젊은이가 참전했고, 그중 11명은 한국 출신……. 이 11명의 한국인 청년에게 친일의 굴레를 씌울 수 있을까요? 저는 이들보다 한국인 가미카제 특공대를 찬양하고 젊은이들을 부추겼던 당시 한국 지식인들이 훨씬 더 나쁘다고 생각해요. 시인 서정주는 가미카제를 숭고한 애국 행위로 미화하고 젊은이들에게 가미카제가 되라고 독려했어요.

일제의 침략 전쟁에 한국인을 동원하기 위해 수단과 방법을 가리지 않았던 일제 강점기. 분명 지금보다 훨씬 더 어렵고 힘든 시기였을 거고, 또 역사 앞에서 수많은 선택을 강요받았던 시기였을 거예요. 탁경현 역시 그 역사의 무게 앞에 너무나도 힘들어하며 마지막으로 조국의 노래 〈아리랑〉을 불렀던 것은 아닐까요.

박은식
민족정신인 국혼을 강조하며 유교 구신론을 주장한 학자 겸 독립운동가

이제 문화 얘기를 해 볼까요? GO
일제는 우리 민족의 역사와 문화를 지우려고 노력했습니다.
하지만 우리가 가만히 있을 민족이 아니죠.

박은식은 1925년에 이승만이 탄핵당한 후
잠깐 <u>대한민국 임시 정부의 제2대 대통령</u>으로 취임합니다.
그만큼 독립운동가들 사이에서 명망이 높은 인물이었다는 뜻!

박은식은 뭐니 뭐니 해도 **민족주의 역사학자**로 큰 발자취를 남겼죠.
그는 저서인 《한국통사》와 《한국독립운동지혈사》에서
<u>혼과 정신을 통해 일제 강점기를 버텨 내야 한다</u>고 주장합니다.
나라는 형形이요, 역사는 혼魂이라며
역사를 잊지 않으면 나라는 언젠가 되찾을 수 있다는 주장이었죠. 힘!

유학자로서 박은식은 <u>실천하는 유교를 주장</u>했어요.
《유교구신론》을 써서 지행합일知行合一, 즉 아는 대로 실천하는 것을 강조했죠.
늘 실천하는 지식인이었던 박은식, 잊지 않겠습니다.

박은식이 쓴 《한국통사》의 통 자는 아플 통(痛) 자예요. 개항기의 아픈 역사를 바로 알고 잊지 않으면 독립을 이룰 수 있다는 신념을 담았어요.

나라는 형(形)이요, 역사는 혼(魂)이다.

신채호

낭가 사상에 주목하고 고대사 연구에 힘쓴 민족주의 역사학자

《독사신론》을 써서 민족주의 사학의 방향을 잡았던
신채호는 의열단장 김원봉의 부탁을 받아
의열단의 투쟁 이념을 담은 <조선 혁명 선언>을 씁니다.

민족주의 역사학자였던 신채호는
《조선상고사》, 《조선사연구초》를 통해
우리나라 역사의 우수함을 증명하려고 노력했어요.

특히 우리 민족의 정신으로서 **낭가 사상**을 **강조**하죠.
낭가 사상이 뭐냐고요? 화랑도 아시죠?
작은 일에 거리낌 없이 굳건하게 나아가는 정신을 연마했거든요.
그 화랑 정신이 낭가 사상이라고 생각하시면 됩니다.
신채호의 민족주의 역사학은 이후
1930년대 **정인보**의 '얼'로 계승된답니다.

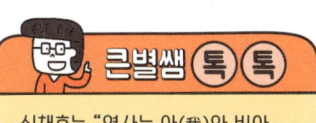

큰별쌤 톡톡

신채호는 "역사는 아(我)와 비아(非我)의 투쟁"이라는 말로 민족주의 사학의 문을 열었다고 평가 받아요.

조선 역사의 우수함을 알려야지!

신채호

진단 학회

이병도·손진태 등이 실증적인 한국사 연구를 위해 만든 학술 단체

민족주의 사학과 함께 실증주의 사학도 발달합니다.
실증주의 사학은 해석보다는 역사적 사실 자체를 강조했어요.
"역사가의 해석은 금물!"이라고 생각했죠. Y!

대표적인 인물로는 이병도와 손진태를 들 수 있어요.
이들은 진단 학회를 조직해
친일 학술 단체인 **청구 학회**에 **대항**합니다.
청구 학회는 일제의 식민 사관을 바탕으로
한국과 만주의 역사를 연구하는 단체였죠.

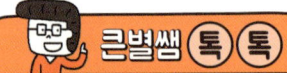

식민 사관은 일제가 한국 침략과 식민 지배를 정당화하기 위해 조작한 역사관이에요. 일선동조론, 정체성론, 타율성론 등의 주장이 있어요.

진단 학회는 일제 강점기 민족주의 사학의 한 부류로서
당시 지식인들이 한국 역사를 연구할 수 있는
기반을 마련했다는 의미를 가집니다.
진단 학회에서는 1930년대부터 《**진단 학보**》를 발간했고,
광복 후에도 연구 활동을 이어 갔습니다.

사회 경제 사학

일제의 정체성론에 맞서 유물 사관으로 한국사를 연구했던 역사학

이 시기 사회주의 유물 사관에 영향을 받은 역사학도 발달합니다.
이걸 '사회 경제 사학'이라고 하는데요. 대표 인물이 백남운입니다.
백남운은 《조선사회경제사》를 통해서
<u>유물 사관</u>에 입각해 우리 역사를 분석합니다.

유물 사관이란 역사가 차례대로
<u>원시 공산제, 고대 노예제, 중세 봉건제를 거쳐
근대 자본주의 또는 사회주의(공산주의)로
발전한다는 이론</u>입니다. 이건 법칙입니다!
법칙이라는 건 세계 어디서나 똑같이 적용되는
보편성을 가지고 있다는 것이죠.

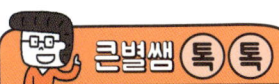

유물 사관은 마르크스주의의 근거가 되는 역사관으로, 세계 역사의 발전을 정신이 아닌 경제적인 물질의 발전으로 봐요.

백남운은 유물 사관의 보편성을 바탕으로
일제가 주장한 식민 사관 중 정체성론을 비판했어요.
정체성론은 <u>한국 역사가 중세 봉건제에서 벗어나지 못하고
정체되어 있다는 주장</u>입니다.

조선어 연구회
1921년 만들어진 민간 한글 연구 단체

조선어 연구회는 1920년대
'문화 통치'의 틈을 비집고 만들어진 단체입니다.
주시경 선생의 제자들이 조직했죠.

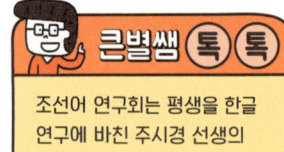
조선어 연구회는 평생을 한글 연구에 바친 주시경 선생의 제자들이 만든 단체예요.

이 단체는 한 일이 정말 많아요.
무엇보다 지금 10월 9일이 쉬는 날이죠?
왜 쉬죠? 바로! 한글날이기 때문!

예, 바로 이 **한글날을 만든 단체**가 조선어 연구회입니다.
당시 한글날은 '가갸날'이라고 불렸습니다.
조선어 연구회는 또 **《한글》**이라는 잡지도 **간행**합니다.

조선어 연구회는 1930년대에 **조선어 학회**로 계승돼요.
조선어 학회는 **맞춤법 통일안**과 **표준어**를 **제정**하고,
《우리말큰사전》도 편찬하려 합니다.
그런데 1940년대에 민족 말살 정책이 절정에 이르면서
한국어 사용이 금지됩니다.

이때 일제는 실수로 한국어를 사용한
학생의 배후를 캤는데, 이 일이 조선어 학회와 연결됩니다.

결국 《우리말큰사전》의 편찬은 중단되었고,
광복 이후 한글 학회에서 편찬을 완료합니다.

원불교
둥글 부처 가르칠
원 불 교

1916년 박중빈이 불교의 현대화·생활화·대중화를 주장하며 창시한 종교

원불교는 일제 강점기에 창시된 종교입니다.
불교와 비슷한 새로운 종교라고 생각하시면 됩니다.
1916년에 **박중빈**이 **창시**했는데,
그는 기존 불교의 낡은 문제점들을 없애고자 합니다.

그래서 새생활 운동을 전개하죠.
술과 담배를 끊고, 근검절약 정신을 추구하여
가난한 생활을 벗어날 것을 주장했어요.

원불교에서는 불교의 **현대화**, **생활화**를 강조하여
각자 자기 직업을 갖고 그걸로 생활하게 했어요.
이게 원불교의 특징입니다. 말 그대로 생활 불교.

지금도 원불교가 있어요.
전국에 교구와 교당이 있고, 여러 학교와 연구소 등을 운영하지요.

원불교의 근본 가르침을 일원상이라고 해요. 일원상은 원(○) 모양으로 우주의 근원, 막힘없는 법을 뜻해요. 원불교라는 이름도 여기에서 나왔어요.

불교가 가지고 있는 구습 타파!

원불교

관동 대지진
1923년 일본의 관동 지방에서 발생한 큰 지진

1923년 일본 도쿄 주변의 관동(간토) 지방에서 지진이 일어납니다.
진도 7.9의 어마어마한 대지진이었죠.
이 지진으로 무수한 집이 무너지거나 불타
일본의 수도권 전체가 마비될 지경이었어요.
10만 명 이상이 실종되고 사망했을 정도였어요.
일본 최악의 재해로 손꼽히는 사건이었죠.
모두가 혼란에 빠져 있던 이때, 이상한 소문이 퍼지기 시작합니다.

"한국인들이 불을 지르고 다닌다."
"한국인들이 우물에 독을 타고 있다."
"한국 여자의 치마 속에 폭탄이 있다."

큰별쌤 톡톡
당시 일본 육군과 경찰이 한국인에 대한 유언비어를 조직적으로 퍼뜨리고, 학살에도 가담했다고 해요.

소문을 들은 일본인들은 두려움과 분노 속에서
한국인들을 사냥하기 시작합니다. 일본 정부는 방조하고요.
재해에 제대로 대응하지 못한 일본 정부에 대한 불만이 높았는데,
그 불만의 화살을 한국인에게 돌릴 수 있으니까요.

결국 그 과정에서 무려 6,000여 명의 한국인이 희생됩니다.
지진으로 죽은 게 아니라 일본인들에 의해 <u>희생</u>당한 거죠.
이 사건을 '**관동 대학살**'이라고 합니다.

비겁한 다수가 힘없는 소수를 화풀이 대상으로 삼은...

8 현대

대한민국이라 쓰고 기적이라 읽는다

광복, 하지만 분단입니다. 광복 이후 이 땅 위의 사람들은 다시 독재와 가난, 전쟁으로 내몰렸습니다. 그리고 오늘 우리는 그분들께 신분 없는 사회, 대통령을 직접 뽑는 직선제 민주주의, 절대 빈곤을 벗어난 경제를 선물 받았습니다. 그 고마운 분들은 누구일까요? 바로 우리의 할아버지, 할머니, 아버지, 어머니세요. 그들이 바로 지난 시대의 영웅입니다. 그들은 말합니다. 후손들이 겪을 고통을 우리가 겪어서 다행이라고. 그래서 묻습니다. 한 번의 젊음, 어떻게 살겠습니까?

8·15 광복
1945년 8월 15일 일제 강점기에서 벗어나 나라를 되찾은 일

드디어 너무도 아팠던 일제 강점기의 긴 터널을 뚫고 나왔네요.
1945년 8월 15일, 일왕이 항복을 선언했습니다. 광복입니다. 만세!

하지만 광복을 마냥 기뻐할 수만은 없었어요.
이즈음 한국광복군이 국내 진공 작전을 계획하고 있었는데
일제의 갑작스러운 항복으로 실행하지 못하게 된 겁니다. ㅠ ㅠ
우리 군대가 일제를 몰아내고 서울에 직접 태극기를 꽂았다면 얼마나 좋았을까요.
대한민국 임시 정부의 주석 김구는 중국에서 라디오로 일왕의 항복 소식을 들으며
"천신만고로 수년간 애를 써서 참전할 준비를 한 것도 다 허사"라며
안타까운 마음을 표현했습니다.

한반도에 힘의 공백이 생기자 미국과 소련이 '이때다!' 하고 참견을 시작합니다.
미국과 소련은 곧 한반도에 점령군으로 들어오게 될 것입니다.
모두가 기다리던, 가장 기뻐해야 할 광복의 순간이
비극적인 현대사의 서막을 여는 순간으로 탈바꿈한 것이죠.

8월 15일, 일왕의 항복 선언이 있었지만 그게 광복을 뜻한다는 걸 아는 사람은 많지 않았어요. 대부분 다음 날 광복 사실을 알고 환호했다고 해요.

조선 건국 준비 위원회

광복 이후 여운형을 중심으로 조직된 최초의 건국 준비 단체

일제의 패망이 예견되자 많은 단체가 건국을 위해 힘을 모았어요.
그 덕분에 한국광복군이 국내 진공 작전을 준비할 수 있었죠.
이제 독립 이후를 준비해야 할 단계가 온 것입니다.

당시 국내에서는 **여운형**을 중심으로 한 **조선 건국 동맹**이
조선 건국 준비 위원회로 개편되어 빠르게 건국을 준비합니다.

건국 준비 위원회가 가장 우선한 일은 치안 유지였어요.
광복 이후 혼란스러울 나라를 안정시키기 위해 치안대를 결성했죠.
또 미군이 점령군으로 들어온다는 소식을 듣고는 미국과의 협상을 원만히 하기 위해
바로 **조선 인민 공화국**을 선포하고 **지방**에는 **인민 위원회**를 설치합니다.
하지만 미국은 미군정 외에 어떤 행정 조직도 인정하지 않겠다고 합니다.

심지어 충칭에 있던 대한민국 임시 정부도 인정하지 않아요.
 김구가 임시 정부 주석이 아닌 개인 자격으로 귀국한다니까요.
광복인데 도대체 이게 뭐니······.

조선 건국 준비 위원회는 대개 줄여서 '건준'이라고 해요. 좌와 우가 모두 참여한 좌우 합작 단체예요.

모스크바 3국 외상 회의
1945년 12월 모스크바에서 개최된 미국·소련·영국의 외무 장관 회의

결국 한반도의 운명은 강대국들의 손에 떨어졌습니다. 모스크바에서 **미국**, **소련**, **영국** 3국의 외무 장관들이 모여 1945년 12월, 한반도의 운명을 결정짓게 된 겁니다.

임시 정부를 세울 것이고,
신탁 통치는 최대 5년 할 것이며,
미소 공동 위원회를 열어 구체화할 것이라는 결정.

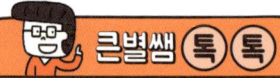

신탁 통치는 특정 국가가 일정 지역을 대신 통치하는 제도를 말해요. 모스크바 3국 외상 회의에서 최대 5년간의 신탁 통치가 결정되자, 우리나라의 자주적인 정부 수립을 두고 좌·우익이 대립했던 거죠.

이 결정이 국내에 알려지자 **좌익**과 **우익**은 **심하게 대립**합니다. 여기서 좌익은 사회주의 세력, 우익은 민족주의 세력을 말해요. 좌익은 모스크바 3국 외상 회의 결과를 지지하는 것으로 입장을 바꿨고, 우익은 신탁 통치 반대를 주장하며 맞섭니다.
대립이 얼마나 심한지 1946년 3·1절 행사도 각자 따로 개최하죠.

우리 이러지 맙시다.
사람보다 이념이 앞서게 되면
서로 대립할 수밖에 없습니다.

미소 공동 위원회
한반도 임시 정부 수립을 위해 미국과 소련이 개최한 위원회

모스크바 3국 외상 회의의 결정에 따라
1946년 1차 미소 공동 위원회가 열렸습니다.
이념이 다른 두 나라의 회의, 결과가 아름답지 않겠죠?
결국 미국과 소련은 대립합니다.

1947년 5월, 2차 미소 공동 위원회가 열려 5개월 동안이나 논의를 이어 갔지만 이때에도 미국과 소련은 의견을 모으지 못했어요.

임시 정부를 구성하는 단체를 놓고,
미국은 '참가를 원하는 단체는 누구나' 들어오게 하자고 주장한 반면,
소련은 '모스크바 3국 외상 회의의 결정에 찬성한 단체'만 참가시키자고 합니다.
미국은 임시 정부에 우익 세력을 많이 참가시키고 싶었고,
소련은 좌익 세력만으로 임시 정부를 구성하려 했죠.

미국과 소련 모두 자신들에게 유리한 세력의 참여를 원했기에
더 이상 논의가 진전되지 않았습니다.
결국 회의 중단을 결정합니다.

분단이라는 글자가 조금씩 보이는 것 같군요.

정읍 발언

이승만이 전라북도 정읍에서 남한만의 단독 정부 수립을 주장한 발언

상황이 이렇게 돌아가자 노련한 정치인 이승만은
미국과 소련이 합의하지 못할 거라고 판단합니다.
이승만은 남한만이라도 빨리 정부를 수립해야 한다고 생각하죠.
그 생각을 정읍에서 밝힙니다.

이렇게 되면 남과 북에 따로따로 정부가 들어서고 결국 분단인데……. 헐
당시에 좌우 대립이 심하긴 했어도 남북이 분단될 것이라는 생각은 없었습니다.
아예 생각도 못 했죠.

그런데 이승만의 정읍 발언은 발상의 전환을 가져옵니다.
사람들의 머릿속에 분단이라는 선택지가 추가된 겁니다.

큰별쌤 톡톡

이승만은 모스크바 3국 외상 회의의 신탁 통치 결정에 반대했어요. 하지만 제1차 미소 공동 위원회가 결렬되자 1946년 12월, 미국에 건너가 남한의 단독 정부 수립을 주장하는 외교 활동을 했어요.

좌우 합작 운동
광복 후 전개되었던 남북 통일 정부 수립 운동

독립한 지 얼마나 되었다고 분단이라니······. 절대 안 돼!
그래서 전개된 것이 **좌우 합작 운동**입니다.
'이렇게 좌우 대립이 심하면 분단이 될 수도 있다.
손을 잡아야 한다.'

좌우 세력 외에도 중간에서 양쪽을 조율하는 중도 세력이 있었습니다.
중도 좌파인 **여운형**과 중도 우파인 **김규식**이 이 운동의 **중심**이 됩니다.
초기에는 미군정도 중도 세력을 중심으로
정치 안정을 꾀할 필요가 있다고 판단하여 적극적으로 지원합니다.
여기서 나온 결과물이 좌우 합작 7원칙.
대표적인 내용은 이렇습니다.
미소 공동 위원회를 재개하고 임시 정부를 세우자!
친일파 처단과 토지 개혁을 진행하자!

큰별쌤 톡톡
좌우 합작 7원칙은 우익이 주장한 8원칙과 좌익이 주장한 5원칙을 조율하여 작성했어요.

그러나 김구, 이승만, 박헌영 등은
좌우 합작 운동에 큰 관심을 두지 않았어요.
별다른 성과가 없자 미군정도 손을 뗍니다.
게다가 여운형의 암살······.
결국 좌우 합작 운동도
의미 있는 결과를 만들지는
못했습니다.

제주 4·3 사건

1948년 4월 3일 제주도에서 일어난 무장봉기와 뒤이은 양민 학살 사건

미소 공동 위원회도 결렬되고, 좌우 합작 운동도 별다른 성과가 없자 미국은 한반도 문제를 유엔(UN)에 넘겨요.
유엔에서는 인구에 따른 남북한 총선거를 결정합니다.
그런데 소련이 거부하죠. 그 이유는 남한이 북한보다 인구수가 많은 데다 유엔이 미국과 더 가까운 관계였기 때문이었어요.

유엔은 소총회를 열어 남한에서라도 총선거를 하라고 결정합니다.
그래서 시행된 것이 1948년 5·10 총선거!
그런데 남한의 총선거는 쉽게 진행되질 못해요.
좌익과 우익 일부 세력이 격렬히 반대했거든요.

제주도에서는 **일부 좌익 세력과 제주도 주민들이 단독 정부 수립 반대 운동**을 전개합니다.
이게 바로 제주 4·3 사건이에요. 문제는 이 사건을 진압하는 과정에서 죄 없는 제주도 주민들이 무참히 학살되었다는 것이죠.
이념이 사람보다 먼저일 때 나타나는 비극입니다. ㅠㅠ

2000년 6월부터 제주 4·3 사건 희생자 신고를 받았는데, 접수된 수만 약 1만여 명에 달했어요. 미신고 또는 미확인 희생자가 있어 실제로는 더 많을 거예요.

남북 협상

남한의 단독 정부 수립을 막기 위해 일부 남북 지도자들이 연 정치 회담

남한에서는 총선거로 단독 정부가 세워질 거라는 분위기가 생겨났어요.
김구는 연설을 통해 단독 정부 수립 반대를 주장했지요.
결국 **김구**는 5·10 총선거에 참여하지 않겠다면서
김규식과 함께 38선을 넘어 북한의 **김일성**을 만나러 갑니다.

당시 많은 지식인이 김구가 주도한 남북 협상을 지지하며
이것만이 나라의 분단을 막을 유일한 방법이라고 했죠.
김구 등은 김일성에게 정부를 수립하지 않겠다는 약속은 받아 왔지만,
사실 김일성은 소련의 지원 아래 정부 수립 준비를 마친 것이나
다름없는 상황이었어요.

남한의 5·10 총선거 준비도 착착 진행되고 있었죠.
결국 김구의 바람대로 되지 않았던 겁니다.

김구는 광복 후 미국과 소련에 의해 우리나라가 남북으로 나뉘었음을 안타까워했어요. 그래서 "38선을 베고 쓰러질지언정 단독 정부 수립에 협력하지 않겠다"라는 내용을 담은 연설문을 발표했죠.

5·10 총선거
1948년 5월 10일 남한에서 치러진 국회의원 선거

결국 5·10 총선거는 시행되었습니다.
우리나라 최초의 보통 선거로, 21세 이상의 모든 국민에게
투표권이 주어진 선거였죠.
하지만 제주도에서는 4·3 사건의 여파로
선거가 제대로 치러지지 못했어요.

 총선거는 국회의원을 뽑는 선거예요.
왜 대통령이 아니라 국회의원부터 뽑았을까요?
광복 이후 대한민국에는 아직 나라를 운영할 헌법이 없었어요.
그래서 **헌법**을 만들 **입법부**인 **국회**부터 **구성**하기 위해 **국회의원**을 뽑은 겁니다.

그 결과 만들어진 것이 제헌 헌법.
제헌 헌법에서는 대통령을 국회에서 뽑는 대통령 간선제를 채택하고,
제헌국회 의원의 임기를 2년으로 정했어요.
그런데 이때 뽑힌 국회의원 대부분은 이승만을 지지했어요. 김구와 김규식 등
통일 정부 수립을 지지하는 세력은 5·10 총선거에 참여하지 않았으니까요.

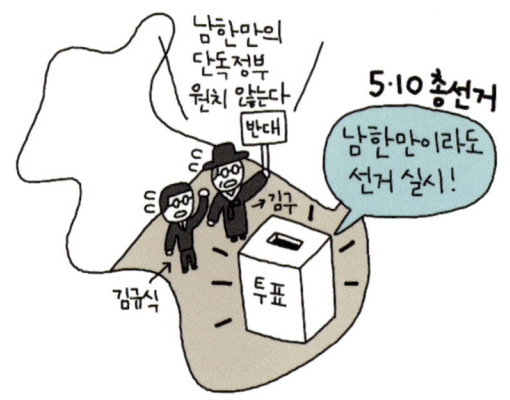

대한민국 역사상 처음으로 시행된 선거였던 5·10 총선거의 전국 평균 투표율은 무려 95.5 퍼센트였다고 해요.

대한민국
1948년 8월 15일 제헌 헌법을 기초로 선포된 민주 국가

헌법이 만들어졌으니 이제 대한민국이 등장할 차례!
국회에서 **이승만을** 초대 대통령으로 선출합니다.
이날이 바로 1948년 8월 15일입니다.
수많은 굴곡을 거쳐 우리의 자랑스러운 조국,
대한민국이 **출범**했습니다. \시작/
그때 만들어진 나라가 지금까지 이어지는 것이죠.

대한민국이라는 이름은 대한민국 임시 정부에서 나왔어요.
이름에서부터 대한민국 임시 정부를 계승했음을 분명히 밝힌 거죠.

이제 걸음마를 시작했지만 대한민국은 **당장 해야 할 일**이 있었습니다.
첫 번째는 **친일파 청산**! 건강한 미래로 나아가려면 정의를 세워야죠.
두 번째는 **농지 개혁**! 농사짓는 사람이 땅을 가질 수 있게 해야죠.
대한민국은 이 두 가지 과제를 어떻게 풀어낼 수 있을까요?

반민족 행위 특별 조사 위원회

친일파의 반민족 행위를 조사하고 처벌하기 위해 설치한 특별 위원회

제헌 헌법에 따라 반민족 행위 특별 조사 위원회가 구성됩니다.
제대로만 했다면 국가가 올바른 방향으로 나아갈 수 있었겠지만
친일파 청산은 안타깝게 **실패**하고 맙니다.
왜냐? <u>이승만 정부가 협조하지 않았거든요.</u>
이승만 정부는 도대체 왜 친일파 청산에 협조하지 않았을까요?
정부 수립 전 남한을 점령했던 미군정은
당시 정부 조직의 구성원을 그대로 이어받았어요.
이들은 대부분 일제 강점기에 정부에서 일했던, 친일 세력들이었어요.
미국으로서는 <u>친일파 청산보다 행정 조직의 안정</u>이 더 중요했기 때문이죠.
이건 이승만 정부 때도 마찬가지!
출범한 지 얼마 되지도 않은 정부 입장에선
정부 인사들이 줄줄이 반민 특위에 끌려가는 상황이 달갑지 않았죠.

북쪽에는 공산주의 정부인 북한이 있고,
남한에도 여전히 공산주의자들이 많았으니
이승만 정부는 친일파 청산보다 반공을
더 우선한 겁니다.

반민족 행위 특별 조사 위원회는
줄여서 '반민 특위'라고 불러요.
반민 특위는 이승만 정부의 방해로
1년도 못 돼 해산하고 말아요.

농지 개혁

1949년에 대한민국 농지의 소유 제도를 개혁한 일

북한은 1946년에 **토지 개혁**을 **시행**합니다.
무상 몰수, 무상 분배! 공짜로 걷어서 공짜로 준 겁니다.
물론 분배된 농지들은 나중에 협동농장으로 들어가지만
이 소식을 들은 남한 농민들의 마음은 뒤숭숭했겠죠.

대한민국이 수립되자, 이승만 정부는 본격적인 농지 개혁을 단행합니다. **Point**
유상 매입, 유상 분배 방식이 도입되죠.
한 가구가 가질 수 있었던 토지는 3정보(약 3만 제곱미터)까지!
그 이상의 토지는 국가가 샀습니다.
물론 정부는 돈이 없었기 때문에 현금 대신 가격을 표시한 지가 증권을 줬어요.
그런데 농지 개혁 직후에 6·25 전쟁이 터지고 물가가 오르면서
지가 증권의 가치가 폭락했죠. 휴우~ 땅 가진 지주들 한숨 소리가 들리죠?

농지 개혁에서 매긴 토지 가격은 1년치 생산량의 150퍼센트!
1년에 100가마의 쌀이 생산되는 땅은 땅값이 150가마가 되는 거죠.
땅을 사는 농민은 5년간 땅값을 나누어 내면 됐어요.
비록 농지개혁이 모두 만족할 만한 결과를 낳지는 못했지만
직접 농사짓는 농민들에게 땅을 나눠 주려 했다는 의미가 있습니다.

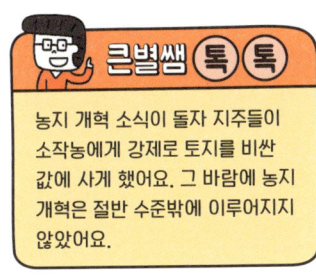

큰별쌤 톡톡: 농지 개혁 소식이 돌자 지주들이 소작농에게 강제로 토지를 비싼 값에 사게 했어요. 그 바람에 농지 개혁은 절반 수준밖에 이루어지지 않았어요.

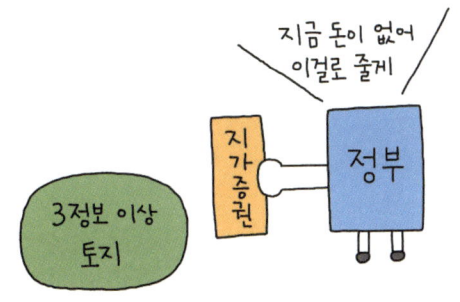

지금 돈이 없어 이걸로 줄게 / 3정보 이상 토지 / 지가 증권 / 정부

애치슨 선언

미국 국무 장관 애치슨이 발표한 미국의 태평양 지역 방위선

우리나라도 어수선한데 주변 정세는 훨씬 더 뒤숭숭합니다.
1948년 **대한민국 정부가 수립**되자
북한도 바로 **조선 민주주의 인민 공화국**을 **선포**합니다.
1949년에는 중국 공산당이 중화 인민 공화국을 선포하죠.
그러고는 북한을 팍팍 밀어줍니다.
소련도 북한을 아낌없이 지원하죠.

그런 상황에서 1950년, 미국 국무 장관 애치슨이
미국의 태평양 지역 군사 방위선을 발표합니다.
그런데 이게 무슨 일? 헐
방위선이 알래스카-일본-오키나와-필리핀 선이라네요.
미국의 방위선에서 한반도가 빠진 거죠!

 비상! 이 소식에 북한은 쾌재를 불렀습니다.
미국이 한반도를 포기했다고 여긴 북한은 이때가 기회라고 생각하게 되죠.

> **큰별쌤 톡톡**
> 방위선은 나라를 지키기 위해 설정한 선을 말해요. 당시 북한은 애치슨 선언을 북한이 남한을 공격하더라도 미국이 군대를 파견하지 않겠다는 뜻으로 해석했어요.

6·25 전쟁
1950년 6월 25일 북한의 기습 남침으로 3년간 벌어진 전쟁

 이념보다 사람이 먼저다. 제가 계속 강조하죠?
어떤 이유라도 이 땅에서 전쟁은 안 됩니다.
그걸 김일성이 일으킨 겁니다.

1950년 6월 25일, **북한**이 **남한**을 **침공**합니다.
3일 만에 서울을 무너뜨린 북한군은 계속 진격해서 낙동강까지 밀고 가죠.
한반도 전체가 북한 땅이 되어 가는 위기 속에 맥아더의 인천 상륙 작전이 성공하죠.
빼앗긴 남한 땅 되찾고 북으로 진격!
38선을 넘어간 날이 10월 1일입니다.

승기를 잡은 연합군이 압록강까지 진격하나 했는데, 두둥~
다 헤아릴 수 없을 만큼 많은 수의 중국군이 들어옵니다.
인해 전술로 밀고 내려오는 중국군을 막아 낼 재간이 없네요.
다시 후퇴.

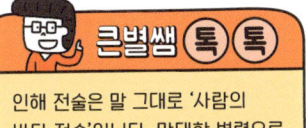
인해 전술은 말 그대로 '사람의 바다 전술'입니다. 막대한 병력으로 적을 압도하는 전략이죠. 인구가 많은 중국이 흔히 쓰는 전술!

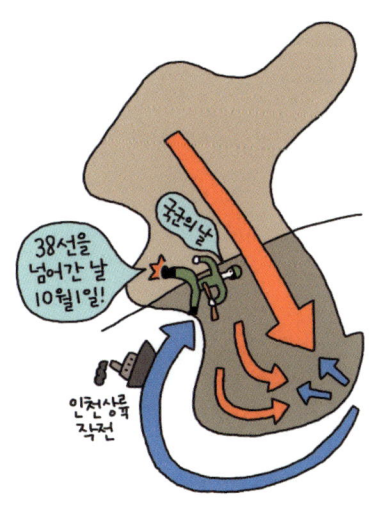

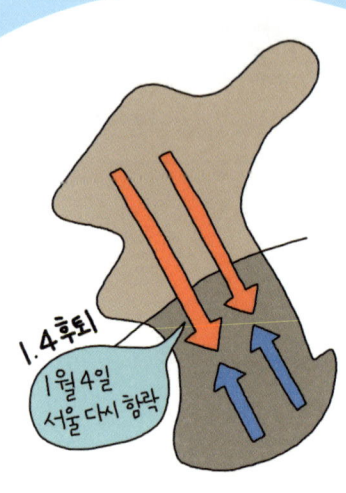

중국군이 북한군에 합류하면서 연합군은 흥남에서 후퇴합니다.
1951년 1월 4일, 서울이 다시 함락됩니다. 이걸 '**1·4 후퇴**'라고 해요.
계속 밀리는 듯했으나 다시 반격!
38도선을 경계로 뺏고 뺏기는 싸움이 계속됩니다.

결국 소련이 휴전을 제안하죠. 그러나 휴전 협상도 쉽지 않습니다.
전쟁 포로를 어떻게 할까를 두고 의견이 나뉘었거든요.
소련은 포로를 본래 속해 있던 나라로 보내는 자동 송환을 주장하고,
미국은 포로가 원하는 나라에 가도록 선택권을 주는 자유 송환을 주장합니다.

그런데 1953년, 이승만 정부가 갑자기 북한과 중국 출신 포로 중
공산주의에 반대하는 사람들을 풀어 줍니다. 이른바 **반공 포로 석방 사건**!
휴전 협정이 완료되기 전에 미국으로부터 안전을 보장 받고 싶었던 이승만이
미국을 압박하기 위해 이런 일을 벌인 거죠.

결국 미국은 이승만이 요구한 조건을 들어줍니다. 바로 경제 원조와 미군 주둔!
결국 1953년 정전 직후 **한미 상호 방위 조약**이 체결되면서
우리나라에 미군이 주둔하게 됩니다.

현대

발췌 개헌
대한민국 정부 수립 이후 첫 번째 헌법 개정

친일파 청산도 농지 개혁도 제대로 안 됐던 거 기억하시죠?
결국 이승만 정부는 1950년 총선에서 패배합니다.
이승만 지지 세력이 국회의원 선거에서 많이 떨어져요.
제헌 헌법에서 대통령은 누가 뽑는다고 했죠?
네, 국회에서 국회의원들이 뽑습니다.
이승만을 지지하는 사람들이 국회의원 자리에서 물러나고
그 자리에 이승만을 지지하지 않는 사람들이 들어갔으니
이승만이 다시 대통령이 되기는 어렵겠네요. No!

2대 국회의원 선거 결과, 전체 210명 중에 무소속 의원이 무려 126명이나 당선되었어요.

 이승만 정부, 가만히 있을 수 없겠죠?
6·25 전쟁 중 임시 수도였던 부산에서 결국 사고가 터집니다.
이름하여 부산 정치 파동.
야당 국회의원들을 경찰서로 끌고 가서는
국민이 대통령을 직접 뽑는 대통령 직선제로
헌법을 바꾸는 데 찬성하라고 강요하여 개헌에 성공합니다.

이게 바로 1차 개헌, 즉 발췌 개헌입니다.
대통령 직선제와 내각 책임제의 장점을
'발췌'해서 만든 헌법이라는 건데,
사실은 **대통령 직선제 시행**이 핵심이죠.

당시는 전쟁 중! 전쟁 중에는 장수를 바꾸지 않는다고 하죠.
대통령 직선제가 먹힙니다. 이승만은 국민이 뽑은 대통령이 되죠.

사사오입 개헌

대통령 3선 제한을 없애기 위해 반올림 논리로 헌법을 개정한 사건

이승만은 대통령을 두 번이나 했으니 더는 대통령 못 해요.
헌법에 대통령은 연달아 두 번까지만 할 수 있다고 적혀 있거든요.

그래서 또 헌법을 바꿉니다. 발췌 개헌에 이은 **2차 개헌**이죠.
초대 대통령에 한해 중임 직책을 거듭해서 맡는 제한을 없앤다.
즉, '이승만 대통령은 죽을 때까지 대통령 선거에 나올 수 있다'는 거죠.

2차 개헌을 다른 말로 '**사사오입 개헌**'이라고도 하는데요.
왜냐? 당시 개헌을 위해 모인 국회의원이 203명.
개헌이 통과되려면 이 가운데 3분의 2 이상이 찬성해야 해요.
그럼 몇 명이 찬성해야 할까요?
203의 3분의 2는 135.333…이니까 136명이죠.
그런데 이게 웬일? 딱 찬성표가 135장. 통과하지 못합니다.
그러자 웬 수학 논리가 등장합니다.
135.3에서 5 미만은 반올림이 안 되니까 버려야 한다.
그러니까 135명만 있어도 203의 3분의 2는 충족된다.
이런 주장인데 말도 안 되는 논리죠.
하지만 이승만 측에서는 '옳다구나' 하고
부결된 개헌을 밀어붙입니다.

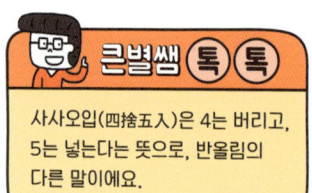

사사오입(四捨五入)은 4는 버리고, 5는 넣는다는 뜻으로, 반올림의 다른 말이에요.

진보당 사건
진보당의 평화 통일 방안을 문제 삼아 조봉암을 사형시킨 사건

사사오입 개헌으로 다시 대통령 후보에 나선 이승만은
1956년 대통령 선거에서 승리할 거라고 생각했습니다.
유력한 야당 후보였던 신익희가 선거 운동 중에 갑자기 사망했거든요.
"못 살겠다, 갈아 보자!"를 내세운 신익희 돌풍은 어마어마했어요.
그런 후보가 갑자기 사망했으니 이승만이 무난하게 이길 수 있다고 봤죠.
물론 승리를 하긴 했습니다만.

그런데 무소속으로 나온 조봉암이 상당한 표를 가져갔어요.
이 상황은 이승만에게 상당히 위협적이었죠.
결국 이승만 정부는 강력한 반공 분위기를 조성해 정적을 제거하려 해요.
우선 '신국가보안법'을 만들어 언론의 자유를 뺏고,
무소속 조봉암이 만든 진보당의 통일 정책을 문제 삼아
조봉암에게 간첩 누명을 씌웁니다.
이어서 **진보당**의 **정당 등록**을 **취소**하고 **조봉암**은 **사형**!
2월에 확정 판결이 나고 5개월 만에 형이 집행되었죠.
진보당 사건은 명백한 조작극이자 사법 살인이었습니다.
계속해서 나쁜 수만 두는 이승만 정부, 그 끝이 서서히 다가옵니다.

> **큰별쌤 톡톡**
> 2010년 진보당 사건의 재심이 열렸고, 2011년 조봉암에게 무죄가 선고되었어요.

삼백 산업

1950년대 한국 산업에서 중요한 역할을 했던 밀·설탕·면직물 산업

이제 이승만 정부의 경제 부분을 살펴볼까요.
6·25 전쟁으로 온 나라가 황폐해졌으니 경제가 말이 아니겠죠?

이승만 정부는 미국의 원조로 경제를 유지했습니다.
원조 받은 건 주로 **미국 농산물**이었는데요.
대표적인 것이 **면화**, **설탕**, **밀가루**였습니다.
이것들의 공통점은? 하얗다. 정답!
대표적인 상품 세 가지가 모두 하얗기에 **삼백 산업**이라고 불렀죠.

이처럼 대한민국의 초기 산업은 외국에서 원재료를 들여와
가공해서 판매하는 형태였어요.
이를 통해 산업 발전에 필요한 자본을 어느 정도 축적할 수 있었죠.

1957년부터 1958년까지 삼백 산업의 발전으로
국내 기업이 급성장하여 미국이 원조해 줄 필요가 없어졌습니다.
그렇게 원조 경제는 막을 내립니다.

4·19 혁명
1960년 4월 19일 학생이 중심이 되어 일으킨 반독재 민주주의 운동

1960년, 다시 시작된 대통령 선거!
이때는 대통령 선거보다 부통령 선거가 더 중요했어요.
당시 이승만은 이미 86세의 고령이라 언제 사망해도 이상하지 않았거든요.
대통령이 죽으면 그 뒤를 잇는 사람이 바로 부통령!
상대 후보였던 조병옥이 선거를 앞두고 사망하면서
이승만은 무난히 대통령에 당선됩니다.
남은 건 부통령 선거! 하지만 여당 후보 이기붕은
야당 후보 장면에 비해 인지도가 낮았습니다.
결국 이승만 정부는 이기붕을 부통령으로 만들기 위해
3·15 부정 선거를 저지릅니다.
선거함에 표를 미리 넣어 두거나 돈을 주고
특정 후보에 투표하라고 하는 등 온갖 황당한 일을 벌이죠.

3·15 부정 선거에 마산 학생들이 들고일어납니다.
이 시위 과정에서 마산상고 1학년 김주열 학생이 실종되는데,
약 한 달 후에 눈에 최루탄이 박힌 상태로 마산 앞바다에 떠오릅니다.

이에 분노한 시민들이 뛰쳐나오면서 4·19 혁명에 불이 붙습니다.
군 병력으로 치안을 유지하는 계엄령이 선포되고,
경찰이 시위 세력을 무력으로 진압하려 했음에도
학생과 시민들의 저항이 계속 거세집니다.
결국 이승만은 대통령직을 내려놓겠다는
하야 성명을 발표하고 미국으로 망명을 가죠.
혁명이 성공한 겁니다.

큰별쌤 톡톡
이 민주주의 운동을 '혁명'이라 부르는
이유는 4월 19일에 전국의 시민과
학생들이 운동에 동참해 이승만 정부를
무너뜨렸기 때문이에요.

장면 정부

대통령 윤보선, 국무 총리 장면이 선출된 제2 공화국

4·19 혁명이 성공하고 이승만이 하야하자 허정이 대통령 권한을 대신하며 잠시 과도 정부를 이끕니다.

그런 다음 또 개헌!
3차 개헌으로 우리나라 역사상 최초로 내각 책임제 정부가 만들어집니다.
지금의 미국, 영국처럼 민의원(하원)과 참의원(상원)의 양원제로 구성되었죠.

이 개헌으로 당시 야당이었던 민주당이 정권을 잡게 되고,
그 결과 제2 공화국인 **장면 정부**가 출범하게 됩니다.
이승만 정권 붕괴 후 윤보선이 4대 대통령으로 선출되었지만
내각 책임제에서는 내각을 책임지는 총리 위주로 정치가 운영되기 때문에
'윤보선 정부' 대신 '장면 정부'라 부르는 거예요.

기대와 우려가 섞인 혼란의 시대,
장면 정부가 출범하자 그때까지
억눌렸던 민주주의 요구들이 쏟아져 나옵니다.
장면 정부도 부정 선거 관련자 처벌 등
몇몇 성과를 내며 이에 부응하는 듯했죠.
하지만 경제 위기가 커지는데도 장면 정부는 이를 잘 수습하지 못해요.
세상은 다시 혼란 속으로…… ㅠㅠ

> **큰별쌤 톡톡**
> 윤보선은 대통령으로 외교와 안보를 총괄했고, 장면은 총리로서 외교와 안보를 제외한 나머지 국정을 총괄했어요.

5·16 군사 정변

1961년 5월 16일, 박정희를 중심으로 한 일부 군인들이 일으킨 군사 정변

박정희를 중심으로 한 일부 군인들은 이 상황을 위기로 판단합니다.
그리하여 1961년 5월 16일, **군사 정변**을 일으켜 **장면 정부**를 **해체**합니다.
국민이 직접 부패한 이승만 정부를 무너뜨리고 세운 장면 정부를
박정희를 비롯한 군인들이 짓밟은 겁니다.

정변 세력은 다시 공산주의에 맞서야 한다는 반공 카드를 꺼내 듭니다.
그리고 국가 최고 권력 기관으로 국가 재건 최고 회의를 설치하죠.
이들은 야당 정치인을 감시하고, 북한 정보를 파악하기 위해
중앙정보부도 창설합니다. 물론 개헌도 합니다.
내각 책임제에서 다시 **대통령 직선제**로 바꾸죠.
1963년에는 곧 탄생할 박정희 정부를 뒷받침할 수 있도록
여당 역할을 할 민주 공화당도 만듭니다.
일사천리란 이런 것이네요. 모든 준비는 끝났습니다.
결국, 1963년 대통령 선거에서 박정희가 승리하면서 **제3 공화국**이 시작됩니다.

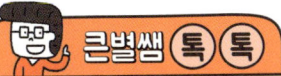

박정희를 비롯한 3,000여 명의 군인들이 정변을 일으켜 국무총리 집무실, 중앙청, 육군 본부 등 서울의 주요 기관을 점령했어요.

경제 개발 5개년 계획

1962년부터 5년 단위로 실행된 경제 발전 계획

이렇게 출범한 박정희 정부의 가장 큰 과제는
무엇이었을까요? 바로 경제 개발.
군사 정변으로 정권을 차지한 박정희는 명분이 필요했습니다.
경제를 발전시켜서 이를 극복하고자 한 거죠.
박정희 정부는 경제 개발 5개년 계획을 통해
이 과제를 실행하고자 합니다.

사실 경제 개발 5개년 계획의 초안을 작성한 건 장면 정부였어요. 경제 제일주의를 내세웠던 장면 정부는 이를 위해 미국 전문가의 자문까지 받았다고 해요.

1962년, 최초의 경제 개발 5개년 계획이 시행됩니다.
1962년부터 1971년까지 시행된 **1·2차 경제 개발 계획**의 핵심은
의류·신발 산업 같은 **경공업 중심의 개발**이었습니다.
1972년부터 1981년까지 시행된 **3·4차 경제 개발 계획**의 핵심은
중화학 공업 중심의 개발이었습니다. 포항 제철이나 조선소 같은 거요.

이 기간 우리의 경제는 어마어마하게 성장합니다. GO
1977년, 드디어 수출 100억 달러를 달성합니다.
6·25 전쟁 직후 세계에서 가장 가난한 나라 중 하나였던 대한민국이
오늘날 경제 강국으로 떠오른 것은 바로
허리끈 졸라매고 자식들에게만큼은
가난을 물려주지 않기 위해
청춘을 바쳐 일하신 우리
할아버지, 할머니, 아버지, 어머니의
땀과 눈물이 있었기 때문입니다.

한일 협정
1965년 경제 개발 자금 마련을 위해 일본과 국교를 정상화한 일

경제 개발 5개년 계획이 있으니
계획대로 하면 되는데……. 돈이 없네요.
박정희 정부는 경제 개발에 필요한 돈을
외부에서 끌어오려고 합니다.
서독에 **광부**와 **간호사**를 파견해 이들의 임금을 담보로
차관을 빌려 오기도 합니다. 그래도 부족해요.
결국 일본과 1965년, **한일 협정**을 **체결**합니다.

일본과 수교를 맺으면 한국은 일본의 식민 지배에 대한 배상금을 청구할 수 있었어요. 장면 정부는 이 배상금을 20억 달러 이상으로 예상했어요.

일본과 국교를 정상화하려면 먼저 해결해야 할 문제가 있었습니다.
식민 통치 35년에 대한 사과죠.
그러나 박정희 정부는 일제 강점기에 대한 사과보다
경제적 지원을 더 중요하게 생각했습니다.

그렇게 일본은 독립 축하금이라는 명목으로
무상 원조 3억 달러, 유상 원조 2억 달러를 제공하기로 하죠.
이 과정을 보면서 학생들은 분노합니다.

현대

베트남 파병

1964년부터 1973년까지, 베트남에 군대를 파병한 일

한일 수교까지 했지만 경제 개발에 쓸 돈은 여전히 부족했어요.
그래서 이번에는 **베트남**에 **군인**을 **파견**하기로 합니다.
당시 미국이 베트남과 전쟁 중이었거든요.
우리나라는 베트남 파병으로 총 10억 달러를 얻을 수 있었습니다.

 하지만 베트남 파병으로 인한 문제도 많았습니다. ㅠㅠ
베트남 전쟁으로 인해 많은 한국인과 베트남인이 죽거나 다쳤어요.
또 베트남 전쟁 중에 인체에 해로운 독극물인 고엽제가 사용되어
아직까지 후유증을 겪는 사람도 있다고 합니다.

아무튼 대한민국은 베트남 파병으로 경제 개발 자금을 확보하고,
1960년대부터 고속 성장의 길로 들어서게 됩니다.
하지만 베트남 파병이 가져온 경제적 이익은
많은 사람의 희생으로 만들어졌다는 사실을 잊지 맙시다!

 1964년부터 1973년까지 8년 5개월 동안, 한국에서 베트남에 파병한 인원은 무려 32만여 명이에요.

새마을 운동
1970년에 시작된 범국민적 지역 사회 개발 운동

박정희 정부의 경제 성장을 뒷받침하는 것은
저임금과 **저곡가** 정책, 즉 낮은 임금과 값싼 곡물 가격을 유지하는 것이었죠.

박정희 정부의 저곡가 정책은
농촌의 젊은이들을 도시로 이끄는 역할을 합니다.
힘들게 농사지어 봐야 싼값에 팔 수밖에 없으니
차라리 도시로 나가서 노동자가 되는 걸 선택한 겁니다.
그 결과, 농촌은 도시에 비해 여러 면에서 뒤처지게 되었죠.

이 상황을 극복하기 위해 1970년부터 **새마을 운동**이 본격화됩니다.
농촌의 소득 증대와 생활 개선 사업이 중심이 되지요.
이후에는 농촌 의식을 바꾸는 운동이 도시까지 확산되기도 합니다.

"새벽종이 울렸네. 새 아침이 밝았네.
너도나도 일어나 새마을을 만드세~"
당시에는 전국 방방곡곡 울려 퍼진 이 노래가
박정희 정부의 새마을 운동을 상징한답니다.

'잘 살아 보세'를 구호로 내세웠던
새마을 운동은 가난에서 벗어나고자
했던 당시 국민의 열망과 꼭 맞았어요.

전태일

노동자들의 권리를 찾기 위해 자신을 희생한 노동 운동가

경제 성장에는 밝은 면과 어두운 면이 있습니다.
1977년 수출 100억 달러 시대를 연 것이 밝은 면이라면,
저임금 상황에서 제대로 된 임금도 받지 못하고
장시간 노동에 시달린 노동자들의 눈물은 어두운 면이죠.
그리고 그 눈물을 안고 스러진 '아름다운 청년'이 있어요.
바로 **전태일**입니다.

1970년은 참 의미가 있어요.
경제 개발 계획의 반환점이 되는 시기로,
새마을 운동이 본격적으로 시작되고
경부 고속 도로도 개통되었어요.

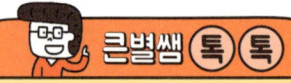

큰별쌤 톡 톡
당시 전태일은 옷을 만드는 노동자들이 하루 16~18시간 노동에 시달리는 현실을 알리며 주 1회 휴일을 보장해 달라고 주장했어요.

그러나 이러한 경제 성장 뒤에는
노동 환경의 열악한 현실을 알리기 위해
노동 운동가 전태일이
"근로 기준법을 준수하라"라고 외치며
자기 몸에 기름을 끼얹고 불을 붙인
희생이 있었어요.
절대 잊지 말아야 할 희생입니다.

"근로 기준법을 준수하라. 우리는 재봉틀이 아니다."
— 전태일 —

석유 파동

두 차례에 걸친 석유 공급 부족과 가격 폭등으로 세계 경제가 겪은 혼란

계속 승승장구할 수는 없죠?
1970년대 들어오면 박정희 정부에
경제 위기가 찾아옵니다.
고속 성장을 이어 가야 하던 그때,
어떤 위기가 온 걸까요?
바로 석유 파동입니다.

중동 국가에서 석유를 안 파는 거예요. 팔더라도 아주 비싸게 팔았죠.
전 세계가 석유 파동으로 몸살을 앓았어요.
물가가 크게 오르고 많은 사람이 직장을 잃는 등 경제 상황이 나빠졌어요.
세계 경제 성장률이 뚝뚝 떨어졌죠.
석유를 원료로 물건 만들어 수출하던 한국에도 석유 파동은 직격탄!
하지만 1973년의 **1차 석유 파동**은 오히려 **기회**가 되었어요.
이때 중동 건설 시장에 진출해서 오일 달러를 벌어 왔거든요.
많은 노동자가 중동 사막의 뜨거운 날씨와 거센 모래바람을 견디며 일해 준 덕에
대한민국은 위기를 기회로 바꿀 수 있었습니다.

문제는 1978년의 2차 석유 파동이었습니다.
다시 석유 가격이 크게 오르면서
세계 경제가 휘청였어요.
중화학 공업 중심의 발전을 추진하던 우리나라는
더 큰 피해를 입게 되었죠.

> **큰별쌤 톡톡**
> 2차 석유 파동 당시 한국의 경제 성장률은 1970년대 이후 처음으로 마이너스를 기록했고, 물가는 40퍼센트나 올랐다고 해요.

3선 개헌

1969년 박정희 대통령의 3선 연임을 위해 단행된 여섯 번째 개헌

민주주의를 억압하기는 했지만 경제 성장을 이룬
박정희는 두 번 연속 대통령에 당선됩니다.
하지만 이제 더는 대통령이 될 수 없죠.
헌법에 대통령은 두 번까지만이라고 적혀 있으니까요.
아, 사사오입 개헌이요?
그건 딱 초대 대통령인 이승만에게만 적용되는 내용이에요.
박정희는 경제 성장을 마무리하겠다며 한 번만 더 기회를 달라고 합니다.
그러려면 먼저 개헌부터 해야겠죠. 그래서 단행된 것이 바로 **3선 개헌안**.

> **큰별쌤 톡 톡**
> 개헌을 위해서는 국회의원들의 동의가 필요하죠? 당시 박정희 정부를 지지하는 여당이 온갖 부정 선거를 통해 국회의 다수를 차지했어요.

3선 개헌안이 통과되면서 야당의 김대중과 박정희가 붙습니다.
이때 김대중은 주장하죠.
'박정희가 또 집권하면 끝나지 않는 독재 정치가 이어질 것'이라고.
하지만 박정희가 결국 승리합니다. 아주 근소한 차이로 이겨요.

그런데 당시 세계 상황이 좀 묘합니다.
박정희 정부는 경제 개발과 공산주의와의 대립을 내세워
대통령에 당선이 되었는데,
국제 사회는 자유주의와 공산주의가
공존하는 분위기로 바뀐 거죠.
박정희 정부, 정권 연장에
위기를 느낍니다.

유신 헌법
1972년 박정희 대통령의 독재를 가능하게 만든 일곱 번째 개헌

공산주의에 반대하는 정책만으로는 세계사 흐름에 발맞추기 어렵다는 사실을 알게 된 박정희 정부.
그래서 1972년 7월 4일, 깜짝 발표를 합니다.
바로 **7·4 남북 공동 성명**!
중앙정보부장 이후락이 평양에서 김일성을 만나 자주·평화·민족 대단결의 **통일 3대 원칙**에 합의합니다.
상황은 급변하죠. 이전까지와는 다른 모습이네요?

이런 상황에서 박정희 정부는 같은 해 10월, **유신 헌법**을 **선포**합니다.
어수선한 나라 분위기와 국가 기강을 바로잡아야 한다는 명목으로요.
유신 헌법 하의 대통령은 막강한 권력을 가집니다.
통일 주체 국민 회의에서 대통령을 뽑는 간선제로 바꾸고 대통령에게 국회를 해산할 수 있는 권리도 주죠.
심지어 대통령이 국회의원 3분의 1을 추천할 수도 있고, 긴급 조치권으로 헌법을 정지시킬 수도 있습니다.
대통령에게 나라의 모든 권력이 집중된 거죠.
이제 대통령을 막을 방법은 없는 걸까요?

놀랍게도 유신 헌법은 국민 투표를 통해 통과되었습니다. 물론 이 투표는 무시무시한 유신 체제 아래에서 진행됐죠. 그러니 결과가……

YH 무역 사건

정부가 YH 무역 노동자들의 생존권 투쟁을 무력으로 진압한 사건

영원한 권력이란 없는 법!
끝나지 않을 것 같던 유신 헌법의 칼바람이
1979년을 끝으로 막을 내립니다.
그 시작은 YH 무역 사건.

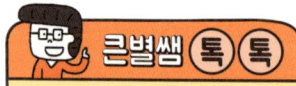
당시 신민당의 김영삼은 반독재, 반유신 운동을 펼치며 많은 사람의 지지를 얻고 있었어요.

가발 생산 업체인 YH 무역의 여성 노동자들이
갑작스러운 회사 폐업에 저항하여 생존권 투쟁에 나섭니다.
당시 야당이었던 신민당 당사에서 시위를 시작하죠.
박정희 정부는 공권력을 투입해서 이들을 강제로 해산시켜 버립니다.
경찰 1,000여 명이 들어와 무차별적인 폭력을 휘두릅니다.

그 과정에서 노동자 100여 명이 다치고, 21세 여성 노동자 김경숙이
폭력을 피해 도망치다 건물에서 떨어져 죽게 됩니다.
이 처참한 상황에 야당을 이끌던 김영삼이 강하게 반발하죠.
그러자 김영삼을 국회의원 명단에서 삭제하는 것으로 맞서는 정부와 여당.

이에 부산과 마산에서 더는 못 참겠다며 학생들이 들고일어납니다.
이게 바로 **부마 민주 항쟁**.
부마 민주 항쟁의 진압 방식을 놓고 의견이 충돌합니다.
그 과정에서 온건한 입장이었던 중앙정보부장 김재규가
박정희 대통령을 암살하는
10·26 사태가 벌어집니다.

12·12 사태

1979년 12월 12일, 전두환 중심의 신군부 세력이 일으킨 군사 반란

10·26 사태로 대통령이 사망하자, 당시 부통령이었던 최규하가 통일 주체 국민 회의를 통해 대한민국의 10대 대통령이 됩니다. 그러나 5·16 군사 정변 때처럼 **전두환, 노태우** 중심의 **신군부 세력**이 무력을 앞세워 **12·12 사태**를 일으킵니다.

국민들은 박정희 정부의 유신 체제가 끝나면 대한민국 민주주의에 봄이 오리라 예상했습니다. '서울의 봄'이란 말도 거기서 나왔죠. 하지만 그 희망은 신군부 세력에 짓밟히고 말았죠.

12·12 사태로 군권을 장악한 신군부는 1980년 5월 17일, 비상계엄을 전국으로 확대했어요.

유신 헌법 폐지와 계엄령 해제를 요구하는 국민의 목소리에 유신 헌법 유지와 계엄령 확대로 답하는 신군부 세력.

그들의 답에 따르지 않는 곳이 있었으니 바로 광주였습니다.

현대

5·18 민주화 운동
1980년 5월 18일부터 광주·전남 지역 시민들이 벌인 민주화 운동

광주에서는 시민과 학생들이 **계엄령 해제**와
신군부 세력의 **퇴진**을 요구하는 **민주화 운동**을 펼칩니다.
이게 5·18 민주화 운동입니다.

신군부 세력은 계엄군을 보내 시위대를 무자비하게 진압했죠.
눈앞에서 죄 없는 시민들이 끌려가고 폭행당했습니다.
계엄군의 총부리는 노약자, 청소년을 가리지 않았어요.
거센 진압에 저항하여 시민들은 시민군을 조직해 계엄군에 맞섰습니다.
그러나 무자비한 신군부의 진압에 어쩔 도리가 없었죠.
5월 18일부터 27일까지, 열흘간 수백 명이 죽고 수천 명이 다쳤습니다.
어마어마한 희생자를 낸 5·18 민주화 운동.

이렇게 1980년, 서울의 봄이 허망하게 끝난 것일까요? 그렇지 않습니다!
광주에서의 잔인무도한 진압은 이후 들어선 전두환 정부의
정통성을 약화시킵니다. 또 이때의 기억은 분노와 울분으로 쌓여
1987년 6월 민주 항쟁의 씨앗이 되었습니다.

큰별쌤 톡톡

5·18 민주화 운동의 모든 기록물은 현재 유네스코 세계 유산으로 등재되었어요. 민주주의를 위한 이 투쟁의 기록이 세계가 지켜야 할 유산이 되었다는 뜻이에요.

삼청 교육대

신군부 세력이 사회를 정화한다며 군부대에 설치해 인권을 침해한 기관

5·18 민주화 운동을 잔인하게 진압한 신군부 세력.
허수아비 대통령으로 최규하를 세워 두고
정권 탈취 욕망을 드러내기 시작합니다.
우선 임시 행정 기구로 **국가 보위 비상 대책 위원회**를 설치합니다.

그런 다음 **삼청 교육대**를 설치해요.
말로는 범죄자나 불량배 등을 교화하는 기구라고 했지만,
실상은 신군부에 저항하는 사람들을 가두는 곳이었죠.
무직자, 부랑자, 일용직 노동자 등
죄 없는 일반인들도 많이 끌려갔죠.
여기서 이른바 정신 교육을 진행하는데,
무차별적인 폭행과 강제 노역 등
온갖 인권 침해가 벌어집니다.

삼청 교육대로 공포 분위기를 만든 신군부 세력은
언론사 통폐합을 통해 비판적 언론을 정리하죠.
그리고 그때까지 남아 있던 유신 헌법으로 전두환이 대통령에 취임합니다.
그리고 개헌을 추진하죠. 8차 개헌입니다.
8차 개헌의 내용은 **대통령 간선제**와 **7년 단임제**.
유신 헌법에서는 대통령을
통일 주체 국민 회의에서 뽑았다면,
이제는 대통령 선거인단에서 뽑습니다.
공통점은 대통령을
국민이 직접 뽑지 않는다는 거죠.

1980년 8월부터 이듬해 1월까지,
4만여 명이 삼청 교육대에서 인간
이하의 취급을 받았어요.

3저 호황
저금리·저유가·저달러로 경제 부흥이 일어났던 시기

1970년대 후반에 2차 석유 파동이 있었죠. 어려운 경제 위기를 어찌어찌 이겨내자 드디어 빛이 보이네요.

1986년부터 1989년까지 전두환 정부는 단군 이래 최대 호황을 누립니다. 세계적으로 3저 호황의 시대였거든요. **3저 호황**이란 금리, 유가(기름값), 달러 가치가 모두 낮아 경제가 잘 돌아갔다는 뜻이에요.

저금리, 돈 빌려 투자하기 쉽죠.
저유가, 물건 만드는 원료 싸게 확보하죠.
저달러, 달러 쉽게 쓸 수 있죠.

원재료를 사 와서 물건을 만들고 그것을 수출하는 대한민국에 최적의 경제 환경이 조성된 것입니다.

큰별쌤 톡톡: 1980년대 초반은 석유 파동에서 비롯된 고금리, 고유가, 고달러의 3고 시대였어요.

이 상황을 잘 조절해서 더 탄탄한 경제 체제를 만들어야 할 텐데요. 혹시 분위기에 취해 김칫국부터 마시면 어쩌죠? 오우 안 돼!

4·13 호헌 조치

1987년 4월 13일, 전두환 대통령이 국민의 개헌 논의를 중단시킨 조치

5·18 민주화 운동을 무자비하게 진압하고 출범한 전두환 정부,
개헌을 통해 독재를 위한 발판을 만들었죠. 국민은 점점 화가 납니다.
대통령 하나 내 손으로 뽑을 수 없는 현실에 분노가 치밀어 오르죠.
그 과정에서 1987년에 엄청난 사건이 터집니다.
대학생 박종철이 남영동 대공분실에서 물고문을 받다가 죽은 사건이죠.
바로 박종철 고문치사 사건. 사건 책임을 맡은 치안 본부장의
'탁! 치니 억!' 하고 죽었다는 황당한 변명은 덤이었죠.
"도저히 못 참겠다! 독재를 타도하라!"

그러나 전두환 정부는 독재 타도의 함성에 기름을 부을
4·13 호헌 조치를 발표합니다. 8차 개헌 내용을 지키겠다는 거죠.
대통령 간선제와 7년 단임제의 헌법을 지켜야 하니,
대통령 직선제는 꿈도 꾸지 말라는 겁니다.
간접 선거로 노태우에게 대통령 자리 넘기겠다고
국민을 협박하는 이 모습,
이거 어쨰야 할까요?

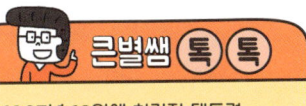

큰별쌤 톡톡

1987년 12월에 치러질 대통령 선거를 앞두고 1986년부터 국민들의 직선제 개헌 요구가 커졌어요. 그러자 전두환 정부는 민주화 운동 세력에 대한 탄압을 강화했고 이 과정에서 박종철 고문 치사 사건이 발생하죠.

6월 민주 항쟁

1987년 6월, 전두환 정부에 맞서 전국에서 일어난 반독재·민주화 시위

결국 국민들의 분노는 6월의 함성으로 폭발합니다.
"호헌 철폐, 독재 타도" 전국에 퍼지는 함성.
앞장서서 구호를 외치던 이한열 학생이
최루탄에 맞아 쓰러지자 분노는 극에 달합니다.

민주주의 수호의 함성에 결국 여당의 대선 후보 노태우는
6·29 민주화 선언을 통해 대통령 직선제를 받아들이기로 합니다.

여야 합의를 거쳐 **대통령 직선제**와 **5년 단임제**로 변경한 9차 개헌.
현재의 헌법이죠. 6월 민주 항쟁의 유산을 우리는 지금도 사용하고 있습니다.

그렇게 1987년 12월, 대통령 선거가 치러집니다.
다시 국민의 힘으로 대통령을 선출한 것이죠.

그러나 야당의 후보 단일화 실패로 표가 분산되며
노태우가 13대 대통령에 당선됩니다.

큰별쌤 톡톡

흔히 6월 민주 항쟁의 시작을 6월 10일이라고 봐요. 어? 일제 강점기에 순종의 장례일에 벌였던 6·10 만세 운동과 통하네요.

외환 위기

1997년 외환 부족 문제로 IMF에 구제 금융을 요청하면서 맞은 경제 위기

1993년 김영삼 정부가 들어서면서 정치에서는 민주화가 자리 잡고,
경제에서도 개방의 물결이 일어납니다.
<u>우루과이 라운드</u>가 타결되어 농축산물이 들어오기 시작했고,
<u>세계 무역 기구(WTO)</u>가 출범하면서 개방의 압력은 더욱더 거세졌죠.
우리 경제도 크게 발전했으니 격에 맞게 행동하자,
그래서 선진국 클럽이라는 <u>경제 협력 개발 기구(OECD)</u>에도 가입합니다.

큰별쌤 톡 톡

나라가 돈을 빌리고 위기를 겪자
국민이 나서서 재산을 내놓는다?
어디서 많이 들어봤던 이야기죠?
네! 국채 보상 운동!

우리도 선진국?
아~ 그런데 이게 웬일인가요?
외환 위기가 찾아온 겁니다.
국가 부도 위기 직면.

모아 뒀던 외국 돈(달러)을 다 써서 IMF(국제 통화 기금)에 돈을 빌리게 된 거죠.
IMF는 돈을 빌려주는 대신 나랏일에 온갖 간섭을 합니다.
간섭에서 벗어나려면 달러를 마련해서 돈을 갚아야 해요.
자, 국가 부도의 위기 속에서 우리 국민은 옷장 속 금붙이들을 내놓습니다.
누가 시키지도 않았는데, 결혼반지부터 아기 돌 반지까지 죄다 가지고 와요.
우리 국민의 믿을 수 없는 행동에 전 세계가 감동했습니다.
사실 금 모으기 운동에서 모은 금으로 빚을 갚기는 어려웠어요.
하지만 금 모으기 운동이 지닌 상징성은 대단했습니다.
이 땅에 나라를 위해 자기 이익을 내려놓는 헌신적인 국민이 있음을
전 세계에 드러냈으니까요. 대한민국이 신뢰할 만한 나라임을 증명한 거죠.
덕분에 우리나라는 예상보다 빨리 외환 위기에서 벗어납니다!

7·4 남북 공동 성명

분단 이후 남북한이 처음 통일에 대해 합의하고 발표한 성명

자, 이제 우리 책의 마지막 주제인 통일을 다루어야겠네요.
다음 세대에 분단의 아픔을 대물림하지 않는 것이
우리 시대의 과제이자 역할이 아닐까요?
우리의 소원은 통일~ 꿈에도 소원은 통~일

6·25 전쟁 이후 남북은 원수와 다름없었습니다.
이승만 정부는 전쟁을 해서라도 북한을 아우르자는 북진 통일을,
박정희 정부는 경제부터 챙기자는 선경제 후통일 정책을 주장했어요.
둘 다 공산주의 타도를 외치는 반공을 나라의 최우선 정책으로 삼았고요.
이런 흐름에서 1972년, 박정희 정부에서 발표한 남북 공동 성명은 충격이었죠.

7·4 남북 공동 성명에서는
자주·평화·민족 대단결의 **통일 3대 원칙**이 수립됩니다.
이후 남북 조절 위원회를 조직해서
통일 문제에 대해 더 구체적으로 논의하기로 하죠.
그러나 이 같은 통일 흐름은 남한의 유신 헌법 발표,
북한의 사회주의 헌법 발표로 묻히게 됩니다.
남북 모두 7·4 남북 공동 성명을 독재 강화에 이용한 거죠.

> **큰별쌤 톡톡**
> 7·4 남북 공동 성명은 양국의 발표가 있기 전까지 비밀리에 진행되었어요. 이산가족 상봉을 위한 남북 적십자 회담을 시작으로 비밀 특사들이 남북을 오갔어요.

현대

436

남북 기본 합의서

1991년에 발표된 남북 화해와 불가침 및 교류·협력에 대한 합의서

하지만 세상은 계속 변하고 있었습니다.
계속 대립만 하고 있을 수는 없었죠.
노태우 정부는 북방 외교를 추진하면서
사회주의 국가들과 손을 잡습니다.
소련, 중국과도 이때 수교를 맺죠.
그런 움직임의 연장선에서 북한과의 관계에도 변화가 생겨요.
우선 1991년 **남북**이 함께 **유엔**에 **가입**합니다.
이어서 **남북 기본 합의서**를 **발표**하죠.

남북 고위급 회담을 통해 공개적으로 진행하고 발표했다는 것이
7·4 남북 공동 성명과 다른 점입니다.
여기서는 남북 관계를 **통일을 향해 나아가는 잠정적 특수 관계**로,
남북 교류는 **민족 내부 교류**로 규정하여
정치·경제적으로 통일을 조금 더 구체화했어요.

남북 기본 합의서에서 가장 중요한 합의 사항은 남북한이 서로의 체제를 인정하고, 서로 침범하지 않겠다고 약속하며, 양국 간 교류와 협력을 확대하기로 한 거예요.

6·15 남북 공동 선언
2000년에 남북한 정상이 합의하여 발표한 공동 선언

남북 대화의 흐름은 최초의 남북 정상 회담으로 열매를 맺습니다.
2000년 **김대중**과 **김정일**, 남북 정상이 평양에서 손을 잡고 만나는 <u>최초의 남북 정상 회담</u>이 열린 것입니다.
남과 북은 서로 힘을 합쳐 통일 문제를 자주적으로 해결하기로 했어요.
남한의 연합제 안과 북한의 낮은 단계 연방제 안에 공통점이 있다는 것도 인정했죠.
연합제는 유럽 연합을, 연방제는 미국 연방을 떠올리면 이해하기 쉬울 거예요.

어쨌건 이 선언 이후, 육로를 통한 금강산 관광이 가능해집니다.
개성 공단이 설치되고, 경의선도 다시 개통되죠.
2007년에는 **노무현** 대통령과 **김정일** 국방 위원장이 **2차 남북 정상 회담**을 엽니다.

그로부터 11년 만인 2018년에 **문재**인 대통령과 **김정은** 국무 위원장의
3차 남북 정상 회담이 열립니다.
우리는 과연 통일된 조국을 다음 세대에 선물할 수 있을까요?

6·15 남북 공동 선언의 첫 번째 조항은 통일 문제를 우리 민족끼리 힘을 합쳐 자주적으로 해결해 나가자는 거예요.

이것까지 알면 **진짜 역사왕**

시민은 백성과 어떻게 다를까?

2017년 3월 10일 헌법 재판소에서 박근혜 전 대통령의 파면 결정을 내립니다. 대한민국의 역사가 새로 쓰였죠. 시민들의 힘으로요. 박근혜 정권을 좌우하는 비선 실세가 있다는 의혹이 제기되면서 시작된 촛불 시위는 130일이 넘도록 이어졌고, 결국 시민들의 강력한 퇴진 요구에 박근혜 정부는 막을 내리고 맙니다. 대한민국의 주권은 국민에게 있음을 확실하게 보여 준 장면으로 기억될 것 같네요.

자, 그럼 시민과 백성의 차이는 무엇일까요? 시민은 국가의 주권이 국민에게 있음을 스스로 아는 존재, 근대 민주주의 역사의 주인공이죠. 영국 철학자 로크는 사회 계약설을 통해 지도자의 권력은 '민'에게서 위임받은 것이고, 지도자가 위임 받은 권력을 제대로 사용하지 못하면 저항을 통해 찾아올 수 있다고 주장했죠. 이런 내용을 우리 헌법에서도 찾을 수 있어요. 우리나라 헌법 제1조에는 "대한민국은 민주 공화국이며 대한민국의 주권은 국민에게 있고, 모든 권력은 국민으로부터 나온다"라고 적혀 있거든요. 이 헌법의 내용과 의미를 알고 있다면? 시민은 자신이 권력을 맡긴 지도자에게 늘 당당하게 요구할 수 있습니다. 요구하세요!

그러면 백성은 어떤 존재일까요? 백성이라는 한자를 풀어 보면 백 백(百), 성 성(姓)입니다. 그러니까 백 가지 성을 가진 사람들이라는 뜻. 평범한 사람들이란 거죠. 조선 시대에 양반과 상민을 구분하기 위해서 사용했던 단어가 백성이었어요. 백성은 국가 운영에 참여하지 못하고 그저 지배받는 존재인 겁니다. 그러니 나라님 앞에서 어디 고개나 들 수 있었을까요? 나라님의 보살핌을 받아야 할 수동적인 존재였죠.

이것까지 알면 진짜 역사왕

그럼 우리나라에서 시민은 언제 탄생했을까요? 여러 주장이 있지만 역사 사건을 들어서 이야기한다면, 아마도 1896년에 독립 협회가 개최한 만민 공동회가 그 시작이 아닐까 싶습니다. 당시 조선 조정은 정권 유지를 위해 모든 문제를 외세를 통해 해결하려고 했어요.

대표적인 사건이 바로 고종이 러시아 공사관으로 거처를 옮긴 아관 파천. 외교 관계에서 도움을 받으면 그에 대한 대가는 반드시 치러야 하죠. 그래서 아관 파천 당시 조선의 여러 이권이 러시아에 마구 넘어갔죠. 그때, 독립 협회가 종로에서 만민 공동회를 엽니다. 러시아가 이권을 가져가는 것을 비판하죠. 결국 민의 힘을 확인한 러시아는 절영도 조차와 한러 은행 설치 등의 이권을 포기! 이 여세를 몰아 만민 공동회, 정부에 의회 설립을 요구하네요. 굉장히 놀라운 장면입니다. '민'의 힘을 제대로 보여 준 거죠.

그 나라의 '민'들이 광장에 나와 나라의 이권을 지켜 내겠다고 요구하는 반전 모습. 그런데 더 놀라운 장면이 펼쳐집니다. 백정 박성춘이 광장 집회에서 연단에 올라 양반들을 향해 연설합니다. "나는 가장 천하고 무식한 사람이다. 그래도 나라 사랑하는 마음은 같다. 나도 나라를 튼튼하게 만드는 데 그 역할을 할 것이다." 아~ 정말 감동적인 장면입니다. 저는 이 장면이야말로 시민의 탄생을 가장 잘 보여 준 상징적 장면이 아닐까 싶습니다. 우리 역사에서 근대 사회를 구성하는 시민은 이때부터 존재를 드러내지 않았나 싶네요.

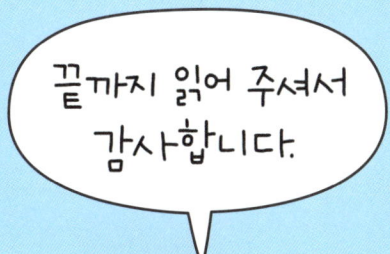

찾아보기

ㄱ

간도 협약 345
갑신정변 294
갑오개혁 304
강화도 조약 283
개화파 293
거류지 무역 328
거문도 점령 297
거중기 254
건국 강령 384
경국대전 165
경복궁 중건 274
경부선 335
경시서 133
경제 개발 5개년 계획 420
고구려 032
고국천왕 040
고사관수도 201

고인돌 016
고조선 023
곤여만국전도 253
공명첩 245
공민왕 122
공법 189
공음전 106
공인 241
과거 172
과전법 186
관동 대지진 395
관수 관급제 188
관촉사 석조 미륵보살 입상 149
광개토 태왕 043
광무개혁 315
광종 098
광주 학생 항일 운동 378
광해군 214
광혜원 338
교육 입국 조서 340
교정도감 114
교조 신원 운동 298

국가 총동원법 360
국민 대표 회의 366
국자감과 문헌공도 138
국채 보상 운동 336
굴식 돌방무덤 086
권문세족 121
균분 상속 137
균역법 237
근우회 371
근초고왕 051
금동 연가 7년명 여래 입상 078

ㄴ

나당 전쟁 060
나제 동맹 047
남면북양 정책 359
남북 기본 합의서 437
남북 협상 405
내물왕 056
노비종모법 248
농사직설 197

농업 중심 개혁론 250
농지 개혁 409

다각 다층탑 148
단군왕검 021
대동법 236
대립 191
대종교 343
대한 광복회 362
대한국 국제 314
대한매일신보 327
대한민국 407
대한민국 임시 정부 364
덕대 244
도병마사와 식목도감 102
독도 346
독립 의군부 361
독립 협회 310
독사신론 341
독서삼품과 083

돌무지덧널무덤 090
돌무지무덤 085
동명왕편 141
동양 척식 주식회사 337
동예와 옥저 034
동학 263
동학 농민 운동 299

만민 공동회 312
만적 115
명도전 029
모내기법 238
모스크바 3국 외상 회의 400
모줄임 천장 091
무단 통치 352
무신 정변 110
무열왕 061

무왕 068
문맹 퇴치 운동 375
문왕 070
문화 통치 355
물산 장려 운동 373
미륵사지 석탑 079
미소 공동 위원회 401
민립 대학 설립 운동 374
민무늬 토기 020
민족 말살 통치 358
민화 260

박문국 287
박은식 388
반달 돌칼 019
반민족 행위 특별 조사 위원회 408
반상제 193
발췌 개헌 413
방곡령 331
방납 190
백두산정계비 220
법흥왕 058
베트남 파병 422

벽돌무덤 087
벽란도 134
별무반 118
병인박해 277
병인양요 279
병자호란 217
보안회 333
봉오동·청산리 전투 380
부여 030
북벌 운동 218
북학론 219
분청사기 200
붕당 183
비변사 205
비파형 동검 018
빗살무늬 토기 013

4군 6진 210
사대교린 203
사림 175
사사오입 개헌 414
사신도 084
4·19 혁명 417
4·13 호헌 조치 433

사창제 273
사화 176
사회 경제 사학 391
산미 증식 계획 356
살수 대첩 048
삼강행실도 196
삼국사기 140
삼국유사 142
삼백 산업 416
삼별초 119
삼사 169
3선 개헌 426
3·1 운동 363
3저 호황 432
삼청 교육대 431
삼포왜란 204

삼한 037
상감 청자 151
상공업 중심 개혁론 252
상평통보 242
상회사 330
새마을 운동 423
서경 천도 운동 108
서원 179
서원 철폐 271
서학 262

서희 116
석유 파동 425
선대제 239
선왕 072
선종 082
성균관 173
성왕 053
성종 100
세도 정치 264
세종 163
세형동검 028

소 수공업 132
소년 운동 370
소수림왕 041
소청 운동 247
속오군 222
송상 240
시비법 131
시일야방성대곡 321
신간회 369
신라 촌락 문서 075
신량역천 194
신문왕 063
신미양요 281
신민회 326

신채호 389
신체시 342
신해통공 243
실학 249
12·12 사태 429

아관 파천 308
안시성 싸움 049
안용복 209
암태도 소작 쟁의 376
애국 계몽 운동 325
애니미즘 015
애치슨 선언 410
양반전 246
양천제 192
역분전 128
연통제와 교통국 365
영정법 235
영조 229
예송 223
오군영 221
5도 양계 103
5·10 총선거 406
5·16 군사 정변 419

5·18 민주화 운동 430
오페르트 도굴 미수 사건 280
외환 위기 435
YH 무역 사건 428
움집 014
원불교 394
원산 노동자 총파업 377
원산 학사 339
원종과 애노의 난 067
원효와 의상 080
위만 025
위정척사 운동 288
유신 헌법 427
6월 민주 항쟁 434
유향소 171
6·10 만세 운동 368
6·25 전쟁 411
6·15 남북 공동 선언 438
육조 직계제 166
을미개혁 306

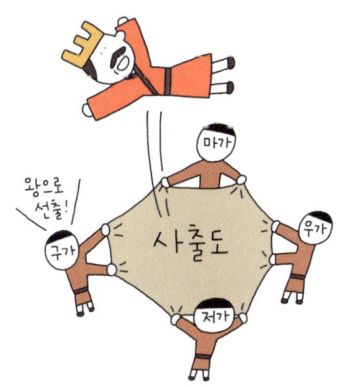

을사늑약 320
음서 105
의금부 168
의열단 379
의정부 서사제 167
의창 135
의천 143
2군 6위 104
2성 6부 101
이자겸의 난 107
이황과 이이 202
인조반정 216
임술 농민 봉기 267
임오군란 291
임진왜란 206

정동행성 120
정미 7조약 323
정미의병 324
정읍 발언 402
정전 074
정조 230
제1차 한일 협약 317
제국주의 276
제너럴셔먼호 사건 278
제주 4·3 사건 404
조광조 178
조미 수호 통상 조약 290
조사 시찰단 286
조선 건국 동맹 385
조선 건국 준비 위원회 399
조선 의용대 382
조선어 연구회 392
조청 상민 수륙 무역 장정 329
좌우 합작 운동 403
주먹 도끼 012

주심포 150
중립 외교 215
지눌 144
지증왕 057
직전법 187
직지심체요절 147
진경산수화 258
진단 학회 390
진대법 073
진보당 사건 415
진흥왕 059

천도교 344
최익현 282
측우기 199
7·4 남북 공동 성명 436
칠정산 198

자유시 참변 381
장면 정부 418
장보고 076
장수왕 045
전시과 129
전태일 424
정감록 261
정도전 157

한국광복군 383
한글 소설 257
한인 애국단 367
한일 의정서 316
한일 협정 421
향약 182
향약구급방 136
헤이그 특사 322
형평 운동 372
호적 130
호족 066
호포제 272
홍경래의 난 266
화통도감 127
화폐 정리 사업 334
환구단 311
환국 225

황국 중앙 총상회 332
황국 협회 313
회사령 354
회사령·관세 폐지 357
훈구 174
훈민정음 195
흥선 대원군 270

태조 왕건 094
태조 이성계 154
태종 159
토지 조사 사업 353
통리기무아문 285
통신사 208

8도 170
팔만대장경 146
8·15 광복 398
풍속화 259
풍수지리설 145

초등부터 시작하는
큰별쌤 최태성의
스토리 한국사 사전

초판 1쇄 발행 2018년 4월 20일
개정증보판 1쇄 발행 2024년 5월 2일
개정증보판 3쇄 발행 2025년 2월 15일

글 | 최태성
그림 | 신동민
연구·검수 | 별★별 한국사 연구소 (곽승연 이상선 김혜진 권혜성)
발행인 | 손은진
개발 책임 | 김문주
개발 | 김숙영, 최란경
디자인 | 유어북(urbook)
마케팅 | 엄재욱, 김상민
제작 | 이성재, 장병미

발행처 | 메가스터디㈜
주소 | 서울시 서초구 효령로 304 국제전자센터 24층
대표전화 | 1661-5431
홈페이지 | htttp://www.megastudybooks.com
출판사 신고 번호 | 제2015-000159호
출간제안/원고투고 | 메가스터디북스 홈페이지 <투고 문의>에 등록

이 책은 《최태성 한국사 수업》의 개정증보판입니다.

이 책은 메가스터디㈜의 저작권자와의 계약에 따라 발행한 것이므로 무단 전재와 무단 복제를 금지하며,
이 책 내용의 전부 또는 일부를 이용하려면 반드시 저작권자와 메가스터디㈜의 서면 동의를 받아야 합니다.
잘못된 책은 구입하신 곳에서 바꾸어 드립니다.

메가스터디BOOKS
'메가스터디북스'는 메가스터디㈜의 출판 전문 브랜드입니다.
초중고 참고서는 물론, 어린이/청소년 교양서, 성인 학습서까지 다양한 도서를 출간하고 있습니다.

제품명 큰별쌤 최태성의 스토리 한국사 사전				
제조자명 메가스터디㈜	**제조년월** 판권에 별도 표기	**제조국명** 대한민국	**사용연령** 3세 이상	
주소 및 전화번호 서울시 서초구 효령로 304 (서초동) 국제전자센터 24층 / 1661-5431				